Chengcai jiaoyu
zai Shijian

成才教育 再实践

本书系全国教育科学规划2009年度特色高中研究专项立项课题"推进成才教育的实践研究"（课题批准号GH A093075）的研究成果

编委会

主 编　王晓虹
编 委　陆秀芹　岳金梅　胡胜辉
　　　　羊　韵　钱美莉　施艳瑾

目 录

前言 ... i

第一章 成才教育目标再认识 ... 1
    第一节 改革基础教育的目标 ... 5
    第二节 改革高中办学的目标 ... 17
    第三节 改革教育管理的目标 ... 31

第二章 成才教育的教师发展 ... 46
    第一节 成才教育的师资培训与发展 ... 47
    第二节 教师专业发展的校本实践 ... 64
    第三节 教师专业发展的创新平台 ... 78

第三章 成才教育的课程架构 ... 85
    第一节 学校课程的理性思考 ... 86
    第二节 探索国家课程校本化 ... 95
    第三节 完善成才教育课程体系 ... 105

第四章 成才教育的教学建模 ... 116
    第一节 尊重差异的课堂覆盖 ... 117
    第二节 注重学法的课堂指导 ... 127
    第三节 构建成才教育的教育模式 ... 138

第五章　成才教育的育德实践　▶ 155
第一节　成才教育的学科德育　▶ 155
第二节　成才教育的分年级实施德育　▶ 171
第三节　成才教育的德育活动组织　▶ 180

主要参考文献　▶ 193
后　记　▶ 195

前　言

"成才教育"是上海市第六十中学在素质教育实践中经验的结晶。20世纪90年代初期以来，六十中学一直高举"成才教育"这面旗帜，进行着理论与实践的深入探索，形成了自己的办学特色。

一、成才教育思想的历史沿革

20世纪90年代初，学校在改革开放的宏观社会历史背景下，适应基础教育的素质教育改革要求，结合本校的教育、教学实际，提出了成才教育的办学思想，从课题的提出到持续深化的改革实践已有20多年。20年来，基于对我国基础教育的改革和发展的实践理解，结合学校实际，六十中学将成才教育视为实现自身可持续发展的可能途径、全面实施素质教育、推进基础教育改革的具体战略，经过持续的思想探究和改革实践，取得了一些成果。学校以构建基于成才教育思想的学校课程框架体系为目标，以开发、实施满足不同学生"成才"需求的课程为抓手，推进教育教学的全面改革。

1994年7月1日《文汇报》曾以几乎整版的篇幅报道了上海市第六十中学"不求人人升学，但求人人成才"的教改经验。这一教改之花不仅在六十中学校园内根深叶茂，而且红杏出墙，在全区以至全市产生了很大影响。成才教育如同创造教育、成功教育一样，声名显赫，被人称为闸北教育的"三朵金花"，并蒂盛开。

1998年，六十中学通过举办成才教育现场会的方式，对初创时期的成才教育其基础教育改革的探索和实践，进行了初步总结，其实践和理论成果，得到社会的好评与认可。

2004年，上海市教育科研立项课题《普通高中成才意识的培养研究》，使得成才教育思想得到进一步深化，课题成果获得上海市第八届教育科研论文三等奖。

2005年，学校提出了"一切为了学生成才"的办学宗旨，对成才教育"创造丰富多样的教育"的改革途径和策略,在原有基础上进行了进一步优化和拓展。

2007年,学校被评为上海市实验性示范性高中,成才教育在更大的范围内得到推广。

2009年学校申报的《推进成才教育的实践研究》,被列为国家教育部教育科学"十一五"规划重点课题。作为全国100所特色高中建设的重点课题,成才教育进一步被认可,成为学校特色发展的支撑。

二、"推进成才教育的实践研究"的课题研究实践

成才教育的改革实践和教育教学层面的推进,已经有很长一段时间,并取得了长足的进步和多样性的成果。目前所进行的关于实施成才教育的深化实践研究,也已经五年,成才教育向教育教学及学校工作各个领域的覆盖,构成了其中的一个重要内容,具有十分重要的地位。同时,在对相关材料和报告的综合分析和深入考察中,我们也发现了一些需要不断反思和再认识的实践课题和对象题域:

(1) 将成才教育正式列为六十中学全面实施素质教育改革实践的核心内容,纳入学校的办学体系,并实现其主题框架、基础语境和基本载体的建构,那我们将如何做好进一步的规划和设计,并为之积极创造条件;

(2) 通过成才教育的全面展开和向包括德育、学科教学和学校工作领域的全面覆盖,探讨实施素质教育的运作模式与学科教学可能模式的创新,给予必要的分析和实事求是的评价;

(3) 通过成才教育的具体实践,落实以德育为核心的全面实施素质教育的教育教学改革的现状及前景的分析和评价;

从课题研究的目的性看,该课题研究属于多学科的综合研究,起码是跨学科的研究,将涉及教育目标、教育方法改革以及众多相关学科与专门知识领域。因此,对课题规划、设计、实施及学科教学改革,提出了极高的要求。

三、推进成才教育思想的现实前提与面临问题思考

在扎实推进成才教育思想的实践研究中,我们对于成才教育思想也有了许多新的认识,具体表现在:

(1) 我们的确知道成才教育是什么,并不断给予新的认识和理解;

(2) 我们也的确知道实施成才教育的目的与意图是什么,并在实践上有所企图；

(3) 我们对成才教育在全面实施素质教育的基础教育改革中的价值、意义、地位、作用，也有了基本的实践性把握与了解，并有了初步的经验；

(4) 我们已经有了在学科教学中贯彻成才教育理念及方法的具体实验与实践，并已经初步纳入了整个学校建设与发展的规划。

上述四点，事实上构成了我们讨论赖以实现的前提性的条件。从我们学校持续推进成才教育研究和教改实践的具体来看，对成才教育的定位问题在不断反思的基础上给予了进一步探讨，其前提与条件无疑是具备的。虽然我们已经到了总结成果和结题阶段，而且就课题本身而言，我们的实践已经证明，取得了很好的成效，形成了特色品牌和经验。但结题和总结经验的工作，同时也迫使我们对我们的研究和实践的进一步反思，必须去面对更为广泛而复杂的，甚至是我们还没有意识到的问题。

(1) 成才教育与素质教育（包括其对立面的应试教育）的真实关系及必要的理性判断与科学协调；

(2) 成才教育的课程化、学科教学化，其必要性以及可能的生态化综合和系统融合；

(3) 学科教学中成才教育的功能、地位、方式与特征；

(4) 学科教学中成才教育的具体载体和实施方式、途径；

(5) 在全校工作和学科教学中全面实施成才教育的可能性及其前景。

这些问题相互之间是有密切关联的，但它们之间更存在着普遍的特殊性差异，因此需要进一步在分析的基础上给予整体综合、全面认识和具体把握。

四、成才教育思想的未来展望

成才教育思想作为一种办学理念，同样是根据时代变化的特点，相应地进行自身的改变与完善。在新的形势下，我们对于成才教育的未来既充满着憧憬，也意识到巨大的挑战，基于此，我们做出如下思考：

(1) 成才教育主要是通过为学生创设优化的教育教学环境与条件，并给予学生成才意识的养成和确立人生目标、学会学习等有关方面的支持、引导，使学生主动参与学习、主动自主创新生活，从而实现知识、学业、素质、能力、修养、人格的提高和改善，进而转变他们的精神面貌，丰富他们的精神世界，达到促进学生全面、终身发展的目的。

（2）成才教育要切实有效地促进学校教育由单纯注重知识学习与"应试学力"培养，实现向素质教育的转轨。更重要的是，成才教育不要做加法，也不要做减法，而是要系统融合、生态优化，要将学生的日常生活、兴趣爱好、自主创意等纳入学校生活和课程学习之中，形成一种学生在校学习生活的主题倾向和氛围，这是学校教育决不可忽视的一个重要方面，甚至也是实施成才教育的素质教育改革的基础之一。

（3）成才教育追求整个学校教育应当"有所不为"。德智体的教育，在任何情况下都是"有所为"的，所有的学科教学也无不如此，但这并不意味着整个教育在任何情况下都是"有所为"的。比如，教育的种种"潜在形式"（潜教育）就是实际上的"有所不为"，终而在一定程度上能"有所为"。成才教育，就其对学生的精神生活与文化素质（包括属于个人特殊习惯与爱好）的全方位的支持、保护和积极干预，以及对学生的精神境界所产生的作用与影响来讲，应该考虑使成才教育对学生给予普遍的"潜教育"——即在不刻意改变现行教育体制和大文化的条件下，尝试去如何建立一个有助于学生自主发展，适应学生的全面发展和终身发展的学校教育"小生境""微生态"，从而达到成才教育的目的。事实上，现代教育必须"有所为"而"有所不为"，"有所不为"才能"有所为"。这就是素质教育与应试教育的根本差别之一，也是成才教育条件下的，不同于传统的根本差别之一。而成才教育，也正因此而有可能实现基础教育、学校教育的范式创新。

（4）成才教育具有基于学生个体的感性、具体的实践特征，包括非知识教学的特征。比如，在以德育为核心的课程体系中，先将德育课程化，而后必须要抛开课程化，进而生活化。这样，才能在具体思想品德教育向学科教学渗透时，德育内容以学生感性生活的方式，与学科教学实现无间融合与无缝衔接。又比如，在学科教学的成才教育实践过程中，就必须善于隐藏自己的目的，进而将其教育教学内容化在具体的学科教学对象和过程之中，隐藏于精心设计的教学情景与学生自主学习及其个体的感悟体验之中。重在主题情景的创设、主题气氛的营造、相关情感的激发，以及对主体认知的引导和开发上，如春风化雨、润物细无声一般，去培养和提升学生终身发展的成才意识、健康心理、行为规范、价值创造、思想境界与整体素质。

（5）在对上述结论基本认同的基础上，成才教育可以在教师、学生、教学内容、教学过程、教学环境与氛围、教学工具和方法等组织层面具体设计、实施并展开。在这过程中，不同形态、内容、目标指向教育间的差异，可以通过对知识社会及其人文价值的认知与追求而得到弥合，学校生活和课堂教学的有限时空，也可以由审美教育所激发起来的主体能动性与创新境界而实现超越，最终达成并实现成才教育的素质教育目标。

成才教育向学科教学领域的渗透，通过成才教育建构素质教育的学科教学的崭新模式，这是一个创造，代表着素质教育的一个方向。它的成功实践，既表明了课题研究所达到的水平，也表明了在教育教学改革中所实现的飞跃。在学校教育中实施成才教育，与具体的学科教学相结合，也体现了素质教育的基础教育极其有生命力的未来和发展的方向。

第一章
成才教育目标再认识

　　成才教育是上海市第六十中学,在我国"新时期"改革开放的宏观社会历史背景下,适应基础教育的素质教育改革要求,结合本校教育、教学实际而提出,并加以持续推进的改革高中教育的创新理念和具体的改革实践及其方略。从课题的提出到持续深化的改革实践,几近20年,充分显示了一所普通高中的教育工作者,对全面实施素质教育、改革基础教育、回归学校教育本质的坚定信念与专业执著,以及勇敢的社会责任担当。

　　该课题作为由一所普通高中所开展的整体教改的探索和实践的代表性个案,充分体现了几代六十中学人的共同意志与担当。基于对我国基础教育改革和发展实践的理解,六十中学将成才教育视为实现学校其指向未来发展的可能途径、全面实施素质教育、推进基础教育改革的长久战略。经过持续的思想探究和改革实践,成才教育在理论和实践两方面都取得了可喜的成果。

　　理论上,成才教育通过持续不断的知识探究和理论反思,总结、提炼并概括了全面实施素质教育、推进基础教育整体改革的成才教育的观念体系,以及促进高中教育可持续发展的、体现出素质教育精神内涵和价值理想的完整的成才教育的教改理念、办学思想及其发展战略。成才教育的内涵不断得到丰富,成才教育的改革意义与实践价值,也不断得到更为深入的开掘和提炼。伴随着成才教育在学校办学、教育层面的全面实施和深入推进,具有成才教育特色的创新办学范式与教育教学模式,也开始通过六十中学的深度实践逐步成型,并对普通高中全面实施素质教育、深化基础教育改革,也日益显示出其有价值的启示意义和借鉴作用。

　　实践上,成才教育从最初的有关高中教育的创新理解、改革高中教育的创新视角,逐渐发展成为在全面实施素质教育的范式转换和整体教改条件下,有关普通高中如何进一步深化课程和教学改革、转变教育和学习行为、促进制度和管理创新、培育素质教育的学校文化、建构高中教育创新模式的基础教育整体改革的系统工程。通过对成才教育的具体实施给予不断深化细化的探索和实验，在全校范围内开展的以学校课程建设为抓手，以成才教育的学校课程框架体系的建构为载体，以努力开发适合并满足不同学生"成才"需求的课程与教学为目标的课程及教育教学的全面改革，将成才教育的研究和实践，不断推向更高的台阶和水平。

1998年，六十中学通过举办成才教育现场会的方式，对初创时期的成才教育其基础教育改革的探索和实践，进行了初步总结。其实践的和理论的成果，得到了社会和教育界的认可与好评。2004年，立项课题——《普通高中成才意识的培养研究》，获得上海市第八届教育科研论文三等奖。2007年，结合六十中学被评为上海市实验性示范性高中，以及新一轮基础教育课程改革的全面展开，六十中学对成才教育的"创造丰富多样的教育"的改革途径和策略，在原有基础上进行了进一步优化、拓展和提升。将初创时期成才教育的教改目标和办学宗旨——"不求人人升学，但求人人成才"，根据我国基础教育事业的最新进展及我校发展的具体实际，在深化认识的基础上给予重新提炼。将其概括为更契合并能满足社会对高中教育需求的"既求人人升学，更求人人成才"。让成才教育使学生通过高中阶段的学习，既能成功应对接受高等教育的挑战，又赋予成才教育"应以伴随人的一生而持续进行的方式来满足个人及社会的要求"的终身教育意境，以及相应的社会担当，为学生的"各成其才"与终身发展，提供直接的帮助以及长效的支持与保障。

成才教育改革理念的提出与实践，是同六十中学有关基础教育本质属性及其功能意义与目标取向的创新理解有关。[1] 基础教育作为一个动态的、发展的

---

[1] 基础教育，是一个动态的概念。目前中国事实上的基础教育，是指初中（含初中）以前的所有教育形式。狭义讲来指九年义务教育，广义讲来还应该包括家庭教育（简称家教，英文是 tutor）和必要的社会生活知识教育等。有人也把高中阶段的教育归入基础教育范畴，但是目前中国还没有普及这种类型的教育，所以，在事实上高中阶段的教育还不是基础教育。随着中国发展水平的提高，预计到2020年，会基本普及高中阶段教育。1977年，联合国教科文组织肯尼亚·内罗毕·高级教育计划官员讨论会上，对基础教育进行了广泛而深入的讨论，认为"基础教育是向每个人提供并为一切人所共有的最低限度的知识、观点、社会准则和经验"的教育。"它的目的是使每一个人能够发挥自己的潜力、创造性和批判精神，以实现自己的抱负和获得幸福，并成为一个有益的公民和生产者，对所属的社会发展贡献力量"。基础教育是整个教育体系的关键部分。正如万丈高楼平地起一样，没有良好的基础教育，不可能优秀的高等教育。——转引自搜狗百科-baike.sogou.com

观念,社会的每一次进步和发展,必然会为其本质属性和价值意义增添新的时代内涵。而对基础教育在人的一生发展中所起关键作用的深度认同,也促使成才教育课题建立起有关基础教育的为人的"基础教育后"发展,提供持续支持和基本保证的终身教育的视野。在成才教育看来,基础教育作为整个教育体系的关键部分,必须更为自觉而主动地担负起应尽义务和责任担当;应给予基础教育的独立价值[1]以积极的肯定和创新理解,并积极探究基础教育新的发展空间。毫无疑问,基础教育的存在,包括其属性特征和功能意义,始终有着其独立价值的支撑。虽然基础教育也担负着为高一级教育和学校提供输送合格生源的任务,但这只是基础教育的社会价值和重要功能之一,并不能替代基础教育的以提高整个民族及其每一个成员素质为目标的本质价值。因此,成才教育事业中的基础教育,其主要目标不是"选拔",而是育人,并以此实现民族的因而也是整个人类的文化传承。

成才教育改革理念的提出与实践,同六十中学对"人才观"的创新理解有关。作为成才教育的核心概念"成才"[2],包含有这样几层含义:第一,在认识论上,以学生"成才"作为高中教育的教育和培养目标,同时也体现为一个指向目标的运动的、生成的、发展的、进行时的过程;第二,在方法论上,成才是对学生未来发

---

[1] 所谓基础教育的独立价值,指的是基础教育在整个教育系统内部,具有它自己独立的、不依附于其他类型和层次教育的价值。确立关于基础教育的这样一种价值观,是促进基础教育由"应试教育"向"素质教育"转变的非常重要的观念基础。《中华人民共和国义务教育法》是这样规定的:"义务教育必须贯彻国家的教育方针努力提高教育质量,使儿童、少年在品德、智力、体质等方面全面发展,为提高全民族的素质,培养有理想、有道德、有文化、有纪律的社会主义建设人才奠定基础"。《中国教育改革与发展纲要》则是更明确地指出:"基础教育是提高民族素质的奠基工程"。这就清楚地告诉我们,基础教育的价值主要表现在两个方面:第一,基础教育的基本目标在于提高整个中华民族的素质,它的对象和着眼点是全体人民,而不是一部分人,更不是少数人;第二,基础教育的功能是为提高全民族的素质奠定基础,它强调的是基本素质的培养,而不是专业或某些专门人才的培养。因此,基础教育的教学内容课程体系,教育教学观念与思想,教学方法以及评估等,都必须服从这样一个基本的价值目标。——转引自搜狗百科-baike.sogou.com

[2] 这是一个经验性的、规范性的术语。所谓成,就是成就、成为、变成、完成、实现,以及成全,即帮助使之成为、成功的意思。"才"的本义,即所谓"质",所以"才"又可以作才质、才性来理解。古人认为,万事万物之才质、才性,皆有不同,而能各有所宜所用的,故称之为"才";而不中用者,则称之为"不才"。当人们把"才"用于人事方面,就是指一个人所具有的品行才质。生活中常常将有才能的人,称之谓人才。比如将才、栋梁之才、有用之才、等等。因此,成才教育的所谓成才,是指通过教育,帮助学生成就其才、成为人才,抑或通过帮助使之走向成功。进而,"成才"就成为成才教育所确定的高中教育的创新培养目标。——笔者注

展的一种目标预设和价值愿景,以及在此目标和价值引导下对当下教育所作的相应设计、规划和安排;第三,在价值论上,成才是对高中教育的本质任务和终极目标在实践基础上的高度概括和综合理解。

成才教育主张:普通高中应该以高中学生人人都有成才的愿望和潜能为立足点,努力创设适合不同天资学生需要的丰富多样的教育,使学生形成自觉的成才意识,为全体学生打好共同而必需的基础,使每个学生的潜能和特长都能得到培养和发挥,从而帮助学生作好将来在不同方向成才的准备。其中包含了成才教育对基础教育的创新认识和理解:第一,给予了为每一个学生平等接受基础教育的权利提供基本保障的义务以具体承诺;第二,给予了为每一个学生指向未来的全面发展、终身发展提供有效的支持以实践保障;第三,成才教育将基础教育为"每个人提供并为一切人所共有的最低限度的知识、观点、社会准则和经验"的目标,进一步延展至学生"潜能"的开发和综合素质——能力的养成,为每一个学生"各成其才"——"有理想、有道德、有文化、有纪律的社会主义建设人才",即广义上的"成人",奠定必须而可持续发展的基础。

经多年课题研究和课改实践,成才教育开始形成为一项有特色的改革基础教育的战略[1]。即通过改革教育观念和教育方法,转变办学模式,转变教育教学行为,不断帮劝学成功,提高学生的自信心和学习积极性。进而促使学生的成才意识和积极的学习内部动力机制的形成,为其持续的、终身的发展做好基本素质的准备。

2009年,《推进成才教育的实践研究》课题,成功申报了教育部全国重点课题并获得通过。2010年,《国家中长期教育改革和发展规划纲要》发布,《上海市中长期教育改革和发展规划纲要》的出台,如何重新审视我们现有基础教育办学体制和发展模式,如何在深入分析研究既有基础教育成果及其成功经验的基础上,制定素质教育的基础教育改革及可持续发展的战略及规划,就成为新一轮成才教育实践和研究需要完成的首要任务。

为此,六十中学通过对成才教育现实语境的重建,成才教育的素质教育意蕴

---

[1] 所谓战略,是指受预设目标所引导的对未来一个时期所要完成的整个工作事项和任务,预先做出的系统、周密的考虑,以及对指导思想、工作方针、应对的问题,给予实现的规划和设计,并对一整套的工作计划和行动方案、保障措施等,给予措置和安排。本课题即在上述意义上使用战略这一概念的。

与基础教育改革内涵的开掘,并为之确立了在其新一轮实践研究中所要完成的任务:第一,成才教育具备什么样的内涵,在新的形势下要做出哪些相应的教学应对策略?第二,成才意识的培养要通过哪些途径,德育内化有哪些模式?校外辅助教育如何展开?第三,如何构建合理的课程框架,以满足不同天资学生的需求?第四,推进成才教育的实践,教师需要具备什么样的职业素养?其目的就在于通过进一步的实践探索和深化研究,寻求更科学、更合理的办学宗旨,最终形成"高质量、多样化、有特色、可选择"的发展格局;第五,如何将成才教育的教育理想和办学理念,化为全面实施素质教育、推进基础教育整体改革的具体行动。与此同时,在实践中进一步加强对改革目标、办学宗旨进行持续深入的反思、提炼和概括。

综上,本章将成才教育的探索和实践,置于中国基础教育的宏观背景及整体改革大局的具体情境中,试图通过对成才教育其价值诉求和改革目标的再认识,以揭示促使成才教育的产生和发展的各种力量和相关因素,进而更为准确地认识把握成才教育其本质内涵。通过对成才教育孜孜以求的改革愿景和目标体系,给予进一步的深入反思、概括和诠释,争取实现成才教育实践语境的真实还原和重建。并在此基础上,实现对成才教育其目标、方法、战略,以及全面实施素质教育、改革高中教育的具体实践,对我国基础教育的可能的生态性影响及后果,给予尽可能深入的战略性认识和规律性把握。

第一节 改革基础教育的目标

众所周知,中国基础教育,不仅为中国现代化进程奠定了厚实的人力资源基础,而且还对推动着整个社会发展和文化进步产生着深刻影响及战略促进作用。尤其是改革开放以来我国基础教育所获得的长足进步与发展,为实施科教兴国战略所取得的巨大成就,为提高中华民族整体文化实力,做出了巨大贡献,获得了全社会的广泛肯定与认同。

然而,我们也不能否认,社会各界对中国基础教育的矛盾心理,却并没有因此有所缓解。一方面,要求改革当前基础教育应试教育倾向的呼声,从未像今天这样强烈;而另一方面,社会对应试教育的狂热追逐,不仅没有收敛,反而有日趋高涨之势。虽然应试教育在今天已为更多的专家学者所诟病,而作为其替代的基础教育的创新形态及其理论范式的素质教育,也已作为改革基础教育的主旋律,在全国范围内普遍推开。但应试教育的存在,依然有其牢固的社会合理性的支撑。即使在倡导全面实施素质教育以根本改革基础教育的多年后,在不少人眼里,基础教育整体改革,依然是一个社会性难题。

首先,整个社会发展,需要教育为其培养大量的有用之才,从而建立起从基础教育到高等教育的完整的现在学校教育体系。但由于高等教育资源的相对稀缺,不可能让每个人都接受从基础到高等的全部教育,只能通过考试选拔高中生中的一些最优秀者接受高等教育,而基础教育,也因此而发展出了其适应并满足社会"选拔"需要的"应试"功能。而以知识传授和"应试学力"培养为目标,以作业练习、检查考试为重要手段的应试教育,正好适应并同注重学历、文凭的社会准入和人才选拔制度高度吻合。而应试教育——作为基础教育的经典形态,也因此获得了普遍的社会认同。所以,整个基础教育,尤其是高中教育,就理所当然地负起培养学生"应试学力"的责任及社会担当。

其次,现有人才选拔和任用制度,对包括基础教育在内的学校教育,以及社会成员对教育的个体期待,起着巨大的价值导向作用。既然社会通过学校教育为其选拔人才,那么家长对子女未来发展的期待,就必然会本同这个社会的人才选拔制度保持高度一致。这就迫使基础教育,在考虑如何适应并满足社会发展对它的需求的同时,还必须适应并满足每一个社会个体的需求。

事实上,随着知识社会的临近,应试教育赖以存在的传统基石,事实上已开始发生动摇。[1] 教育的决策与研究部门,基于未来发展和实施科教兴国战略的

---

[1] 知识社会的概念与知识经济有关。根据"经济与开发组织"的说法,知识经济是"以知识为基础的经济",即"知识成为促进经济增长的主要要素的经济形态",是属于经济范畴的概念。由于知识不仅是信息,还涉及文化、经济、政治及科学技术与教育等更为广泛的社会文化要素和领域,因此,就产生了以知识社会来说明以知识经济为主要特征的社会形态。知识社会所强调的是:(1)知识将成为生产力的主要特征;(2)知识和智力开发是未来经济发展的动力;(3)知识将改变未来社会人们的劳动的含义和结构;(4)知识网络促使国家创新体系的进步,科学系统、教育系统在国家创新体系中具有重要作用;(5)知识和学习把人们联系在一起,增强人与人之间的相互信赖,增强人与社会、人与自然的联系;(6)人将是知识社会的主体,终身学习将成为人的自我完善、自我发展的必然要求,正规教育并非是教育和学习的唯一保证;(7)终身教育、终身学习构成知识社会的基础;(8)建构学习化社会是迈向知识社会的必然环节。(《教育研究》1999.7 厉以贤《终身教育、终身学习是社会进步和教育发展的共同要求》)——笔者注

需要，试图通过对基础教育既有目标必要的修正和调节，乃至持续的整体改革，来解决基础教育改革所面临的多样性问题，以使之走出目前的困境。而社会也对包括基础教育在内的学校教育，产生了新的期望和要求。这就使得处于基础教育改革前沿的一线学校，必须在第一时间对此做出积极主动的回应。需要顺应时代发展的趋势和潮流，作出及时的甚至是超前社会适应性的、战略性的选择。以此寻求基础教育新的发展道路，拓展其生长发展的空间。整个基础教育，也须通过对其改革语境、改革意图、改革目标的缜密思考，以重建发展的改革语境，设定发展的改革目标，为自身改革和发展，觅得足够的动机和目标引导，争取更多的政策保障和价值支撑。

这一节，主要围绕对成才教育及基础教育改革目标的再认识，通过深入考察成才教育提出的现实背景与基础语境的还原，由此实现对包括成才教育其内涵、价值、意义及终极目标的关联性认识。在此基础上，通过成才教育改革语境的重建，达成对成才教育的目标及其办学宗旨，包括对成才教育改革其提问题的方法和看待问题的角度，给予进一步的理论综合。

一、成才教育的核心诉求

素质教育[1]的基础教育改革，是"针对我国基础教育在全长教育实践中崇尚'应试学力'的偏向，而提出的一种教育改革理念"[2]。因此，从倡导素质教育的基础教育改革一开始，似乎就把传统的崇尚"应试学力"的传统教育（简称应试教育），设置为素质教育的对立面了。正如国务院在《中国教育改革和发展纲要》中，提出了"中小学要由'应试教育'转向全面提高国民素质的轨道，面向全体学生，全面提高学生的思想道德、文化科学、劳动技能和身体心理素质，促进学生生

---

[1] 素质教育作为一个专业术语和规范性概念，在不同语境中，可以获得不同的语义呈现，而因看问题的角度不同，也往往获得有关其含义的不同诠释和理解，从而导致有关素质教育其描述性定义也各不相同。一般认为，被称之为素质教育的教育形态或者模式，大多具有如下相同或者相似的属性特征：其一，认为素质教育是以全面提高全体学生的基本素质为根本目的的教育；其二，认为素质教育是适应并依据社会发展和人的发展对教育的实际需要而实施的教育；其三，素质教育主张充分开发个体的智慧潜能，促进个性的全面养成和发展的教育。因此，素质教育可以大致定义为：依据人的发展和社会发展的实际需要，以全面提高全体学生的基本素质为根本目的，以尊重学生个性，注重开发人的身心潜能，并注重形成人的健全个性为根本特征的一种教育形态及模式。总之，素质教育是一种具有十分突出的人本倾向的教育。——笔者注

[2] 《素质教育有别于"应试教育"的本质特征》，钟启泉，《上海教育》1997年第1期。

动活泼地发展"的战略目标。因而,素质教育正是基础教育领域面对日渐临近的知识社会,所给予积极回应及指向未来的适应性战略选择。而成才教育,也只有在素质教育的框架里,才能获得其改革基础教育价值和意义的认识和理解。

(一) 改革基础教育的目标指向

同素质教育的基础教育改革一样,成才教育提出的现实条件和背景,与世界范围内"回归教育"[1]的倡导,以及建立其上的素质教育和素质教育的基础教育改革理念直接相关。素质教育以其对"回归教育"精神内涵的特殊理解和诠释,而基础教育得以经由素质教育实现本体回归,最终都反映并满足了人们要求教育回归生活、回归人的终身发展,最终回归教育自身本体的历史性要求。

通常,我们把素质教育理解为以开发受教育者身心潜能为基础,通过教育促进受教育者的社会化个性的全面养成与提高,发展和完善受教育者的身心素质,使之符合特定社会要求的教育,并最终发展为以素质教育创新理念为内核的新型教育文化和教育范式。而素质教育的基础教育改革,则革命性地将基础教育赋予了普遍的国民素质教育的本质内涵,并将基础教育本质、具体地理解为"为学生的全面发展、终身发展打基础的教育"。与此同时,基础教育的功能和价值的核心目标,也被导向使受教育者素质养成和能力提高方面。

成才教育基于对素质教育理念和目标的认同与信念,将其对培养目标的认识,从传统基础教育单纯对学生学业成绩的关注,转向将"为学生终身学习、全面发展,为社会培养合格的公民与有用之才打好基础",并将其确立为成才教育视野中基础教育的本质任务和终极目标。这在实际上,给予了基础教育以更具开放性的素质教育的实践和"回归教育"的创新理解。同时也在事实上实现了对基础教育其功能、价值、意义,以更具拓展性和建构性意义的视界转换,同时也由于成才教育的提出,大大丰富了有关基础教育的素质教育、回归教育的精神内涵。

成才教育从帮助学生"成就其才",并为此打好充分且必要的基础的角度,给予素质教育及其基于素质教育要求的基础教育改革,以时代教育的创新理解。进而提出了基础教育改革的素质教育方向及其目标。素质教育是基础教育的必然方向,必须实行对学生基本知识、基本能力、基本人格养成的综合性教育;为学

---

[1] 终身教育是原于回归教育的实验,理论代表是法国教育家保尔·朗格朗。其主要内容是全程教育、全域教育、全民教育、全面教育,因此回归教育本质上就是回归人自身。——笔者注

生今后终身学习、全面发展打下基础,回归基础教育本身的目的。这既是成才教育的终极价值诉求,也是意识到的基础教育整体改革的当务之急。

这一转换,集中落实在了成才教育所始终坚持的以人为本的教育价值理念上。以帮助每一个学生"各成其才"与全面发展、终身发展为目标追求。成才教育坚持通过转变教育观念和教育方法,使素质教育的理念,能够通过成才教育的改革实践,在基础教育领域得到具体的落实。成才教育致力于帮助全体学生成为学习"人才",并进一步促使学生积极去尝试在其他一些领域"成才",从而为学生将来不仅成为一个合格的公民和劳动者,更为其成为某一方面、某一领域的"人才",创造条件、奠定基础、提供支持与保障。

(二) 实现基础教育的视界转换

素质教育条件下的成才教育的改革和实践,适应了新型学校教育文化建设的需要,推动了学校教育由学科本位向学生发展本位的革命性转变。

成才教育始终坚持其素质教育的方向和立场。不仅在具体实践的层面实现了基础教育范式的某种程度的变换,也极大改变并拓展了现有基础教育的理论视角。同时,随着看问题的方法和角度的转变,也更为深刻地展现出成才教育改革所蕴含的改革基础教育的战略思考:即开始着手从基础教育的全局角度和整体视野,以实现素质教育的全面推进。成才教育坚持以人为本的价值理念和立场,通过教育范式转换,推进课程和学科教学改革来实施素质教育,进而解决基础教育本身及相关领域广泛涉及观念、制度、技术层面的诸多问题,从而切实制定全面实施素质教育的正确的思想方法和实施策略。

成才教育认为,教育在本质上是主体实践和主体建构的。素质教育条件下的成才教育的学校教育和学科教学,从主体实践和主体建构的视角,从社会发展和个体发展的具体要求出发,不仅将教育理解为动词,甚至将知识也理解为动词,即知识的获得——识知(knowing),以及主体对被知事物的能动的领会。这是主体的一项负责任的学习行为,本质地体现了主体的求知信仰、志向和寄托。因此,素质教育的基础教育改革,转变教育观念和教育方法,就成为成才教育的重要内容。

而在成才教育的基础教育拓展视野中,也逐步开始了由"学科本位"向"学生发展本位"的价值转向——为学生的主体建构和自我发展,提供一个有效的保护性、支持性育人环境,并为每一个学生的全面发展、终身发展,帮助学生"成就其才",尽可能创造一切有利条件。

依据素质教育的理念及其本质要求,成才教育将学生全面发展、自我发展,确定为基础教育的基本的也是终极的目标。而成才教育的课程和教学目标,也要相应地从"客观的学科知识",转向学生的全面发展和主体建构。包括改革教学方式与结构,架构以教师为主导,学生为主体的良性主体转换生成机制,提高教学传递效益。教师主导意在确立学生的主体地位,将教学有效转化为学生内在的自我需要与主体实践,促使学生主体能动性的生成,内化教学,实现学生的能力生成与主体建构,并使得学生的主体意识与内在动力得到有效激发。

第一,它强调教学过程是师生交往、共同发展的互动过程,强调师生之间的"主体间性(inter-subjectivity)"伙伴关系。教师通过教学方法的创新,更多地采用讨论、研究、实验等多种教学组织形式,创设能引导学生主动参与的教育环境,激发学生学习的积极性,引导学生积极主动地学习,使学习成为在教师引导下学生主动的、富有个性的学习过程。培养学生形成积极、能动的求知寄托和掌握、运用知识的方法和能力,整体素质得到有效提升。

第二,它强调学生的发展性学力和创造性学力的培养,使学生"人人成才"的培养目标具体化。并在此基础上实现了成才教育"基础+特长"培养模式的建构。在注重知识传授和智力发展的同时,通过全面提高学生素质,发展学生健康个性,给予学生情绪、意志、态度等非智力因素以更多的关注,设计并提供了与之相适应的、有效的课程、教材以及学科教学的实现方式,以及教育教学工艺方面的保障和支持,包括适应性的课程范式、教材体系、运行机制、操作过程及学科教学的机制性保证。一方面,将素质教育目标具体落在了实处,同时,也实现了对教育教学中学科知识传授、素质养成和能力发展关系的生态综合与优化。

成才教育作为新的教育方法和教学模式,倡导并实现一种新的基础教育理念和素质教育的实践模式。其核心思想是强调教育教学必须从学生实际出发,通过教学促使学生的素质养成和能力发展,启发其成才意识,帮助学生成就其才。同时,通过适应性的教育教学活动,以及学生的反复尝试和不断努力,在学习实践中,让学生不断开发自己的潜能,不断提升自己的才干,能力和素质,从而成长为相关领域的干才,进而形成学会学习、渴望成才的内部动力机制和积极心理，从而实现成才教育所追求的最终目的。这不仅是成才教育关于基础教育的素质教育本质的理解和解释，也是成才教育所追求的实践目的。

（三）以学生的终身发展为目标诉求

所谓教育目标（或培养目标），就是学校育人活动所期望达到的某种特定状况，以及有关学习指导、生活指导直接作用于培养对象的教育活动的具体指标。我们完全可以把教育目标，同时理解为——把学生培养成什么规格的人的相关质量标准体系。对学校教育而言，培养（或教育）目标，必然是一切学校工作的基本出发点和现实依据，也是决定教育其存在价值和发展方向的一个核心因素和风向标。成才教育教育理念和模式提出的同时，就现实地、逻辑地为其自身设定了目标。

成才教育的发展本位的理念，以及建立其上的特色教育教学形态的建构，与成才教育对基础教育培养目标的理解直接相关。同时，发展本位的基础教育理念，也对成才教育其具体教育教学的实践，产生着重要的规范和导向作用。成才教育以学生的全面发展、终身发展为目标取向，不仅是素质教育目标的一个具有文化战略意义的诠释和提升，而且还是对素质教育其内在价值的具体化、实践化的拓展，并给予具有方法论意义的改造。

一是指向学生个体的成才和素质的全面发展；二是对人的素质结构的完善和整体素质的提高，给予突出的强调。三是从其内源性的价值追求方面看，成才教育从适应知识社会的基础教育范式创新的高度，给予基础教育自身指向未来的可持续发展的可能途径，给予了具体的探索和实践。而这三者最终聚焦并融汇于基础教育的时代范型——素质教育，而成才教育也因此获得了所谓素质教育的一种具体的、可操作的实现方式与运行模式。

对人才的认同及其素质的要求，不仅是高等教育，也是基础教育的办学者和管理者都应重视并研究的问题。对人才素质问题的研究，事实上是包括基础教育改革在内的教育改革的共同主题。成才教育认为，基础教育应当始终立足于为每一个学生的终身发展打好基础。通过针对性的、适应性的教育教学，为学生"各成其才"打好基础，创造条件，应当是基础教育不可推卸的社会责任和义务。因此，成才教育将学生素质养成问题，转换为人才培养的素质要求问题，进而将素质养成，上升为人才教育的培养目标。

二、素质教育的创新实践

当今,人们已经普遍接受了库恩的观点,即科学发展是由那些极具洞察力的新思想推动的。在这个意义上讲,科学的进步和知识增长,并非是一个积累的过程,而是通过科学活动中存在的一些大的以及较小的革命实现的。因而科学革命,便成为科学的本质内核与基本组成。为了说明这种科学变化的现象,库恩提出了"范式转换"[1]的概念,从而根本上改变了人们对科学变化的看法,从而也影响了对人们认识、改造世界的实践及社会文化的历史运作和发展机制的看法。教育作为最具人类性的社会实践之一,也不得不随着社会的历史转型和相关科学范式的转换,而或迟或早要开始其革命性的转变,并最终融入这样一个整体的社会文化进程之中。

发生于中国世纪之交并持续多年的基础教育整体改革,便是其中最为突出的经典个案之一。基于对教育能否适应并满足持续变化的社会需要为出发点,尝试从社会的历史转型和人的终身发展的视角,以及社会文化生态学的方法论立场来审视教育,并且运用更为丰富的多学科话语,来解读当代教育及其指向未来发展的无尽内涵。[2]而素质教育在中国的倡导和实施,就现实地引发并展开了基础教育领域的、以教育范式转换和教育形态创新为基本内容的改革大潮。这既是成才教育改革的现实基础和基本语境,也是成才教育的改革的不二价值目标。

(一) 探究素质教育的情景意义

成才教育的研究和改革实践,紧密跟踪改革开放以来我国以全面实施素质教育为核心内容的基础教育整体改革潮流,由一所普通高中所提出并给予持续深入推进的基础教育改革实践。成才教育通过对基础教育情境意义的求索,将其所意识到的社会担当,同全面实施素质教育基础教育改革的动机与目标,紧紧

---

[1] 范式或范型,是美国科学哲学家库恩独创的概念,用来表示科学的标志,以及科学和前科学的分界标准。但他没有给它下过定义,但在语用上赋予范式以意义:一组信念或者条理化的规则;公认的科学成就、习惯及其相关制度;专业领域的由各种条理化要素构成的专业基质;建立在共同价值观和标准基础上的约定,等等。范式的原文是paradigm,本义是词尾变化。在拉丁文中,动词人称的单数和附属的词尾是要变化的,但变化是有规则的,这种变化的规则常常用一个范例来表示。库恩就借用这个词来说明与一定"规则体系"相适应的"范例""模型""模式"的意义。参阅库恩《科学革命的结构》,上海科学技术出版社1980年版;邱仁宗《科学方法和科学动力学》,知识出版社1984版。——笔者注

[2] 程介明《教育问:后工业时代的学习与社会》,《北京大学教育评论》2005年第4期。

联系在一起。

还在将近二十年前,在成才教育的倡导者、六十中学原校长何增豪,就在其任主编的《成才教育的理论和实践》一书中,第一次提出了成才教育的教育理念,并给予完整的描述和概括。推进成才教育教改实践的诸多设想和规划,也得到了理论联系实际的综合。之所以仅仅凭一所普通高中的对于基础教育改革的热情与执著,就能够扎扎实实推动一场具有转变教育观念、转变教育方法意义的基础教育整体改革,并且得到持续深入的推进。其中一个重要原因,就是成才教育客观地反映了人们最基础教育普遍的社会关切。

帮助每个学生实现其成才愿望、开发其成才潜能、培养其成才意识,通过针对性的和适当的教育,为学生"成就其才"打好共同而必需的基础,构成了成才教育的核心价值诉求和终极目标取向。为此,成才教育特别注重在基础教育的高中阶段,如何为每一个学生指向未来的发展,为帮助学生"各成其才",创设并提供一个保护性、支持性的环境,以利于他们的自主、健康、可持续的发展,并将其视为成才教育对其应尽社会义务的基本承诺与责任担当。

根据成才教育的办学目标,成才教育制定了三年高中教育的阶段性目标及序列,并给予高度凝练的表述和概括,即为学生"人人成才"作好必要准备——使学生树立一个理想(社会主义理想),确立两种意识(成才意识、创新意识),培养三种学力(基础性学力、发展性学力、创造性学力),提高四种素质(思想道德素质、科学文化素质、身体心理素质、劳动技能素质),实现五个"学会"(学会求知、学会劳动、学会创造、学会合作和学会生活),使学生个性得到发展,特长得到培养和发挥,成为德智体等方面协调发展的高中毕业生,为他们成为21世纪的合格人才打好坚实的基础。以此来提升高中教育的意境,拓展教育空间,最终实现高中教育的任务,兑现其社会承诺。

(二) 探究素质教育的实现方式

成才教育的探索和实践,始终紧密联系我国基础教育改革和高中教育发展实际,积极关注社会对高中教育的基本需求,密切跟踪基础教育改革的基本走向和发展前沿,从而努力把握全面实施素质教育的基础教育整体改革的战略制高点,以达到通过成才教育的全面实施素质教育、推进基础教育改革的目的。

素质教育作为创新的教育理念和大的教育改革计划和系统工程,是一个包括其思想体系、目标、内容、课程、实施途径、运行机制、教育教学技术及保障、评价体系在内的复杂系统。素质教育的目标，最终要通过与之相应的学校教育及其课程体系、学科教学形态实现。素质教育强调，全体学生素质的提高，学生素质的全面提高，不仅是学校全部课程(学科、活动课程)的任务，而且也是学校、社会、家庭的共同责任。实施素质教育的目的，就是要以素质教育的理念和教育目标统领学校教育，促进基础教育沿着国民素质教育的轨道发展。

《中国教育改革和发展纲要》中提出的中小学要"全面提高学生的思想道德、文化科学、劳动技能和身体心理素质"，要求基础教育应关心每一个学生的发展和成长，帮助他们获得素质的养成和能力的提高，全面发展。实际上赋予基础教育理以普遍的国民素质教育的性质和特征。而全面实施素质教育，也因此成为基础教育的目标导向。在基础教育阶段，学生的素质结构无疑要体现其必须的基础性、社会性、民族性、时代性，也要体现其适应学生个性特性、当下需求，以及全面发展、终身发展，最终成为社会的有用之才所必须具备的素质和能力的基础。

成才教育的基础教育范式及其理论与实践的创新，既是基础教育的素质教育改革及其范式创新的一个具体成果，也是建构基础教育的素质教育范式的积极尝试。其改革愿景及其一贯的目标指向、价值诉求和社会担当，主要包括：(1)实现全面实施素质教育的高中办学模式的探究与建构；(2)通过以学生发展为本位的成才教育的探索实践，尝试基于素质教育要求的基础教育理想范型的建构。

虽然素质教育有其对注重应试学力的应试教育的反驳于内，但成才教育的现实针对性与目标的合理性，并不以应试教育为存在的前提，而是基于对适应知识社会需求的基础教育创新范式的自觉。事实上，成才教育作为素质教育的实现方式之一，不仅不排斥考试，不否定应试学力的必要性和合理性，而且还从一个特殊的视角，对其潜在的价值和意义给予创新的诠释，将考试、分数等，作为衡量学生的基本学力及其专项素质能力的一个尺度和工具来理解。因此，成才教育在一定程度上还有着超越素质教育的改革基础教育的价值和意义。

三、基础教育的范式转换

传统高中教育以升学为目标，整个社会乃至教师和学生对高中教育的目标认同，根本上是与升学直接关联在一起的，甚至升学成为高中教育的唯一目的。

因而升学的负担，在相当程度上抑制了针对教育对象潜能的有效开发与素质的全面培养。

因此，如何在化解普遍存在于高中教育现实情境和社会心理的同时，进一步化解全面实施素质教育，同以培养"应试学力"为主的传统基础教育两者之间的矛盾冲突，以寻找一个价值和利益的契合点，是成才教育意识到的根本任务。而如何通过转变基础教育及其办学模式，以搭建一个广泛包容两者的目标诉求和价值取向的超越性的支持保障系统，并实现其基础框架和基本平台的搭建，就成为成才教育探究如何在高中全面实施素质教育，推进基础教育改革的重要战略。

其主要工作包括以下几方面：

第一，转变办学理念，推进基于素质教育要求的高中教育改革及创新范式转换，实现基础教育整体改革软着陆。这是成才教育改革和实践最重要任务和责任担当。

第二，旗帜鲜明地实施素质教育的基础教育改革，由传统学校教育的"应试学力"本位、"学科"本位，向素质教育的"素质和能力养成"本位和"全面、终身发展"本位转换。这是成才教育基础教育改革的创新。

第三，初步形成素质教育统整下的成才教育体系和办学模式的建构，包括特色学校文化、组织运行机制及教育教学管理体制等，通过成才教育的改革实践和办学模式创新，最终达成如何在普通高中切实落实全面实施素质教育的基础教育改革目标，从而实现素质教育实施途径和实现方式的基本建构。这是成才教育的宏大战略诉求。

（一）素质养成与基础学力发展相结合

由于现代学校教育，是现代工业社会的产物，故其结构—功能—形制，与现代工业生产高度一致。而现代学校教育注重科学知识的传播与普及，反过来又给予工业社会以强大的动力支持和资源保障。因此，以掌握科学知识为目标、以现代科学学科为本位及其尺度的学校教育，就成为整个国民教育中占统治地位的基本形态。人们坚信，如果没有现代学校教育，整个社会也就因此失去了其赖以存在的重要支柱。因而整个学校教育，必须围绕学科知识来组织并运作。

然在知识社会条件下，适应工业社会的学科本位的、知识中心的学校教育，已经无法满足并适应新型社会对教育及其人才培养的需求了。而对正在来到的知识社会而言，真正重要的已不是知识本身了，而是生产知识的能力——知识资本。因而，拥有知识创造能力的人才，便足以在社会上觅得更多的发展机遇，而不懂知识生产方式和不拥有创新能力的，滞后于社会发展的几率则大大增加。因此，学校教育主动与终身教育衔接与拓展，对任何一个自立于社会的人而言，将成为不可或缺前提、条件性支撑，也成为人们对学校教育的一种全新期待。

人们在期望学校教育着力于服务社会发展的同时，还期待着学校教育能更多着眼于个人的终身发展。或者说，希望学校教育在这两方面能比以往做得更好。这就在事实上，向学校教育提出了如何回归社会、适应社会时代发展的要求。而学校教育，也开始考虑如何将其服务并满足于知识社会需求，服务并满足于指向未来的人才成长和发展需要的创新的学校教育，并依此作为指向未来发展的目标。

高中教育作为基础教育的重要组成部分，在人才培养的过程中发挥着极大的作用，要为以后的进一步学习打基础。所以特别强调，要通过切实实施以提高学生的素养和能力培养为目标的教育，为促进每一个学生的全面发展、终身发展，提供最直接的社会支持和保障。而以德育为核心，以学习能力和创新精神为重点的素质教育，也就被历史地提上了基础教育改革的日程，并被推向改革前沿。改革教育制度，转变教育思想，实现由应试教育向素质教育的过渡，就历史地、逻辑地成为时代发展对基础教育的必然要求。

教育的本质在于最大限度地开发每个受教育对象的多方面的潜能，把他们培养成不同规格、能适应社会发展需求的各方面的、多样性人才。面对这样一个有关高中教育的目标诉求和价值认同的现实情境和社会语境，成才教育充分肯定并坚信，人的潜能是无穷无尽的，已开发的潜能总是有限的，因此通过适应性的教育，对学生成才愿望及其巨大潜能的激发，必然能产生可以想象到的巨大动能，一定能够帮助学生人人成才。同时也实现了为社会发展、文化进步及人们的幸福，提供源源不断的动力的目的。

由此说明，成才教育视野中的基础教育，既着眼于教育对象现实才能的开发与培养，更着眼于他们未来的适应和发展能力。超越应试教育对"升学"和培养"应试学力"的较为狭隘的功利目标与当下目的性的认知，足以为成才教育的实施，以及基础教育的指向未来的可持续发展，觅得足够的时空间。也为每一位学生,开辟了一条促成其终身发展、"各成其才"的通衢。

（二）成才意识养成与学会学习相结合

成才教育认为每一学生都有某方面的特长或潜能,基础和特长的关系也就是教育中的共性和个性的关系,只有扎实"基础",才会有高质量的"特长";基础满足社会一般的需要,且为以后的特长培养创造条件,"特长"的培养为社会提供专门的人才。

成才教育的改革目标和"基础+特长"的课程体系相一致的评价体系建构,基于对素质教育条件下的基础教育及课程实施和教育教学,对学生的素质养成、能力和个性培养,以及为终身学习和发展打好必要基础的核心目标的把握,作为考察教育教学成果及评价的基本尺度。从而在此基础上,实现了支持有服务于成才教育的特色评价体系的建构。为达成改变高中教育的办学目标,提供了实施条件和实践性基础。

其一,建构作为成才教育实施载体和基础平台的课程体系。成才教育的课程设置,以全面发展学生素质为标准;教育模式的选定,以有利于打好共同基础,发展学生个性特长,加强双向沟通,形成教育合力为标准;教育方法的运作,以启发性、针对性、可操作性、实效性为标准。成才教育的成果评价方法是"基础+特长"。

其二,建构适应知识社会的基础加专长的教育教学体系。注重所谓"基础",就是学生达到高中基础学力,学会认知,学会做事,学会共同生活,学会生存。成才教育把基础放在第一位,既考了社会发展的需要,更考虑到只有基础扎实的学生才能适应迅速变化的社会。所谓"特长",就是学生具有的某一方面的专长。

第二节 改革高中办学的目标

成才教育通过对素质教育的聚焦,将其价值诉求和改革目标,恰当而准确地融入了素质教育的基本框架之中,并从一个特殊视角和取向,实现了素质教育创新载体及实施平台的建构。为改革高中办学,探索并实践了一条创新发展之路。使成才教育可以依据素质教育的理念和逻辑框架,来设计规划自己的行动,并为实现素质教育的创新模式——成才教育的基础教育体系的建构,创造种种可能的条件和机遇。

成才教育基于对基础教育的科学考察和理性反思,通过关于基础教育整体改革的全局性的创意、规划和设计,从而将成才教育改革的理论创新和实践,集中于一个目标明确、方法恰当的具体框架之中,使得成才教育在其改革和实施过程中,得以按照这个规划来行动。进而有效地创造、把握种种可能的机会,以实现成才教育的战略目的。因此,成才教育作为基础教育的整体改革战略及其实践,本质体现了其把握未来发展的自觉的努力。

成才教育思想及其实践,本质地体现了素质教育的基础教育改革的基本创意、思路及其战略规划和设计;而成才教育的探索和实践,也在最大程度上获得了素质教育理念的支持。因此,成才教育在实现其自身目标,实现以素质教育为基础框架、以"二期课改"为实践载体、以"三级转换"为目标导向的改革高中办学的实践建模的同时,事实上也实现了素质教育改革基础教育的目标。

一、以素质教育为基础框架

素质教育的适用范围及其改革价值和意义究竟在哪里?素质教育是否可以作为引领我们的教育走向当代的有效途径和行动指南吗?换言之,在素质教育条件下,中国教育尤其是基础教育,将如何发展出适应社会和教育发展时代要求的崭新形态?在这个过程中,它将面临什么样的挑战?而这也是六十中学成才教育的探索和实践,一直试图给予有效解答的问题。

现实证明,持续深化的全面实施素质教育的基础教育整体改革,在知识社会和终身教育、终身学习的宏观背景下,从来没有像今天这样,被如此多地赋予其社会文化内涵,也从未获得过如此重要的甚至可能决定中国教育的未来发展和基本走向的地位。而成才教育的提出,不仅体现了高中教育以超越传统学校教育既有的价值的应有之义,甚至还进一步展现出其更为深刻、更具生命力的文化生态意义,以及人的再生产、文化再生产的社会价值和文化功能。

(一) 素质教育意境的提升和拓展

成才教育倡导与实践,是实现基础教育本体回归的具体探索。其基本目标包括:回归教育的本质目的、回归教育的基本对象,最终回归教育的社会目的与人类性目的本身。在实现基础教育本体回归的同时,也实现了基础教育目标的本体回归,即回归学生的素质养成和全面发展本身的素质教育实践。因此,成才教育既有改革教育目标、教育思想的意义,又有改革教育方法和办学模式的意义。

成才教育的素质教育目标,本质上不是简单地去传授知识,也不是直接地去证明些什么,而是要"培养个人使之能适应根据历史和地理条件来指导生活的各种环境;培养他们去承担发展中社会的具体任务和责任;引导他们去教授变革;为他们提供智力活动的条件和科学技术设备,这些条件和设备将能使他们积极地参与组织体制、机构、习俗、思维的变革过程"[1]。总之,以学生为本,一切为了全体学生的发展和每一个学生的全面发展,积极促成学生学会学习,促进学生素质养成,从而推进并引导着其课程架构和学科教学的目标指向和价值重心的转移。把学校办成一所教育思想先进、学校管理科学、师资队伍优化、教育设施完备,注重全面提高学生素质,并在构建与之配套的教育教学体系中,实现体现出鲜明特色的高质量、高效益、高水平的实验性示范性高级中学办学模式的创新。

成才教育作为一种教育理解、教育思想、教育视野,其含义主要有三点:(1)主张人人都有成才的潜能,经过适当的教育和培养,都有可能成就其才;(2)主张成才是多维度、多方面的,包括掌握专门知识、专门技能,从学习、生产直到创造的才能;(3)主张把启发、培养学生的成才意识和内部动力机制,也作为基础教育的教育一个重要目标。

(二) 一切为了学生成才

围绕成才教育的改革目标和培养目标,经过深化的研究与改革实践,初步形成了其主导性的改革框架及相关规划与设计:

1. 建立以全面实施素质教育为主导的战略

建构开放的、多元的、对话式的新型理论引导机制和政策传导机制,是成才教育的一个战略核心。以此逐步淡化对教育的行政干预,而代之以建设性的理论规范和科学管理。同时,坚持成才教育作为素质教育实现方式的战略地位,并为之创设保护性、支持性的环境。在这过程中,积极发挥每一个教师的主观能动性,积极调动一线教师参与成才教育改革的积极性、主动性、自主性,以及作为一名教育工作者的意识到的责任感和使命感,以进一步解放教育生产力。从而实

---

[1] 朗格朗《终身教育引论》,39页。

现适应普通高中的成才教育改革实际及需要的、以课程改革为突破口的、以改变教师的教育行为和学生的学习行为为核心，连接宏观的理论研究和微观的技术创新的成才教育新型运作机制。从而为成才教育方案的实施与持续优化，提供战略性的支持和保障。

2. 加强进步办学理念和学术思想的引领

确立成才教育的结构开放、多元选择、可持续发展、生态化综合、理论联系实际的改革观、实践观、发展观，坚持成才教育所内蕴的文化批判精神和社会建构性的功能特征。成才教育作为在素质教育条件下改革高中教育的一个流动异彩的价值转换生成过程，必然要表现在理论创新、技术创新和制度创新的各个实践领域，也只有通过上述这三个领域的创新，才能真正实现其改革目标和价值诉求。因此，必须将成才教育，理解为素质教育的包括课程改革、教育教学改革在内的基础教育整体改革。而任何教育改革，本质上必须是"社会地建构的"，因此，成才教育必须保持其动态的结构开放性，从而充分调动各种社会力量和社会资源，共同作用于改革并形成合力。

3. 注重适应素质教育要求的教师队伍建设

教师是教育的第一要素，也是教育改革的第一推动力。坚持以全体教师的思想解放、转变教育观念为先导，以建构新的课程结构和课程标准为途径，以促进学生的自主学习和全面发展为目标，以教法、学法的根本转变为突破口，以聚焦课堂教学为落脚点，以实现教育资源的优化整合。进而通过对成才教育的多任务驱动、形成性控制和目标管理，建立具有自主"反馈—调节"运作机制。形成并充分发挥整体大于部分之和的系统优势，实现成才教育改革效益最大化。因此，教师的积极、主动、有效的参与，是成才教育的探究及实施的关键。建设一支拥有素质教育的进步教育理念、成才教育的基本信念，同时掌握先进的教育教学技术、深刻领会成才教育精神、具有专门职业素养的专业化教师队伍，是实现成才教育目标的基本条件和重要前提。加强这样一支队伍的培养，是推进成才教育改革实践极为重要的一环。

4. 以素质教育为核心内容的办学范式的转换

任何教育范式，必须是一个概念、命题、理论的体系，必须有其主导理论、价值取向、核心概念、理论依据、方法基础、结构模型、运作机制、操作模式、工艺标准、现实载体、实现方式、评价体系等。因此，任何有关教育范式理论的建构与运用，都必须获得一个全局视野和整体观的基础，必须形成其特有的逻辑框架和概念体系，并同构成其基础和理论背景的其他教育范式、课程范式乃至社会、文化、思想、观念、理论、方法等广域理论范式建立起密切的联系。

（三）一切为了学生发展

一直以来，六十中学针对中国基础教育整体改革所作的非常本质化的思维，最终提出并实践了现在看来是正确有效的成才教育思想理念，以及全面实施基础教育国民素质教育改革的一个个案，一个实现方式及其途径，最终发展成为素质教育的基础教育改革的创新模式。并在此基础上实现了适应素质教育的教育教学行为的转变与建构。主要包括：

1. 有关教育教学隐性部分的知识关注——对高中学生成才潜能和成才意识养成的针对性、适应性教育及其对策的假设和前提；对成才教育对象题域、问题及其构成其条件、环境、方法、视角的逻辑梳理和知识概括；判定成才教育优待解决的主要问题之属性，考察成因及对策、效果的推论，从而对可能的教育干预设置控制条件；成才教育思路、方法、机制、原则的初步概括和实践理性的综合。

2. 有关教育教学显性部分的知识关注——着重对学生的基本状况及学习活动的多样性比较考察与综合分析，形成有关学生学习生活既有状态的认知；对学生特定情境中影响成才意识养成和自觉的内外因界定，给予基本的经验判断和一定的实证考察，设计制定实施教育的可能方案；基于对成才教育实践及其成功经验的判断及其知识成果的理论抽象和概括，为教学行动策略的制定建立规范。

3. 聚焦教育教学的机制创新与转变——集中针对实施成才教育的观念层面的冲突和实践领域的矛盾，给予基于实践经验的实事求是的判断，并据此设计对策并对成才教育的具体目标和效果做出确定的预判；如何实现由甄别式评价向发展性评价转换和过渡，并形成机制；有关成才教育的方法、途径、载体及其机制的合目的、合规律的建构；依托既有学校教育的基础框架和基本平台，设计注重基本学力及基本素质能力养成的教育教学策略，以素质教育课程实现对教学活动的统整；成才教育与既有办学体制下的主导机制的生态化融汇。

4. 有关成才教育的多角度观照及其理论综合——帮助学生成功的合目的、和规律的基本途径、方法、策略的科学假说的提炼；基础教育的素质教育的包括课程、教学、教师、学生及学校文化的成才教育建构;基础教育的素质教育阐释和人本主义成才教育范式、教学模式及思想体系的建构;成才教育的基础教育范式创新及基础教育的素质教育实践的多学科理论综合。

二、以"新课改"为实践载体

建构适应素质教育的课程体系和学科教学形态,之所以成为全面实施素质教育的基础、条件、前提,不仅因为课程和学科教学是学校教育的基本途径和载体,也是由素质教育本身内在规定性和"理论范式"所决定的。

(一) 成才教育的实践载体和实现方式

在现代学校教育中,课程是学校教育的基本形态与基本实现方式,也是组织并实施学校教育的基础框架与基本平台。而适应素质教育需要的课程载体的建设与创新,以及相关学科教学的合目的、合规律性的改革,是实现成才教育改革实践深入推进的重要抓手和有效途径。

课程在学校教育与整体教改中,具有突出的核心地位并发挥着极其显赫的作用。因此,包括中国在内的世界许多国家,通常都借助课程的"范式转换"来实施、推进教改。[1]由于课程范式广泛涉及学校课程编制及学科教学的指导思想与理论依据,包括其理论、原则、方法,以及教学中课程实施的方法、原理、评价等,是影响学校教育的核心因素和基本条件。上海"二期课改"新课程体系和"三维目标"的确立,以及课程和学科教学范式的结构性变换,就是由课程范式的转变而驱动的在课程领域实施的基础教育整体改革。为成才教育向课程层面改革推进,提供了有效的改革理念及先进的课程体系的保障和支持。

---

[1] 1949年美国课程论专家R.W.泰勒在其《课程与教学的基本原理》一书中,以"学校应该追求哪些教育目标"(目标)、"如何选择可能有助于达成这些教育目标的学习经验"(内容)、"如何组织学习经验是教学更有成效"(方法)、"如何评价学习经验的效果"(评价)4个主要部分,构筑了课程理论的基本框架——即所谓的"泰勒原理"。自此以降,课程获得了现代学校教育的基础平台与基本实现方式的评价。随着对学校教育与教学过程的不断加深的认识,课程研究日益受到重视,出现了一些代表性的课程观与课程理论:第一,强调在学校教学中把学科的基本结构,用学习者可以理解的形式加以编排,然后教给学生的结构主义课程论;第二,主张以教学内容必要的难度、重视理论知识以及教学的必要速度促进学习的一般发展的发展主义课程论;第三,主张学校课程的编制应与青少年的生活、人格的发展及现实的社会问题联系起来的人本主义课程论。关于课程理论的内容,广泛涉及课程在现代学校教育中的功能,学校课程编制的指导思想与理论依据,影响学校课程编制的种种因素,编制学校课程的理论、原则、方法,教学中课程实施的理论与方法,以及课程的评价等方面。——作者注

就其最普遍意义而言,现代学校教育,总是通过课程来实现的。[1] 课程和学科教学,作为连接教育的宏观层面与微观层面的主要教育元素与结构性内核,学校教育的基本载体、实现途径和重要关节点,具有超越通常教材改革、教育教学技术改革的整体教改意义,不仅直接面对如何处理并协调知识、技能和素质之间的关系问题,更广泛涉及教育目标和目标控制及教育改革的使命,在学校教育和教育教学改革中负有特别重要的责任。

成才教育在其改革的探索和实践中,以"新课改"为依托,形成了其特征性的内容结构及其相应的运作模式。

(二) 成才教育课程形态的建构

成才教育从教育向其自身本体亦即人的发展的历史回归的角度,作为其课程范式和教学形态创新的出发点。将以学生的发展为基本取向,以开发学生的身心潜能为目标,依托相应的课程并通过具体的教学,达成促进受学生素质能力的全面养成与提高的教育教学目标。

1. 教育教学观念的转变

成才教育对素质教育的基础教育理念,给予了创造性的提炼、主题升华和实践性诠释,初步实现了对素质教育其可能途径和实现方式的有效解读,并实现了成才教育的素质教育实施框架与操作平台的建构。

成才教育课程的创新理解。对如何处理课程与学科教学中知识传授和智力发展的关系、在智力发展的同时积极关注学生情绪、意志、态度等非智力因素的发展、显性课程与隐性课程的关系、课程的编制中体现不同学科间的相互交叉、渗透、综合等问题给予了规范。它的全面实施,为素质教育的实施,提供了与之相适应的课程、教材以及教育教学工艺的保障和支持,从而推动整个基础教育向素质教育转变,并为之提供了适应性的课程范式、教材体系、运行机制、操作过程及学科教学的机制性保证。

2. 教育教学行为的转变

成才教育从主体实践和主体建构的视角,从社会发展和个体发展的具体要求出发,将知识理解为动词,即知识的获得——识知(knowing),进而理解为主体

---

[1] 参阅《后现代主义课程论》。

对被知事物的能动的领会,是主体的一项负责任的学习行为,同时还本质地体现了主体的求知信仰、志向和寄托,从而促使我们对教学中的知识传授、技能训练以及素质养成进行全面、深刻的反思,对正在进行的教育教学改革,进行彻底的省察。成才教育强调教学过程是师生交往、共同发展的互动过程,强调师生之间的"主体间性(inter subjectivity)"[1]伙伴关系。教师通过教学方法的创新,更多地采用讨论、研究、实验等多种教学组织形式,创设能引导学生主动参与的教育环境,激发学生学习的积极性,引导学生积极主动地学习,使学习成为在教师引导下学生主动的、富有个性的学习过程。培养学生形成积极、能动的求知寄托和掌握、运用知识的方法和能力,整体素质得到有效提升。

3. 教育教学关系及传递方式的重构

改变原有的教师为主导、以学生为主体的主从关系,为相互依存、相互补充、互为条件的平等关系。教师通过其主导作用,帮助并引导学生主动参与教学过程,以平等的合作关系和学习机制为保障,有效发掘学生内在学习潜能,释放内在的思想、情感、意志力,内化教学结构,教学内容。在此基础上,建立学科教学的"双轨制"机制是可能的,即教学组织与教学传递以教师为主导,在参与课堂教学、主动学习方面以学生为主体。

4. 教育教学时空间的拓展,教育教学环境的优化

注重启发、引导学生的学习兴趣,建构学生主动活动、积极参与教学的支持性、保护性环境。学生的主体地位是通过积极参与实现的,在学科教学程式与序列设计中,应切实以学生为主体,从内容到形式,都应适应学生主体身份的实现及认知趣味、学习规律和其他相关精神要求。保持教与学的方法和目标本质上的一致性,鼓励、指导并保证学生的自主活动与实践,在包括资料工作、问题的探究、不同观点的交锋,以及质疑、商榷、成果发布等学科教学要素的各领域,为学生的学习创设合乎其价值和趣味取向的优化条件和环境。

5. 实现对教育教学目标的成才教育统整

教学中的知识传授,依然是成才教育的一个基本内核。在此基础上,成才教

---

[1] 胡塞尔现象学的重要概念,指的是在自我本身和经验意识的本质结构中,自我同他人是联系在一起的,是我和他人共同构成的。主体间性不仅是自我和其他自我之间的本质性关系,这种主体间性还是主体经验意义的一部分。基于这一点,波兰哲学家英加登认为主体间性不是一种心理现象,而是超越了所有自我意识经验及主客体之外在关系的本质实践的关系。——笔者注

育给予了进一步的统整。一是根据学科性质、特点、材料、接受对象和教学氛围的不同,结合不同的教学目的与价值指向,采取不同的教授方法和教学模式。比如讲解中灵活采用分析法、图解法、铺陈法、概要法、表演及多媒体演示等多样而灵活的方法。二是注重教学中学生对学科知识的领悟,并转变教学传递方式。在学科教学中,积极关注学生的感悟能力、知识判断力、批判能力和创新能力的形成。变学科知识的传授为传递,使学生在学习过程中获得具体的感悟、体验、理解,进而形成能力。三是注重建构的学科教学,即注重学生参与教学的主体实践的能动方式,使学生在知识教学和技能训练中得到理解、思维、语言、表达、生活等全能性锻炼,满足并体现建构的学科教学的丰富性、回归性、关联性,最终达成学生基本学力和基本素质的养成。通过知识的传递,主体的体验和领悟,而达成主体的建构,从而实现包括整体把握、提纲挈领、检索筛选、比较异同等学习技艺在内的学习素养的全面提升。

(三) 发展本位的学科教学建模

随着基础教育改革的深化,学科本位的学校教育,已经无法适应知识社会对学校教育的需求了。人们"期望教育的服务对象应既着眼于个人,又着眼于社会"[1]方面能够做得更好,从而促使成才教育提出了基于素质教育理念的改革基础教育的目标,以及创新与之相适应的改革教育教学模式的实践诉求。

成才教育的办学模式创新,是建立在变既有的学科本位、知识本位的学校教育,为学生发展本位的学校教育为主要内容的范式转换基础上的,其着力点主要表现在以下几方面:

1. 转变课程与学科教学目标

满足素质教育要求的学科教学,须实现由"学科本位"向"学生发展本位"转向,课程和学科目标要从"客观的学科知识"转向学生的全面发展和主体建构。从而导致了一些基本的目标诉求的转变:第一,改变学科教学中过于注重知识,向注重学生能力、学会学习方面转变;第二,改变过于强调学科本位而注重转向多学科的整合;第三,改变过去课程、教材过于注重书本知识的倾向;第四,改变过于强调接受式的学习,以及死记硬背与机械训练;第五,改变课程评价过于强调甄别、选择及否定性评价;第六,改变课程管理过于集中、单一的倾向。

---

[1] 朗格朗《终身教育引论》,39页。

2. 转变教育教学传递模式

教育教学方法和模式，是实现教育能量传递和功能转换的基本途径和基本条件，教育教学活动，总是以具体的教育教学方法和模式进行，并依此为规范。素质教育条件下的学科教学改革的一个首要内容，就是突破课堂中心、教师中心、教材中心的传统教学模式束缚，改革教学传递的方式与结构，架构教师为主导，学生为主体良性转换生成机制，提高教学传递效益。教师主导意在促使学生主体能动性的生成，学生为主体是为了内化教学，实现学生的能力生成与主体建构。教师必须通过其"主导"来确立学生的主体地位，将教学有效转化为学生内在的自我需要与主体实践。因此，教师的"教"须在"转化"上下功夫，以激发学生的主体意识与内在动力。主要包括：

其一，转变教学传递方式。与学生的主动学习和主体建构实现实践性融合，形成教学合力。帮助学生将学科学习内化为自身的基本的生活方式和主体建构的重要内容，培养学生对学科学习情感态度以及价值观怀的升华，包括良好的科学意识、专门的知识鉴赏力，以及对世界和人生的关切和敏感。在此基础上形成有效的掌握知识的能力和方法。

其二，转变学生学习方式。激发学生的学习兴趣，明确学习的意义与目的，并为之创设优化的支持性、保护性环境，为学生的主动学习提供全面帮助、保障与支持，加强学生学习的自主性、能动性、选择性、有效性。

其三，加强教学过程中的师生合作。鼓励学生主动发现问题、提出问题、分析问题、解决问题；引导学生运用多种学习方法，比如观察、比较、质疑、沉思、批判、分析等，培养学生对事物的敏感和问题意识，形成有效的学习方法和良好的学习习惯，让学生在学习中学会学习。

三、以"三级转换"为目标导向

当前，知识和信息向人们日常生活各个领域的广泛渗透，使得终身学习，已从理想变为现实，从可能变成必须；而随着全球化进程的日益加剧，世界各国正以不同的速率迈向学习化社会[1]。因此，学习已经成为关系未来社会进步和人的全面发展的重要因素。

---

[1] 原美国芝加哥大学校长哈钦斯于1968年在《学会生存》一书中使用的概念，认为学习化社会就是"在任何时候不只提供定时制的成人教育，而且以学习、成就、人格形成为目的而成功地实现着价值的转换，以便实现一切制度所追求的社会目标……"——转引自保尔·朗格朗《终身教育引论》。

作为满足终身学习的一个必要手段和阶梯的基础教育,由此又有了新的文化意蕴和历史使命。即相对终身学习的过程来说,基础教育被理所当然地看做是终身学习的起点。正如来自国际 21 世纪教育委员会的观点认为:"良好的初始教育是开始终身学习的关键。这种教育应该覆盖儿童认知和情感两方面的发展,应该保证所有青少年掌握牢固的基础知识和技能,同时使他们养成学习新知识的态度和能力——学会学习"。进而将"学会认知、学会做事、学会共同生活和学会生存",确立为适应未来信息化社会需要的四大教育支柱。保尔·朗格朗更认为,从终身学习的角度来看,学校的职能是通过系统的训练"教会学生学习",其方法是发展学生的思考能力、组织工作的能力、在分析和综合间建立联系的能力等[1]。这实际上是由学习的革命所引发并驱动的教育转型,向学校教育,尤其是基础教育提出的严峻挑战,以及其改革与发展无可回避的现实语境。

成才教育基于对知识社会条件下,基础教育其改革和发展可能走向的专业敏感,不仅给予其改革目标和价值诉求以多角度、多视野的深度反思与倾向性的把握;而且紧密联系基础教育改革和高中办学的实际,在还原并重建基础教育改革语境的同时,还将其指向未来发展语境的延伸。从而提炼并概括出成才教育的实有并应有之价值意义,达到了对成才教育及其改革的价值意义以合目的、合规律统一的理性把握与实践定位。在此基础上,进一步给予成才教育其发展之价值意义与目标指向,以同样是合理性、合目的性的理论综合及其科学阐明。

(一)成才教育条件下高中办学的逻辑变换

成才教育作为一种教育观念,主张人人都应成才,而且人人都可以成才;主张成才是多方面的,不应局限为狭隘领域。作为一种教育目标,主张基础教育应当把培养学生的成才意识和心理,以及自主发展、终身发展的内部动力机制的激发与学会学习,学生生活的个体素质、能力的养成,作为不可推卸的责任与担当,并由此探索基础教育发展的可能途径与范式创新。在此基础上,成才教育对基础教育连同自身的真正目的和意义,给予了连续的考索与追问:

第一,在人类迈进知识社会的条件下,我们应当如何为学生提供一个最适应的高中教育?如何为每一个学生的素质、能力的养成,以及指向未来的全面的、

---

[1] 朗格朗《终身教育引论》,72 页,中国对外翻译出版公司。

可持续的发展,提供最好的条件、帮助、保护和支持,并给予最具现实针对性、有效的价值引导?

第二,我们是不是应该并如何拓展基础教育的视野,将帮助学生成就其才,也就是将培养合格公民的保底的培养目标,提升到以如何培养社会需要的和个人理想的"人才"的高度,并以此作为高中教育以及整个基础教育的保底的目标,进而将其视为高中教育的应尽的社会义务和不可推卸的责任担当?

第三,能否进一步并如何将高中教育的目标,经由指向帮助学生"各成其才",拓展延伸到全面的素质能力的养成、学生的终身可持续发展,并实现无间融合与无缝链接,提供超前的、持续的保障和支持?

第四,成才教育如何能在满足社会对基础教育当下需要的同时,主动为社会提供更进一步的、更适切社会当下需要并包括可以预见的未来需要的教育服务?包括成才教育自身在内的基础教育,是否应该且如何改变其通常滞后于社会发展的局面和形象,转而主动地、坚定不移地担负起引导、指导并推动社会文化进步的重任?

经过近20年的成才教育不断深化的探索和实践,成才教育已经突出地成长出一种创新的教育文化,以及适应知识社会需要、基于素质教育要求的基础教育的办学目标和创新范式及实现方式:从专注"应试学力"的培养,转向基于"素质的全面养成"为重心的教育;再经由"学会学习"[1]的转换与综合,达到"各成其才"的终极目标——实现成才教育"三级转换""二次飞跃"基础教育的素质教育模式建构,并以此为改革高中教育的目标导向。这不仅极大丰富了高中教育的办学内涵,而且还实现了全面实施素质教育的基础教育改革,经由成才教育的创新实践,在六十中学的成功"软着陆"。

---

[1] 学会学习是知识社会条件下,教育的持续发展和范式创新——终身教育—终身学习思想理论体系所秉持的一个核心价值理念。终身教育—终身学习的体系,是建立在以学会做事和学会做人为两大基本面,以学会生存、学会学习、学会创造、学会关心、学会负责、学会合作为六大主题的特色机制基础上的。其中的六大主题,也构成了一个社会成员理想素质的基本面。同时,也将教育革命性地提升到一个,作为"不断的支持过程"的社会行为和生活方式的文化高度。其中,学会学习的概念,依照原联合国教科文组织助理总干事纳伊曼的说法,即"受过教育的人将会知道从哪儿能很快浦和很准确地找到他所不知道的东西"。学会学习,将成为知识社会衡量人们学习效度和基本能力的一个核心指标。(摘引自《教育研究》1997年7月 万明春《学习社会与终身学习》)——笔者注

(二) 一二级转换与一次飞跃——由"素质养成"到"学会学习"

成才教育作为一种基础教育的创新形态和模式,以及全面实施素质教育实现方式及改革基础教育的实践,不仅给了注重应试学力培养的应试教育以素质教育的成功反拨与超越,而且还成功实现了从应试学力培养向素质养成—学会学习的基础教育整体改革的"飞跃"。

这个"飞跃"的实质是:强调教育、教学必须从学生实际出发,从学生的现实需求出发,从社会发展对未来人才的需求出发。通过针对的适应性教育,引导、启发、鼓励学生去充分发挥自己的天性和才干,努力争取让自己成为学习和生产生活的某些领域和某些方面的"人才"。让基础教育,真正成为学生走向社会、走向人生的指南、途径、阶梯和桥梁,进而成为为每一个学生成才、成人最可依赖的有效保障和支撑。

这个"飞跃",同时还实现了学校教育的素质教育实现方式及其实践模式的有效建构。其内容包括与终身教育接轨的大教育观念,适应知识社会需求的素质教育取向,以及以学生发面发展、终身发展为本的教育教学的设计与规划,同传统基础教育迥然有别的具有突出人本主义倾向和特征的学校教育形态和模式。其核心价值的生成和改革目标的实现,主要包括:

其一,对激发学生积极的成才动机的关注。成才教育着眼于激发学生的主体积极的学习动机,是一种使个体行为态度、个性、学习习惯的形成以及学习行为的选择向积极方面转化的教育。这不是一种单纯的授受型的以知识增长和积累为目标的教育,而是与学生的主体参与,并与每个学生的全部经验融合在一起的学习活动,是学习者主动参与的有真正价值的学习。

其二,学生学习的主体地位有效确立。教师是学生学习的促进者;发展潜能的观点,通过教育,使主体在知识、能力、人格的和谐发展的潜能获得真正实现;其基本要素包括:个人参与,积极的学习内驱力,全身心地投入;学生主体的自我发动性、内源性感知力;教育向学生身心和人格各方面渗透,使学生主动内化教育教学要求,消除"失败者心态",形成积极的自我概念,以及积极的自我评价。

其三,强调学习过程,不仅是获得知识的过程,而且是学习方法和健全人格的培养过程。根本上还是学会学习的实践。成才教育注重构建问题情境,鼓励学生自由探索;提供学习资源,创设良好学习氛围,减少知识总量,降低知识难度,坚持素质教育的先进理念,以现代技术为支撑整合多种学习方式,使知识、能力、人格和谐发展。

(三) 二三级转换与再次飞跃——由"学会学习"到"各成其才"

成才教育的超越意境,还表现在基于其对国家教委《关于当前积极推进中小学实施素质教育的若干意见》中有关素质教育的解释——素质教育是以提高民族素质为宗旨的教育,以及依据《教育法》规定的着眼于受教育者及社会长远发展的要求,以面向全体学生、全面提高学生的基本素质为根本宗旨,以注重培养受教育者的态度、能力、促进他们在德智体等方面生动、活泼、主动地发展为基本特征的教育的理解,在从"应试学力"培养的教育,经由"素质养成""学会学习"教育二级转换和一次飞跃的基础上,进一步指向帮助学生"各成其才"的终极目标,并最终实现基础教育目标改革三级转换基础上的再次飞跃。

使得素质教育的以全面提高人的基本素质为根本目的,以尊重人的主体性和主动精神,以人为的性格为基础,注重开发人的智慧潜能,注重形成人的健全个性为根本特征,并有效应对社会发展的实际需要,以正确对待并处理自身所处社会环境的一切事物和现象教育目标,通过成才教育从实践和理论两方面,实现对其抽象理解的超越,而给予帮助学生"成才—成人"的具有终极人类性意义的实践综合。

成才教育通过相应的课程及教育教学,给予素质教育条件下基础教育指标体系的具体落实:(1)培养目标指向创新精神、实践能力和终身可持续发展能力并以此为基础;(2)课程理论指向由素质为核心进而拓展至学生的全面发展;(3)强调学力观,实现基础学力、发展性学力、创造性学力培养模型;(4)实现课程结构由"板块"的静态模型向"功能"模型转化;(5)建立了学科群概念,设置文、理、艺术三大课群,实行由分科与综合并行到"分合一体"的设置;(6)教材体系从完整、系统反映过去,到重新整合、结构化地面向未来,面向学生发展;(7)教学评价从认知、情感、操作到学生素质、个性、人格的全面评价;(8)课程改革在中观层面全面推进,并实现从课程理念、教材及教学策略、教育技术的立体关联。[1] 在学科教学上,集中体现为"三维目标"的确立,即知识技能、学习方法和学习过

---

[1] 参阅《面向21世纪中小学新课程方案和各学科教育改革行动纲领》,上海教育出版社,1999年11月版。

程、情感态度和价值关怀。

总之,成才教育只有不仅仅是成才教育,才能真正认识并理解成才教育及其改革的终极目的;才能赋予成才教育的之于普通高中教育的成才教育理解、基础教育的成才教育理解、素质教育的成才教育理解,以更为普遍的价值和意义。成才教育改革及其未来发展指向,必然能通过基础教育改革的持续推进,准确把握社会及教育发展的前沿信息,深入研究社会及教育发展的普遍规律,以及对社会和教育的未来发展,给予事先的预期与把握的基础上,制定出具有生长性的和可持续发展性的改革战略来。

第三节　改革教育管理的目标

成才教育,作为创新高中办学模式和推动基础教育整体改革的探索和尝试,无疑是一个极其复杂而又困难的历程。主要包括教育观念层面的改革、教育体制层面的改革、教育技术层面的改革。如何指向并达成其预设目标,如何整合既有教育资源并加以合理配置,如何在完成既有教育教学任务的现实情境中,实现成才教育的研究与推进,并争取功能最优化和效益最大化,以及由此产生的复杂关系乃至矛盾冲突,等等。这都需要借助一整套调节和控制过程与机制——成才教育管理,才有可能实现。依照系统论和生态学的观点:要做好"一件事",就必须同时做好"不止一件事"。而管理——包括学校管理和教育教学管理,便是尤其重要的条件性、前提性、基础性的要素和工具,也是决定成才教育最终能否获得成功的条件性、决定性因素和关键。

依照成才教育的理解,管理是决策者基于达成某种目的和需要,有效协调处理组织内部的各种工作关系,而专门设计并建构的一套组织行为和组织活动的程序、方式、机制及其保障性、目标控制性行为的总和。进而把管理的上位概念引入定义之中,就获得了有关成才教育管理属性特征的更为周延的理解:即为了成才教育的有效推进,所必须具备的一整套具有组织协调功能的机制,以及为该机制提供有效支持和保证的相关规则和程序的体系。因此,所谓成才教育管理,本质上也就是为成才教育目的性行为和组织活动提供协调保障的功能体系及控制过程。

成才教育管理,涉及包括如何转变既有办学模式、运行机制、教育教学行为,以及架构与之相适应的创新课程体系与学校文化等学校教育的众多领域与各个方面,是一个由多因素构成的复合体结构与系统工程。而成才教育管理所针对和作用的主要对象,都是作为学校活动和教育教学行为的主要实施者的教师。教师,既是成才教育的实施主体,又是教育管理的主要对象客体。成才教育管理所涉及的学校工作和具体教育教学方面,主要是直接针对教师,以及他们所承担的教育教学和其他学校工作。同时,管理也将管理的任务和目标,进一步延伸之对教育教学活动中教师和学生施受双方的组织行为和互动,并给予间接的监测、调控和干预。尤其是当成才教育作为学校改革发展的主导战略,在学校教育教学的实践层面全面推进与展开的条件下,就特别需要对成才教育其实践给予系统的考虑和把握,并通过整体管理对其进行全面统筹。

对成才教育近20年的探索和创新及管理经验的初步概括和总结,结合对成才教育管理未来发展的展望,这一节从以下三方面,对成才教育管理的基本思考、设计及其理想模型,给予初步的提炼和概括,也是成才教育管理实践经验的初步总结:一是立足整体推进,建立基于自组织与自我调节的适应性管理机制,并实现其战略性管理框架的建构;二是将坚持创新管理理念和管理机制,实现目标管理和创新驱动有机结合及协调联动机制的建构;三是在生态化综合水平上通过生态环境检测系统和生态教育培植系统的建立,实现管理的生态优化。

一、立足整体推进

成才教育改革实践和新型基础教育范式的建构,是一个开放的复杂问题的复合体。如果没有一个有关基础教育问题的更为深刻的战略性思考,仅仅依照某种既有的经验性认识,是无法真正实现其基础教育整体教改的一切为了学生终身发展的素质教育目的。因此,迄今为止的所有成才教育实践,深刻体现了一种整体性的文化意识自觉,以及整体教改的战略。主要表现在以下几个方面:

第一,目标管理的战略。成才教育实践,一刻也没有偏离过对时代生活的思想前沿和文化主流的关注,一刻也没有放弃对于教育的社会理想和人文精神追求;成才教育理念,不是与现实教育无关的知识抽象,作为实践思辨和逻辑推论的成果,是与基础教育的现实、教育教学改革的实际要求等实际应用富有意义地结合在一起的学术和思想实践的体系。

第二，价值引导的战略。成才教育,强调教育必须与人的理想、和谐、全面的发展相统一;成才教育的实施,本质上是为了创造一种适应人类社会进步和文化需要的完美的教育文化,是有关教育的指向终极人类性目标的本体回归的历史运动,是理想的有关教育社会合理性的实践性证明。其中处处浸透着的其本质主义理念和充溢着理想主义价值诉求的思维特征。

第三，教育创新的战略。成才教育必须毫不动摇地坚持国民教育的素质教育方向,不断转变思想,积极推进理论创新、技术创新、制度创新,制定积极有效的对策与策略,积极开发、整合教育教学改革的优质资源,解放科技生产力,建构适应知识社会和可持续发展的基础教育新体系。

成才教育对一所普通高中而言,必然是一项极为宏大的、系统的战略工程。有进步教改理念的指导,有先进课程论思维为基础,经过广泛的全员动员和参与,以及不断争取在专家系统、决策部门和管理机构的相互沟通、密切合作,再加上卓有成效的组织管理,是有可能实现成才教育其改革高中办学的具体目标的。

（一）搭建总体性管理框架

实践证明,一切社会的组织行为及其由目标引导的运作,对组织及其组织活动的管理,对该组织的基本组织框架和运作机制,包括由此所表征的更为内在的结构—功能的体系,有着绝对的依赖。换言之,任何管理,都离不开该管理所赖以存在的该组织的既有基础框架和基本平台,都离不开这个框架和平台为管理的实施所给予的具有前提性、条件性意义的本体支持和保障。因此,成才教育的运作,必须将自身置于一个总体性的管理框架之中,并受其节制和调控。

在本体论意义上说,一定要先有组织体系及其机制的存在,才有对管理的需求,进而使得管理获得其价值和意义。因此,机制是第一性的,管理是第二性的。而从方法论的角度看,虽然机制是管理的基础,管理的根据,但管理通过对机制的内在规律的本质认识和把握的基础上,所给予的合规律性、合目的性统一的能动、超越的反映,因而能够通过最优化的管理、创新的管理,反作用于机制,激活、诱发机制潜在的能量,从而导致机制本身通过管理的优化,而实现自身的丰富、拓展,直至发展结构性的、功能性的嬗变。

在给予成才教育改革实践的整体把握和全局思考的基础上,经过一系列的针对性研究和改革尝试,形成了有关成才教育管理其本质属性、价值、意义及功能作用的基本认识。并在此基础上,进一步概括并提炼出成才教育管理框架的核心内容与基本程序。主要包括:

其一,管理工作相关内容、事项、目标、要求、方案及检测标准和基本流程的制定,主要是制定计划(或规定、规范、标准、法规等);其二,依照工作流程及相关事项、内容、标准、要求执行,即按照计划去做,也就是项目的实施和工作的展开;其三,依照管理流程对全部工作事项和活动进行形成性管理和过程性检查,主要是将执行的过程或结果与计划进行对比,根据对反馈信息的分析,总结出经验,找出差距,进而做出相应的组织调节乃至改进方案。其四,在深入反思和不断总结的基础上,逐步将成才教育管理的成功经验,转变为工作常规,并建立起长效机制;同时,针对在管理中发现的一些问题,及时给予纠正。同时在形成相关案例的基础上,进一步制定相应的防止再次发生类似问题的预案及相关机制。

对成才教育管理机制及其特征的整体把握,进而在成才教育的具体推进和管理活动中,通过持续转化为新的管理工作常规,这是成才教育管理创新的基本经验。正是对成才教育从初创,到发展并走向成熟,以及与之相伴的机制性的、持续动态变化的发展的总体把握,才有了成才教育实践在"整体框架"内的有序推进。在这过程中,不仅成才教育实践及其机制变换,要求成才教育管理必须要对此作出通过调整自身的管理模式和策略,以更好地适应成才教育机制变换本身的要求;而且成才教育管理本身的变革和创新,同样也对创才教育机制的变化及其创生,产生积极的影响和反作用,从实现既有机制的优化、完善、丰富、变换、直到引发或促使整个成才教育机制的变革性转换。

(二) 完善"反馈—调节"机制

成才教育及其管理,作为一个具有相对独立性的组织和组织行为,具有"自组织系统"的全部属性特征。即在该系统内部,存在着一个基于该组织特有的组织单位,以及建立在其上的"结构—功能"关系。因此也具有了其整体之各部分之间的信息、能量的交换,从而产生保证该系统存在及正常运作所必须的"自我维持"、"自我修复"的机制。而这个机制的自觉状态,就是管理——以该组织的系统框架及相关"等级配位面结构"[1]为依托,通过反馈—调节,来保持系统的运作,并给予系统演进及其方向,通过组织协调、目标控制等干预方式所实现的,对组织本身及组织活动所给予组织、协调的控制性活动。

成才教育目标、计划和方案的有效实施,固然要靠指挥系统的正确决策和执行系统的认真负责,但没有监督反馈系统的制约和提供反馈信息,也难以全面落实。为此,六十中学在实施成才教育的过程中,建立了由以学校党支部为核心的师生员工共同参与的检测督查制度,充分发挥了成才教育管理的"配位分解面"功能。通过教学常规的检查、德育常规检查等工作的开展,从而形成并建立了成才教育的多样性丰富的"反馈—调节"机制。主要负责对教育目标、计划、方案执行结果及存在问题等相关信息的采集和整理,并对这些信息进行系统分析和反馈处理,定期召开教师参加的专题研讨,针对成才教育实施中存在的问题,提出改进措施与建议。从而加强了成才教育管理的"系统检测"、"自我维持"、"自我修复"等功能。而成才教育机制本身,也在这过程中得到持续优化。在提高管理有效性的同时,也在实践上确保了成才教育得以在正确轨道上运行。

成才教育的"反馈—调节"机制,还表现在成才教育的社会参与功能拓展方面。成才教育清楚地认识到教育培养的人是社会的人,因此学校教育离不开社会,努力做到学校教育社会化。学校努力拓宽教育渠道,主动而积极地开展公共关系工作,通过家长委员会和社区教育委员会建立起学校、家庭、社会共同参与的教育网络,优化教育环境。学校还参与社区精神文明建设,服务社区,增强了成才教育的活力,促进了成才教育的顺利实施。

(三) 实现管理的"人本"转向

教师作为教育政策的具体执行者和具体教育工作任务的直接担当者,在接受管理的同时,还要受到教育教学的基础框架规范和教育教学工作自身的专业标准及其目标引导的影响。在接受或参与管理的同时,还须以对该管理所依据的标准和目标的专业理解和进一步反思,来规范、指导自己的教育教学行为,开

---

[1] 系统学家拉兹罗所提出的用来描述"人和社会系统"这样的"超有机"组织的概念。人在整个世界系统中,发挥着世界系统中之"等级结构中的配位分界面"的系统功能,也就是在具有等级层析的世界系统中发挥调节功能的"角色扮演者"。而与此同时,人连同其作为自然人和社会人的存在,本身就是一个"多层次的等级结构中的配位分界面系统",正如人将其自然属性与社会属性结合于一身。同理,教育也是这样一个"配位分界面结构"。——笔者注

展教育教学工作。教育管理的开放性，使得管理者必须经由或通过作为其管理对象的教师，实现对包括学生思想人格，包括他们的学习生活和校内外活动，给予积极的关注或有计划、有目的的干预。

而教育本身，作为普遍的人类社会文化建设及人的精神再生产活动，以及极为个性化的且直接作用与人的活动，具有极为突出的超越科学性和艺术性的特性。尤其当教师在其具体教育教学工作情境中所进行的极富个性特征的创造性实践中，更会非常强烈地表现出其自主性、独特性的个性化的一面。从而使得学校管理与教育管理，表现出有别于其他组织活动及其管理的规律的特殊性。

第一，成才教育管理是为了实现成才教育的根本目标的组织活动。从其目标和功能定向来看，成才教育管理理所当然是属于成才教育组织行为的一个核心要素和内容，也是成才教育其生产力要素的一个重要构成；第二，成才教育管理，具有其特有的目的、意义、价值及其组织属性，其本质即实现对成才教育实施过程中的组织协调和系统控制，为成功教育的实施提供包括协调、保障、支持等相关服务；第三，成才教育管理，作为一种组织行为及其功能，其工作与全部活动，是全部存在并依托其特定的组织框架的，而其本身也构成为成才教育组织功能及其结构的一个有机部分，成才教育的实施，必须依托成才教育管理这个基本平台，而成才教育管理，则以为成才教育实施及目标定向、质量控制提供基本的保障和支持作为自身的工作任务和基本职责；第四，成才教育管理的内容及其重点，主要是针对作为成才教育这一教改工程和组织活动的最核心要素的人进行的管理。

正如任何一个"自组织系统"，必然会同其存在于其中的周围世界，发生信息、物质、能量的交流，具有本质上的开放性和生态化从而需要有一个自我维持的机制一样；成才教育也必须发展并建立起管理机制。除了在学校组织内部，要实现其素质教育的实现方式及创新载体的架构，建立与之相适应的特征性课程体系、学科教学形态，以及有效的教育教学机制和学校管理模式等组织协调机制外，还要积极创造条件，通过更多地争取其他社会力量，对素质教育、对成才教育的认同，建立相应的具有自我维持和自我修复功能的支持保障机制。同时也实现了成才教育管理自身获得具有更多生态意义的机制建构和功能拓展。

二、坚持创新驱动

将成才教育的管理与成才教育的机制创新,加以动态关联和互补互动,这是成才教育改革在实践层面的重要举措。而成才教育的管理,也就得以从成才教育创新机制的建构中,觅得了其重要的实践的、逻辑的生长点;而成才教育的机制创新,也得以通过管理的动态优化及其积极跟进,得到有力的支持和保障。

成才教育管理,作为成才教育体系架构一个核心要素和有机构成,从一开始就不是对既有理论的直接演绎,而主要是六十中学在长达几近20年的成才教育探索研究和改革高中教育的实践基础上,形成的思想结晶与理论创新。在这个过程中,与成才教育的提出、体系建构、改革尝试和学校教育层面展开同步,成才教育管理也经历了一个由实践,再到理论,然后再到实践的螺旋式上升的过程。同时,还体现了其特有的转换生成及其发展创新的内在逻辑,实现着成才教育由不断探索、反复尝试,形成经验,发现规律而走向成熟。

(一)创新管理理念

成才教育作为一种基础教育创新理解,作为素质教育的实现方式,以及作为高中教育的创新形态,正确的价值取向和目标导向,成为成才教育及其管理机制中最具动力倾向的一个机制。主要体现在三方面:

第一是教育观念导向。通过转变教育观念、教育思想,以适应现代社会发展及知识社会需要创新观念,为全面实施素质教育的基础教育改革,从而为成才教育改革实践,创设一个基础性的、前提性的语境,并为整个改革设置一个价值向标,最终实现一个具有方向性的机制框架的贯通。主要包括:(1)转变学校教育观。对学校教育的认识,要从单纯传授知识、读书的场所转为培养学生全面素质的传授知识、发展智力、培养能力、提高素质的基地。(2)转变人才观。现代社会认为人才是多层次、多类型的,人的才能是多种多样的。学校要为社会输送的各种各样的人才。不管是哪一类人才,都要有智力、专业、技能的发展,又要有良好的思想、道德、心理素质。(3)转变质量观。要改变单纯以考试分数评价学生,以升学率衡量学校和教师工作好坏的质量观,应以学生的潜能开发、个性特长的发挥、基本素质的培养全面评价学生,评价教师和学校的工作。

第二是教育科研导向。实施素质教育要按照人的身心发展规律育人,本身是一门科学,需要科学理论的指导,尤其是现代社会发展对教育如何培养人提出许多新情况新问题,如何在教学中培养和提高学生素质,如何开发学生潜能,如何建立科学的评估体系等,都需要从理论和实践的结合上进行探索。实践证明,凡是教育改革成效突出的学校和地区,无不是以科研为导向的。因而,实施素质教育要充分重视科研和理论的导向作用。

第三是宣传舆论导向。要重视舆论工具宣传作用,积极宣传推广素质教育的先进经验和突出成果,推动素质教育的发展。成才教育在教育实践中,形成了自己的导向机制:提出"不求人人升学,但求人人成才",相信每一个学生都有成才潜能的学生观;高中教育是为学生在将来各个方向上成才打好必要的基础,而不是唯一的升学教育的学校教育观和质量观;在教育科研的导向上,学校提倡每一个教师应做教育家而不是做教书匠;在舆论导向上,学校提出重质量光荣、重质量有奖的舆论氛围。

(二) 创新管理模式

教育教学始终是学校教育的基本活动和中心环节,也是实现学校教育并达成教育目标的唯一途径。任何先进的教育理念和教育目标,都要首先体现并落实在具体的教育教学的过程和行为,通过并借助教育教学的具体实践来实现。与此同时,教育教学的实践及其机制,作为学校教育的具体运作及其制度性要素,始终是受现实的教育理念和价值理念引导与制约,是一定教育教学观念的实践层面的体现及其价值观念的具体实现途径和方式。

因此,一定的教育教学观念,一定要建立起与之相适应的教育教学的运行机制。成才教育基于素质教育的价值取向和目标诉求,其教育教学的运行机制,必须立足于促进学生素质的全面发展,对既有适应"应试能力"的教育教学运行机制,进行根本性的整体改革与变换,最终促进适应学生素质的全面发展的教育教学创新模式的建构。

由于教育教学对学校的办学模式和总体课程框架有着绝对依赖性。因此教育教学运行机制的转变,就构成了一个包括学校文化、办学模式、课程结构、课堂教学,以及教师的教学行为和学生的学习行为等多样性要素在内的机制复合体结构。因此,成才教育的教育教学运行机制的建立,具有突出的系统的开放性,以及更深层次的"文化生态"性。因此,成才教育的教育教学运行机制及其有效模式的建构,将体现出指向未来发展的持续变化的动态性。成才教育管理结合

其机制创新,进而从中提炼并概括最基本的若干机制要素,主要包括以下这几个方面:

1. 教育教学机制的出发点与目标归宿

以提高学生素质为目标,重视教育整体功能的发挥,这不仅是教育教学机制赖以建立的基本考量和出发点,而且还是自己的基本承诺和责任担当。由于成才教育作为素质教育的实现方式,是改革高中教育的核心取向,因而也是统筹学校一切工作的尺度,而教育教学机制,作为一个开放的复合体结构,必然和学校教育的其他相关要素,包括教育组织、结构、管理、教学、服务、活动,以及各科教学的相互联系,德、智、体、美、劳五育渗透在内,构成一个具有多样性丰富关系和内涵的生态系统,而教育教学机制自身也存在其中。基于学生素质养成和全面提高的需要,成才教育教育教学运作机制的建立,必须真正融入这样一个生态性的情景中,并接受其约束和限定,形成互相协调的良性循环,并保持足够的生态型平衡。

2. 教育教学机制的辐射和延伸

信息技术高度发展,现代教育应是一个开放的体系。学校教育教学活动要强化信息摄取、反馈和运用能力,包括对社会新科学、新技术的吸收,对优秀的中外文化的融合,对各种社会思想了解,与社会、家长各方面力量的结合,社会各方面的参与,使学校教育成为社会教育的一个有机组成部分,更好地发挥学校的育人功能。

3. 教育教学机制多层次、多级别的系统会聚

要把课堂教学与课外、校外活动结合,显性课程与隐性课程结合,集体教育与个别教育结合,形成多样化的教育教学模式,促进学生的个性全面发展。

4. 灵活多样的教育教学方法的生成机制

按照因材施教的原则,教育教学经过整体考虑和创新设计,在方法上尝试适应自主学习与个别化教学的要求,可因人而异、因教材而异、因形式而异,让学生学会自主学习、学会判断、选择、自律,最终实现双向建构互动,建立并完善适应成才教育的生态化教育教学机制。

(三) 创新管理机制

传统学科本位的学校及教育教学管理机制,必然是无法再满足成才教育所

坚持的学生发展本位的学校及教育教学的现实需求了。而通过成才教育的改革实践所推进的基于素质教育理念的基础教育改革，能否在学校教育层面真正落实并达到预期目标，必然要取决于学校管理体制、机制如何适应素质教育要求的转换。

在成才教育的持续实践中，逐步形成并建立起来的管理机制是：

1. 确立校长负责制主导下的程序性管理机制

为使成才教育在全校能目标贯一地有效推进和具体实施，学校确立了校长负责制主导下的程序性管理机制。校长作为成才教育的第一责任人和决策者，以成才教育思想为指导，在组织全校范围的教育观念大讨论，以成才教育课题引领，推动办学模式转变的基础上，通过建章立制工作和能充分领会素质教育思想精神，坚决贯彻成才教育改革意志的专业精干、分工明确、善于合作、运转灵活、组织有力的高效率学校管理机构，并加以积极的基于目标引导的功能整合，保证成才教育办学思想得以顺利贯彻，实现对成才教育的实施以最有力的学校统筹和专项统整，从而为成才教育的运作及其管理，提供最基本的组织性保障和机制性支持。

2. 建立基于成才教育的以年级组为核心的统整机制

由于成才教育作为整体教改的内容丰富、领域广阔及其高度综合的特征，以及教育教学活动本身的高度综合、集约和个性化表现，为保证成才教育探索和实践得到有效落实，学校采取了将年级组从行政执行机构，重组为依照程序性原则拥有统筹各学科教学的教育教学管理权的实体组织与统筹性力量的管理改革，对原以教研组为主体的条块分割的教育教学及学科管理机制及组织，围绕年级组的功能拓展给予了以结构重组与功能整合和内容的机制统整，从而确立了年级组综合行政与教育教学管理的职能，从而有效实现了年级组对各学科教研组的专业管理和行政统筹的创新功能的开发，保证了成才教育在学校教育教学的各个领域和各项工作得到落实，并获得有效统筹。

3. 进行了人本管理与科学管理相协调的管理机制的改革

科学管理以"工作"或"组织"为中心，强调建立有效的组织机构、周密的工作计划，严格的规章制度，明确的职责分工以及采取金钱刺激和纪律强制。人本管理则以"人"为中心，以人为尺度，为标准，重视并突出人的因素和人性价值在管理中的作用。注重满足职工社会和情感方面的要求,搞好人际关系,激发群体士气,培养组织凝聚力和向心力,六十中学在学校管理中充分重视"人本管理"和"科学管理"两方面的作用,坚持"以人本管理为取向,以科学管理为基础"的工作策略,在管理中抓好学校规范制度的建设,先后建立了《成才教育教师管理条例》和《成才教育学生管理条例》,确立完善全员聘任合同制度,搞好教师的流动机制和淘汰机制,确立完善学校内部各种相应的规范管理制度,做到校务公开。学校也重视"人本管理"的作用,在"人本管理"上要充分注意教师的情感和精神需要,做到"无情管理,有情工作"。提出"事业留人、感情留人、待遇留人",这大大激发教职工工作的积极性和主动性,促进了学校各项工作的建设。

4. 建构适应成才教育目标教育评价机制

教育评价是教育中的基本要素和重要环节,其本身构成为教育管理和教育运行机制中,实现系统的"反馈—调节"作用的基本方式和重要途径。教育评价在教育活动中,还有着诊断教育效果,帮助改进教育活动的作用。

成才教育根据其教育目标,建立了科学、完善、可行的教育评价机制。(1)对教师的评价。成才教育不仅评价教师的业务水平,而且评价教师职业道德;评价不以学生考试成绩、升学人数为重点,而是以教师能否全面育人为重点。(2)对学生的评价。成才教育改变以往单一由学校教师评价学生的模式,充分调动学生的主体意识,增加了学生自我评价的内容。

学生自我评价主要不是和别人比较,而是一种自我对照,从自己前后不同的学习情况,去获得继续前进的动力或需记取的教训和改进的措施。学校对学生的评价采取"基础+特长"的双重评价体系,"基础"是要求学生在高中阶段学会认知、学会做事、学会共同生活、学会生存和具有高中基础学力的综合基础。"特长"是指学生在知识、体艺、劳技科及社会活动等方面的专长,建立学生基础、特长的三级认定制度,使评价科学化、制度化、规范化。

三、注重生态优化

长期以来的教育改革,常面临着或陷于一个具有同样社会深刻性的文化二律背反中:任何可能的教育改革,必须以社会的总体改革为前提,并由此获得基本的生态型保障与支持;同时,社会的总体改革,又必须以包括教育改革在内的具体改革为条件。中国教育改革数十年而困难重重,举足维艰,此即其中的一个重要原因。

　　由成才教育所实现的基础教育的素质教育转换，不仅为素质教育的全面实施，提供了有效的创新载体和操作平台的基础型保障和工具性支撑，于此同时，成才教育本身也获得了其学校教育层面上的基本框架和基础平台的建构，实现了成才教育及其全面实施素质教育的基础教育改革的理念和具体推进，经由这个框架和平台的架构而实现了软着陆。

（一）"生态综合"的管理意境

　　现行教育体制，作为整个社会生态巨系统的一个重要因子。它的包括管理在内的任何功能—结构性要素的转变，都必须依赖于一个具有深刻的社会生态及其情境性条件的限定与支持，并最终要通过其组织行为及其及执行活动，表现出它的进一步生态意义，以及衍生出的普遍表现在实践层面的生态性问题来。这些生态问题的有效解决，是同成才教育的包括课程体系建构和教育教学方法的变革，在教育教学领域的有效推进，是同其所达到的生态化综合的高度是正相关的。

　　"素质教育是针对我国基础教育在长期教育实践中崇尚'应试学力'的偏向而提出的一种教育改革理念，"强烈突出了教育的大众主义、发展性、合作性的方向，追求民主化的班级教学过程。这一转变，实际上是一种"学校教育文化"从"应试型文化"向"发展型文化"的转变。[1]以素质教育为核心价值取向的成才教育，以整个教育范式的根本转变作为新世纪中国基础教育改革的条件和前提，其改革目标直指传统教育的内核，即体现了制度不变性的旧课程体系，意在通过"课程改革"和"课程范式"的转变，给予"应试教育"以全面统整与超越。

　　素质教育作为一个大的教育改革计划和系统工程，是一个包括其思想体系、目标、内容、课程、实施途径、运行机制、教育教学技术及保障、评价体系内的复杂系统，最终通过相应的课程体系与学科教学形态实现。素质教育强调全体学生素质的提高，学生全面素质的提高，不仅是学校全部课程（学科、活动课程）的任务，而且也是学校、社会、家庭的共同责任。[2]实施素质教育的目的，就是要以素质教育的理念和教育目标，统领学校教育，促进国民基础教育的发展。需要获得

---

　　[1]　钟启泉《素质教育有别于"应试教育"的本质特征》，《上海教育》1997年第1期
　　[2]　参见夏秀蓉《建构素质教育运行机制，全面实施素质教育》，《上海教育》，1996年第5期

与之相适应的课程与学科教学形态及其实现方式。

(二)"生态优先"的监测系统

作为一个复杂的改革系统工程,尤其需要建立一个生态视野,即——在解决一个问题的同时,要解决不止一个问题。因此,从大处着眼,小住着手,应该是建构适应成才教育需要的生态化总和优化管理策略的可能前提。在此基础上,结合新一轮课程改革的持续深化与推进,将成才教育改革聚焦于课程改革,并以此作为推进成才教育实践层面改革的主要突破口与着力点。

依托课程及其教学改革,进一步梳理与此相关涉及并发生交集的有关问题,然后给予有效的生态化的干预和控制,即制定生态化综合的优化管理策略。

1. 成才教育课改理念和课程范式的实现方式和实施形态的生态综合

动态开放的成才教育的目标和理念,是建立在成才教育的教育框架和课程平台基础上的。只有通过具有同样动态开放的包括课程范式及其实现方式等制度建设和完善,才能实现其改革目标。与成才教育相关的学群建制及课程范式,必须秩序化为一个有机生命体,这需要进一步探索;新课程将教师和学生作为课程要素纳入其中,还需要在教育教学的各个层面现实适应性架构;而新课程与新教材也需要建立新的机制性架构与整合。

2. 成才教育课程方案的传导机制和操作工艺方面的生态化综合

计划体制向市场体制的转变,应试教育向素质教育的转变,课程的三级管理体制的建立,导致传统传导机制不同程度的失效,而新的、有效的传导模式的建立,实现课改方案跨越决策部门、专家系统、基层学校的贯通和整合,以及课程计划、课程管理、课程执行和教材处理之间的连接就成为必要。与新课程方案的实施相关,课堂教学其结构和工艺就也必须经历一个转型与重整的过程。

3. 成才教育的环境保障和社会方面的生态化综合

课程改革的意识形态性和整体改革特性,决定了社会保障和社会支持成为关键。如何进行包括社会选拔制度、考试制度以及学校管理制度的与课改同步配套的改革并获得切实有效地保证和支持,是实现"课改"的重要前提,而包括适应性的社会评价体系的建立,以及师资队伍建设、资源配置等方面的改革,也深刻影响着课改的全面实施和整体效益的获得。

4. 教育的目标指向——即知识、能力、素质的当代理解方面的生态化综合

成才教育由学科本位向学生本位的目标转向，本质地隐含着有关知识、能力、素质的当代理解问题于内。成才教育倡导淡化知识、注重学习经验获得本身，就意味着基于其相关理解所作的适应性抉择。但关于知识、能力和素质的当代性理解，与课程范式的社会合法性获得不是同一层面的问题。成才教育作为影响深远的素质教育整体改革的跨世纪工程，给予其价值指向以正确的当代性理解，就成为推进课改，实施素质教育的极为重要的前提。

（三）"生态教育"的培植体系

管理也是教育生产力，管理也是教育资源。通过教育生态化意识的激发，通过管理形成"生态教育"的培植体系，是成才教育管理的一个创新实践。

成才教育的生态管理策略，是这一实践的具体反映。不仅实体现了成才教育机制和管理相互作用、交互变换的进程的实际，也集中体现了成才教育改革实践作为一个经典的"生态化"运动和过程的属性和特点。为如何将成才教育进一步推向深入，以及对基础教育的"生态教育"的建构，提供了积极的具有方法论意义和借鉴价值的启示。

首先，基于学科教学在整个学校教育中的重要位置，从学科教学空间的拓展并应服务于学生学习本身方面，将为成才教育的有关"生态教育"理想的探索和构建，做好必要的准备，打好坚实的基础。首先在学科教学中，全面渗透为素质教育所代表的先进教育理念。其中，应特别注意对学生良好思想方法、求知寄托、情感态度、学习习惯的培养，以及对学生精神世界的启迪和开发。这是一个具有生态意义的转向，培养学生良好的学习习惯和个体素养，既是是改进学科教学的重要条件和前提，也是教育教学管理本身的重要目标。通过给予学科教学以生态化的设计与工艺改造，为优化教育教学，提供极其重要的"生态"正能量。

改革实践中，尝试采取以下几项具有一定生态意义的改革和控制管理的设计和考虑，并制定了相应的措施：

第一，拓展并重新调整学科教学的方法论视野。注重学科教学知识传递过程以外的学生的接受和学习，将着眼点真正转向学生的学习、接受的实践。

第二，通过学科教学实现学生的主体建构。学科教学本质上是教材、教师和学生之间的关系史，更表现为教材被学生接受、理解的历史，因此决定学科教学

价值地位的主要因素是学生的接受意识、接受模式与学习经验。

第三,学科教学要将教学以及学生的求知倾向导向学习的目的性行为和主体建构本身。必须把学生个体的学习实践与接受链作为学科教学关注的中心,建构起良性的接受(解释)的循环,在经历不断加深、巩固、发展或修正、推翻的过程中实现。

第四,将学生及学生的接受过程融入学科教学系统,拓展其垂直接受和水平接受的丰富性,大大拓展学科教学的超越视野。

第五,建立学科教学的生态化视野,加强教材、教师和学生之间的相互融合和深度的实践性关联。学习过程不是对教材内容的简单复制和还原,而是积极的、建设性的参与、创造,是具有生态意义的建构。

生态教育及其管理理念的提出,必将对成才教育改革上新台阶,并实现其高中教育创新范式的建构,提供了一个有效的控制工具和机制性支撑。最终,成才教育所着力推进的基础教育的素质教育改革,连同成才教育本身,也将作为其中的生态因子,随着整个"生态教育"系统的优化,而获得更为理想的发展。

第二章
成才教育的教师发展

成才教育认为,课堂、课程固然重要,但是如果离开了教师,课堂、课程都会成为无源之水、无本之木。只有教师才能让课堂充满活力,只有教师才能去开发新的课程,才能推进课程的革命,所以教师的发展是关键。成才教育的改革实践证明,在教育改革和学校发展的改革理念、目标诉求及基本战略确定以后,一支以成才教育思想、方法、观念为引导的,具有高度自觉的社会志向、责任担当,以及具有较高专业化发展程度和水平的教师队伍,就成为实施并推进成才教育改革,达成其战略目标的前提性条件和决定性因素。

然而,长期以来应试教育主导下的基础教育,尤其是高中教育,不仅把整个学校变成了以分数为主导的标准化"生产线",而且一度使得以传播人类优秀文化、培养健康人格、塑造美好心灵为己任的教师,普遍地沦为这条"生产线"上的操作工。虽然广大教育工作者认识到,我们的教育,即使是高中教育,也绝不应该是为分数、为考试而存在,而是应该有传播文化、培植文明,推动人类不断通过自身的精神再生产,不断走向繁荣、幸福的更为根本的、崇高的人类性目标。但受工业社会条件下现行学校教育体制,以及与之相关的日趋恶化的社会文化生态环境的制约和不利影响,不仅基础教育改革困难重重,而且素质教育的全面实施,在倡导过后的具体落实,似乎也还有待时日。究其原因,再好的教改理念与目标诉求,也还要依赖一支有坚定信念支撑并有良好专业发展的教师队伍,来具体实施和推进。事实证明,整个教育及教育改革成败得失的关键在于教师。教师成为实现教育和教育改革目标的不可或缺的基础、条件和前提。正是在这个意义上,我们认为,教师是教育和教育改革真正意义上的第一要素。

成才教育的长期实践告诉我们,决定并影响教师队伍建设和发展的主要有两个方面:一个是教师的职业认同,一个是教师的专业发展。职业认同是非常关键的,这一点更多的是和非智力因素有关系,和人的理想、激情、追求及对教师这个职业的理解和认识有关系;专业发展更多的是和知识、智力、技能有非常密切的关系。教师的职业认同与专业发展是教师成长之两翼,专业发展是职业认同的基础,没有好的专业发展要真正实现职业认同是很困难的;同时职业认同是专业发展的动力,没有好的职业认同,没有理想、没有激情,很难达到专业发展,两者互为前提。所以作为一个好的教师只有高度的专业发展和职业认同,对教育充满热爱,饱含生命的激情,最终才会有其教育品质的保证。

成才教育一直认为,没有教师的发展,学生也不会得到很好的发展;成才教育其素质教育理念和回到学校教育本质的价值诉求,若不能得到广大教师的自觉认同、主动实施和积极推进,就永远也不会结出教育改革的硕果。因此,成才教育始终把教师看做是整个教育变革的最重要、最关键、最基础的力量。因此,从成才教育改革伊始,就把教师队伍的建设和专业发展,作为成才教育改革整体的核心战略之一,提上了成才教育改革实践的日程。

第一节 成才教育的师资培训与发展

成才教育作为全面实施素质教育的基础教育整体改革,涵盖了教育的观念、文化、体质、机制、课程、教学,以及教育教学技术等各个领域,涉及面广,因素众多,这就对教师的能力及职业化、专业化程度,提出了相当高的要求。

1966年联合国教科文组织与国际劳工组织在《关于教师地位的建议》中指出:"应把教育工作视为专门的职业。"在我国1993年颁布的《教师法》规定:"教师是履行教育教学职责的专业人员",首次从法律角度确认了教师职业的专业地位。从此之后,教师专业发展便成为国内外教师教育领域研究的一个关键词。

教师专业的发展经历了由教师专业化向教师专业发展的转变,教师发展的模式经历了由培养"技术熟练型"向"反思性实践家"的转变,这两个转变的核心都集中在教师的专业素质和能力上,其关键是教师的知识问题。唯有如此,才能真正促进教师专业发展,才能确立教师的社会地位和提高社会对教师的认同感。

六十中学在成才教育改革实践中,与改革实践和理论探索的阶段性发展和整体推进同步,把一支适应成才教育改革及适应全面实施素质教育和新一轮课程改革需要的教师队伍的培养,纳入成才教育改革实践的整体框架之中,进行全面的部署和统筹。并且从满足学校发展和整体改革需要出发,给予队伍培养和建设以更整体性的考虑和战略安排,将其确立为成才教育研究和实践的一个基础的、核心的板块。在具体实践的层面,则把教师专业发展,作为成才教育队伍建设的核心内容和主要指标,置于队伍培养和建设工作的首要位置,进行系统的设计、规划与全面、有序地推进、实施。

一、教师队伍建设及其专业发展

教师的一般发展,总是和学校的一般发展密切相关。而在特定情形中,教师的专业发展及其所达到的程度,更成为影响并决定学校发展的前提性、条件性、关键性的因素。这是因为,教师的专业发展,不仅与学校的发展,更与国家的教育政策、现行教育制度的影响,而且还要受具体学校的"小生境",包括其特色学校文化、教学传统、教研团队等现实条件与诸多因素的影响。

(一) 教师专业发展的内涵解析

对教师专业发展的理解是多样性丰富的。国外对教师专业发展的理解,主要可以归纳为三类:第一类是指教师的专业成长过程;第二类是指促进教师专业成长的过程;第三类认为以上两者兼而有之。国内对教师专业发展的理解主要有两种:一种是教师职业作为专业其发展的历史过程;另一种是指教师由非专业向专业的发展过程即由一般教师向专家型教师(研究型教师)的发展过程。但是一般倾向于把教师专业发展理解为教师的专业成长或教师的内在专业结构不断更新演进和丰富的过程。

对教师专业发展的认识和要求是多层次的。我们认为教师专业发展是指由一般教师向专家型教师(研究型教师)转变的过程,强调教师个体的专业素养和能力的提升与发展,主要指教师专业知识与技能技巧丰富与娴熟,专业信念与理想的坚持与追求,专业情感与态度的深厚与积极,教学风格和品质的独特与卓越。教师专业发展的关键是教师素质和能力的培育与提升,核心是教师实践知识的关注与获得,"实践性学识"是教师专业属性的基础。

就六十中学的实际而言,教师在从一般教师向专家型教师转变的过程中,应更加注重成才理念和行为的培养。也就是教师在教育教学的过程中,其视野将更加高远和开阔,对成才的理解将不只是局限在学校仅有的几年中,更不能片面地理解为升学率的高低,而应为学生的终身发展奠定基本的理念和学习能力。

未来社会,学习将不再局限于十几年的学校学习阶段,一个人只有具备不断学习的信念和能力,才能在人生发展中不断发展自我,挑战自我,超越自我。

（二）教师专业发展指向的选择

实践中,教师专业发展,更表现为一个经验性的,且其内涵不断随语境的变化而变化的历史性范畴。

从教师专业发展的提出与倡导,大体经历了由教师专业化,到教师专业发展的过程。教师专业化,注重教师群体的外在的制定标准和规范、完善法规和制度、赋予权利、提高社会地位和待遇；教师专业发展注重教师个体的内在的专业素养、情意和能力的提升转变。据我们的了解,当前我们谈论教师的专业发展,还始终在抽象的、显性的教育教学知识、心理学知识、学科知识和伦理知识传授等方面下工夫,在程式化的技能与技巧的培养上做文章,旨在塑造像娴熟技能工人般的"技能熟练型"教师为目标。然而这对提高教师的实际教育教学水平和能力、丰富教育教学的知识、提高教师职业的专业自主和陶冶情操,塑造专家型教师等方面作用甚微。对教师的社会地位、声誉、价值和社会认同等方面的影响和促进作用,也不是很大。事实上,如我们所言,教师专业发展相当程度上是一个经验性范畴,而不是一个规范的学术性概念。比如有相当部分教师,即使不学习教育教学和心理学这些条件性知识,只要掌握一定的本体性知识,也可以胜任教师职业,有些人比受过师范专业教育的人还干得出色。

为此,有研究者提出了"半专业"和"准专业"的概念,来界定教师职业的专业地位,指出了教师职业作为专业所处于的尴尬的境地。有学者就认为："一旦教学自身的特征不能彰显,其独特的知识基础被视为无物,教学也就失去了作为一个真正专业的可能性,充其量只能是其他专业粗劣的复制品而已。"过去不管是师范教育还是教师专业发展都注重教师"应该知道什么"和"应该怎样做",而忽视了教师"知道什么"和"用什么做"。研究的缺失致使教师专业发展走入"死胡同"。

20世纪70年代,美国麻省理工学院舍恩教授和他的同事在对校长和教师研究的基础上,提出了"反思性实践家"的概念,在后来的《反思性实践——专家是如何思考的》(1983)一书中指出："教师的专业是具有不稳定性、不确定性,同时又是充满许多潜在的价值冲突的专业。在这类专业中,执业者的知识隐藏于艺术的、直觉的过程中,是一种行动中的默会知识。"他认为教师在实践中并不是机械套用所习得的教育教学理论知识,而是将这种理论和教学实践相结合形成自己的"使用理论"。这种"使用理论"能使教师对教育教学情景中出现的问题进行"重新框定"找到解决问题的策略。英国课程论专家斯腾豪斯也提出"教师即研究者"的概念,对教师在教学实践中的独特认识给予了充分而合理的肯定。

因此,教师的专业成长既要注重理论知识的获得,更要注重实践知识和能力的获得。理论知识的获得只不过是教师取得职业资格的外在象征和前提,只是胜任这一工作的充分条件而非必要条件,而且离专家型教师还有很长一段历程。所以,教师专业发展核心就是教师实践知识的丰富、情意的涵养、独特人格与品质的塑造等,它们来源于实践,指向实践,并为实践服务。这才是教师知识结构中最有价值最有效用的知识,对教学实践具有导引性的知识,是教师专业发展的生长点。因此,关注和培育教师实践知识,或许是教师专业发展的一个可能价值取向,是解决教师专业发展瓶颈,或解除教师专业发展尴尬地位的一种"合理内核"。

二、成才教育的教师专业发展诉求

没有教师的质量,就没有教育的质量。教师的素质和能力,是他们胜任教育工作的基础,不大力提高教师的素质,就不能保证教育改革的顺利进行。这也是我们对教师专业发展的一种基于成才教育理念的理解。

邓小平同志指出:"一个学校能不能为社会主义建设培养合格的人才,培养德、智、体全面发展的有社会主义觉悟的有文化的劳动者,关键在教师。"《中国教育改革和发展纲要》指出,振兴民族的希望在教育,振兴教育的希望在教师。教育发展和教育改革的关键在教师。教师的地位是如此地重要,肩负的使命是如此地崇高,因此,各国在教育改革中都把教师队伍建设放在十分突出的重要位置,持续不断地加强这方面的改革力度。党的"十五大"报告中特别强调了尊师重教、加强教师队伍建设的重要性,强调"要切实把教育摆在优先发展的战略地位"。

(一) 从教师专业发展看教师培养工作

教育的发展离不开教师,任何教育改革成败的关键也在教师。因此,各国为全面提高国民素质、缓解人类生存和发展中面临的问题,采取各种措施来提高教师的素质,探索切实有效的教师队伍建设之路。这其中,一个共同的趋势是,各国都把提高教师的专业化水平,作为教师队伍建设的发展方向。从而为成才教育的教师培养和队伍建设,提供了一个可能的视角和启示。

1. 世界教师队伍建设的趋势

教师专业化最终体现于个体专业发展水平,依赖于个体专业发展的追求。个体专业发展是连续的专业成长过程,也是终身教育过程。"教师的专业生涯理论与终身教育思想显然是相辅相成的。在改变传统的师范教育过程中,有必要把教师的专业发展作为个体终身教育的过程,根据教师职业生命周期中各个阶段专业发展的不同特征、不同需求,设计一体化的教师教育培养体系。"[1]

1966年,国际劳工组织和联合国教科文组织就在联合发表的官方性文件《关于教师地位的建议》中明确提出:"教育工作应被视为专门职业(Profession)。这种职业是一种要求教员具备经过严格而持续不断的研究才能获得并维持专业知识及专门技能的公共业务;它要求对所辖学生的教育和福利具有个人的及共同的责任感。"[2] 其实,早在20世纪初,西方国家就开始了教师专业化方面的探索,并在实践中形成了教师专业化的发展模式,取得了一定的实效。但专业化是一个动态的持续的发展过程,它必将随着社会的发展变迁而不断改进自己,以适应社会变革的要求。

在我国,教师职业的专业化还处在初级阶段。我国《教师法》第十一条对中小学教师的任职资格作出了明确规定:"小学教师应为中等师范学校毕业,初中教师应为大学专科毕业,高中教师应为大学本科毕业。"1995年12月12日,国务院颁布了《教师资格条例》,确定了教师资格制度。教师资格制度是国家法定的职业资格制度。实施教师资格制度,对于提高教师地位和专业化程度,加强教师队伍建设,推动教育事业发展具有重要而深远的意义。

自1985年全国中小学师资工作会议以后,我国就开始有计划地对中小学教师进行大规模的学历教育,十几年来取得巨大的成就。但是,和发达国家相比,我国教师任职资格的学历标准偏低。20世纪80年代初,美国中小学教师几乎有

---

〔1〕 陈永明主编:《现代教师论》,上海教育出版社1999年版,第190页。
〔2〕 引自【日】筑波大学教育学研究会编,钟启泉译:《现代教育学基础》,上海教育出版社1986年版,第443页。

50%已拥有硕士学位,拥有博士学位者达5%[1]。尽管如此,我国仍然有相当数量的教师学历未达标。我们既担负着学历补偿的重担,同时又面临着教师高学历化的挑战。

2. 教师专业发展的定义

教师职业的专业化趋势对教师自身素质的不断提高提出了很高的要求。教师素质是一个综合的整体概念,是教师各种素养的集合体,是指教师履行职责、完成教育教学任务所必须具备的内外品质的总和。就是说教师素质是教师职业对教师个人所提出的内外品质的上的要求;是否具备这些内外品质,直接影响着教师教育教学工作的效率和效果。

教师应具备的素质,不同的国家对教师的素质有着不同的要求,特定的时代对教师的素养也有特定的要求,但归纳起来,不外乎四个方面,即思想道德素质、科学文化素质、专业素质、身体心理素质。这四方面素质是培养和造就全面发展的"四有"新人的前提条件。自己没有,岂能予人？时任上海市市长徐匡迪指出,要使每一个受教育者都能在精神、道德、创造能力、情感以及体魄方面得到全面发展,"这在很大程度上取决于教师本身人格力量所施加的影响"。这种人格力量来自何处？来自于教师的德和才。正如爱因斯坦所说:"使学生对教师尊敬的唯一源泉在于教师的德和才。"美国保罗·韦地博士曾收集了90000个学生所写的信,内容是关于他们心目中喜欢怎样的教师。从中,保罗·韦地概括了学生认为作为一名好教师所应具备的12项素质,包括友善的态度、尊重课堂内的每一个人、耐性、兴趣广泛、良好的仪表、公正、幽默感、良好的品性、对个人的关注、伸缩性、宽容和有方法[2]。这只是从学生的角度作出的回答,虽然不够全面,但我们仍能"窥一斑而见全豹",从中可以看出对教师的德和才所提出的要求。

教师的德和才,是实施素质教育的重要保证。人格的魅力是无穷的。在学校中,由于教师同学生密切相处,通过言传身教,教师不仅把知识传授给学生,而且无形中也用自己的德和才影响着学生,对学生的成长起着潜移默化的作用,甚至对学生的将来都产生深远的影响。因此,这就对教师的德与才提出了较高的

---

[1]《中国教育统计年鉴》(1995),人民教育出版社,1996年版。
[2]《中学语文教学参考》,1999年第8—9期。

要求。

当前,我国正深化教育改革,全面推进以德育为核心、创新精神和实践能力为重点的素质教育。同时,我们也面临着科学技术飞速发展和知识经济迅速兴起的双重挑战。建设高质量的教师队伍,是全面推进素质教育的根本保证。为了迎接挑战,搞好素质教育,《中共中央国务院关于深化教育改革全面推进素质教育的决定》明确提出了对我国教师的素质要求:"教师要热爱党,热爱社会主义祖国,忠诚于人民的教育事业;要树立正确的教育观、质量观和人才观,增强实施素质教育的自觉性;要不断提高思想政治素质和业务素质,教书育人,为人师表,敬业爱生;要有宽广厚实的业务知识和终身学习的自觉性,掌握必要的现代教育技术手段;要遵循教育规律,积极参与教学科研,在工作中勇于探索创新;要与学生平等相处,尊重学生人格,因材施教,保护学生的合法权益。"这也是今后我国教师队伍建设应努力的方向。

(二) 成才教育背景下教师培养的认知

成才教育是素质教育的一种具体的可操作的模式。它相信每个学生都有成才的潜能和愿望,提倡以人为本,以学生的发展为本,努力培养每一个学生的特长,挖掘其潜能,为他们在不同方向上的成才作好必要的准备。

教师是学校教育活动的具体执行者和组织者。学生的发展和学校的可持续发展离不开教师的发展。成才教育思想提出了师生"双向成才"的目标。学校努力创造一切有利条件,促使教师提高教育教学水平,成为教书育人的专家。教师的成才以学生的成才为指归,学生的成才以教师的成才为基础;教师的成才为学生的成才服务,反过来,学生的成才又进一步促进了教师的成才。两者相辅相成,相互促进。成才教育不仅激励每一位成才,更激励教师成才,培养六十中学每一位教师可持续发展的意识和能力,学会学习,学会创造。

从成才教育的哲学分析来看,就是学校到底要培养什么样的人,也就是学生在学校到底要学什么。"学"所要成就的,是什么样的人?从现实的方面看,人当然具有多样的形态、不同的个性。然而,在多样的存在形态中,又有人之为人的共通方面,其一是德性,其二为能力。中国古代哲学曾一再提到贤能,所谓"选贤与能",便将贤和能放在非常重要的地位。这里的"贤"主要与德性相联系,"能"则和能力相关。从学以成人的角度看,德性和能力更多地从目标上,制约着人的自我成就。

上述意义上的德性,首先表现为人在价值取向层面上所具有的内在品格,它关乎成人过程的价值导向和价值目标,并从总的价值方向上,展现了人之为人的内在规定。与德性相关的能力,则主要是表现为人在价值创造意义上的内在的力量。人不同于动物的重要之点,在于能够改变世界、改变人自身,后者同时表现为价值创造的过程,作为人的内在规定之能力,也就是人在价值创造层面所具有的现实力量。

德性与能力的相互关联所指向的,是健全的人格。人的能力如果离开了内在的德性,便往往缺乏价值层面的引导,从而容易趋向于工具化与手段化,与之相关的人格,则将由此失去价值方向。此外,人的德性一旦离开了人的能力及其实际的作用过程,则导向抽象化与玄虚化,由此形成的人格,也将缺乏现实的创造力量。唯有达到德性与能力的统一,"学"所成之人,才能避免片面化。

基于以上几方面的认识,成才教育的教师队伍建设以专业化为导向,确定了自己的教师培养目标,提出了六十中学教师应具备的成才观,即"德性"与"能力"并行的教师成才观。

1. 高尚的思想道德

教师是人类灵魂的工程师,是社会主义精神文明建设的主力军。教育部《面向 21 世纪教育振兴行动计划》强调指出:"大力提高教师队伍的整体素质,特别要加强师德建设。"作为一名合格教师,必须树立科学的世界观、人生观、价值观,具有为教育事业奉献终身的崇高理想、高度负责的敬业精神、良好的职业道德和健康的心理素质。其中最重要的是思想素养和道德修养。

(1) 思想政治素质是教师整体素质的灵魂。教师的思想政治素质是指教师在政治方向、政治立场、政治观点、政治品德和思想作风等方面基本情况的总和,是教师素质结构中带有定向意义、动力意义的核心部分。教师是国家教育方针政策的具体执行者,是教学内容中思想政治因素发挥出教育效能的关键因素。教师担负着为社会主义事业培养建设者和接班人的历史重任,自身必须有坚定正确的政治方向和政治立场。要使学生具备正确、高尚的理想和情操,教师必须首先树立科学的世界观、人生观和价值观。社会主义建设是一项伟大而又艰苦的事业,需要几代人的团结奋斗和不懈努力,树立坚定的政治信念是搞好社会主义的思想保障。在具体的工作实践中,教师应自觉地运用马克思主义的立场、观点和方法引导学生正确地认识人生、认识社会和把握未来,为社会主义祖国的伟大复兴而努力奋斗。

(2)教师良好的道德修养是培养学生良好的思想品德的关键。以身作则、为人师表是教师的基本道德行为标准。我国古代大教育家孔子说过:"其身正,不令而行;其身不正,虽令不从。"[1]说明教师身教的重要。就教育学生而言,言教固然重要,但身教更重于言教。学生对教师不仅"听其言",更"观其行"。教师的服饰仪容、言行举止、行为态度和待人接物方式,都直接或间接地影响着它的每一个学生。只有教师在这些方面做出表率,才能培养出品德修养好的学生。我国历代教育家都强调了"以身作则"的重要性,并躬行实践,使教育教学工作得以顺利进行,学生"亲其师,信其道"。反之,如果教师不能做到以身作则、为人师表,学生就会以不信任、鄙视甚至敌意来对待他,教育教学工作就难以顺利进行。

教育工作的以人为对象的特殊性,决定了教师的职业道德比其他行业要求更高。教师的工作量大,而且难以准确量化,这就要求教师要有强烈的道德责任感和事业心。十年树木,百年树人,教育工作有一个周期较长的过程,教育效应又有其明显的滞后性,很难在短时间内形成效益,这就要求教师一切从学生发展需要出发,不计较个人的名利得失,甘坐"冷板凳",乐于奉献,像蜡烛一样,燃烧自己,照亮别人。我国著名教育家陶行知先生以"捧着一颗心来,不带半根草去"的高尚情怀,献身教育,受到了广大师生的尊敬和爱戴,也为我们当代教师树立了楷模。

2. 先进的教育观念

现代教师必须具有符合时代精神的教育观念。"教育观念是教师在教育教学活动中所形成的对相关教育现象,特别是对自己的教学能力和所教学生的主体性认识,它直接影响着教师的知觉、判断,进而影响其教学行为,是影响学生身心发展的因素之一。"[2]它是教师在对教育工作本质理解基础上形成的关于教育的观念和理性信念。

目前,教师的观念受应试教育的影响很深。应试教育的模式和方法,存有许

---

[1]《论语·子路》
[2] 辛涛,申继亮:《论教师的教育观念》,《北京师范大学学报》(社科版),1999年第1期。

多问题。比如其指标是封闭的、静态的、单一的,过分注重记忆,过分强调分数;教育方式是灌输式和填鸭式的,学生死记硬背,缺乏创造;学生综合素质较差,实践能力不强,人文素质不高,适应能力较差。有论者准确地概括说是"教育评价应试化、教育方式灌输化、理解内容记忆化、学生素质片面化"。[1] 在知识经济初露端倪之际,教师必须转变教育观念,打破应试教育模式,尽快使应试教育转变为素质教育。要搞好素质教育,教师的观念必须尽快从"教学问"向"教学习"转变,必须尽快从传授教育向成才教育转变,必须从知识教育向智能教育转变,这样,我们才能培养出全面发展的社会主义事业建设者和接班人,才能更好地迎接知识经济的挑战。

因此,教师应具有与时代精神相通的教育观念,并以此作为自己专业行为的基本理性支点。有没有对自己所从事职业的观念,是专业人员与非专业人员的重要差别,也是衡量教师素养的一个重要方面。

教师的指向未来发展的基础教育观念,主要是在认识基础教育的未来性和社会性的基础上,形成新的教育观、质量观和学生观,及其相关教育价值取向的定位。21世纪的基础教育应把每个学生潜能的开发、健康个性(指个体独特性与社会规范性的有机统一)的发展、为适应未来社会发展变化所必需的自我教育、终身学习的意义和能力的初步形成作为最重要的任务。教师树立正确的教育观、质量观和学生观是学校和学生可持续发展的前提条件。

3. 创造性的思维能力和品格

现代教师必须具有高度综合的创造意识和持续不断的创新能力。当今世界是个信息爆炸的时代,信息高速公路的出现,要求人才具有高度综合的创造意识。面对知识的无限性、易老化性、易忘记性,我们可以充分利用电脑完成一些机械式的脑力劳动,节省下大量记忆的时间和精力,从事创造性的工作。我们必须掌握计算机技术,利用电脑网络化的有利条件,进行有效的信息选择、存取、加工和利用。这一连串的工作不仅要求劳动者具有较强的记忆能力,而且要求其具有综合的研究、判断、逻辑推理能力、高度的创造意识和创新能力。这是新世纪对各类高素质人才的要求,教师自然也不例外。

---

[1] 赵敏:《从知识经济看传统教育向创造教育的转变》,《南京理工大学学报》(社科版),1999年第1期。

4. 合理的知识结构

现代科学发展出现了既分化又组合的趋势，自然科学与社会科学的相互渗透、相互组合，形成了一系列的交叉学科、边缘学科、跨学科的学科。这就向各行各业的人们，尤其是教师提出新的要求。教师既要学有专长，又要广泛涉猎；既要有较高的科学文化素养，又要有较深的人文文化素养。也就是说，现代社会的教师应成为通才型、通识型人才，成为"T"型人才——"丨"代表精深的专业知识，"一"代表广博的知识面。但是，仅仅具有广博的科学文化素养和精神的专业知识的人，不一定能成为一名好教师。正所谓"学者未必是良师"，但"良师必是学者"。教师必须掌握教育理论，懂得教育规律，讲究育人的科学性与艺术性，才能取得良好的教育效果。

5. 综合性的能力要求

现代社会的急剧变革对教育提出了严峻的挑战，要求教师必须承担多种角色，具备多方面的综合性能力。教师的综合性能力包括两方面。一是反映认知过程的认识能力结构，如观察力、记忆力、想象力、思维力等。二是在认识能力基础上形成的具有教育劳动特点的实际操作能力结构，如教育工作能力、表达能力、动手能力、交际能力、创造能力、组织管理能力、教育预见能力、教育研究能力和终身学习的能力等。

近年来，中小学教育技术现代化的呼声日渐高涨，教师掌握多媒体教学技术已成为时代的必然要求。未来教师向学生传授知识的过程，已不限于站在讲台上，直接面对学生讲授。教育技术的发展将为教师提供许多新的传授知识的手段，这就要求教师要能熟练地运用幻灯机、录音机、录像机、语音实验室、电子计算机、教学机器等教学工具，能制作教学所需的软件。这样，教师的操作能力就成了必不可少的能力。一个现代教师必须是一专多能型的，否则，将不能适应未来形势的变化和社会对教育的要求。

6. 健康的身心素质

身心素质包括身体素质和心理素质，它是教师从事紧张、繁重的教育教学工作乃至科研工作的基础，也是现代教师素质结构的主要组成部分。特别是心理素质，不仅对学生的影响是深远的，而且对自身的不断提高与完善也有重要作用。全方位实施素质教育，要求教师必须加强对学生的心理健康教育，而加强心理健康教育的前提条件是教师要懂得心理教育,热爱心理教育,具有心理教育的能力。心理教育能力是教育教学能力的重要组成部分。

现实中存在着这么一些情况,教师的文化水平提高了,学生的学习水平却没有多大提高;教师的字写好了,学生的字就是写不好;教师的责任心很强,对工作很负责,可学生就是不听话;教师品德高尚,学生却犯罪。这些情况说明,要当好一名教师,光有上述素质还不行,还必须具备一种从事教师职业的特殊素质,这就是心理教育能力。也就是说,教师既要具备一般的教育能力和心理素质,还要有心理教育能力这种特殊的心理素质和教育能力。只有教师具备了心理教育能力,才能把自身的优秀素质内化为学生的素质,变成学生的精神财富。这是素质教育对师资培训工作提出的新任务。

教师素质的提高,最终是为了学生素质的提高。为了适应新形势下对教师提出的新任务和教师职能方面的新变化,教师必须发挥新的作用,肩负起新的任务。早在1972年,联合国教科文组织国际教育发展委员会的著名报告《学会生存——教育世界的今天和明天》已正式建议师资培养方面的"根本改革是要改变他们的任务"。[1] 教师应该成为学生学习的指导者、智力资源的开发者和未来的设计者,应该成为学生人生的榜样。这就要求新时代的教师不断地学习,不断地提高自身的素养,这样才能完成时代和社会赋予我们的神圣使命。

(三) 教师队伍建设的原则设定及导向

成才教育的目标取向,首先是指向所有学生个体的成才和素质的全面发展;其次又指向人的素质结构的完善和整体素质的提高,并给予特别突出的强调;最后,从其内源性的价值追求方面看,成才教育则将如何实现教育的可持续发展和全面进步,作为其理论探究和教改实践的基本目的。

"教育的终极目标是达致人格的健全和完善,必须以人为出发点,不分种族、财产、性别,对所有的人以平等的尊重。"[2] 成才教育是素质教育的一种具体的可操作的模式。它提倡以人为本,以学生的发展为本,体现了成才教育思想的科

---

[1] 《学会生存——教育世界的今天和明天》,联合国教科文组织国际教育发展委员会编,教育科学出版社1996年版,第260页。
[2] 《文明的可持续发展之道——东方智慧的历史启示》,东西方文化发展中心主编,人民出版社1999年版,第166页。

学性和先进性。"关于教育的根本功能,科学的认识应当是,教育必须发展每一个受教育者在一个复杂的社会中有效地生活的那些能力。教育的主要资源应当用于提高学生的全面素质,而不仅仅是用于预测和选拔英才。"[1]

为实现学生素质的全面发展和教育的可持续发展,成才教育的教师队伍建设必须遵循以人为本和可持续发展这两个原则。

1. 以人为本的原则

以人为本,就是教育要以人为中心,以促进人的发展为目的,反对教育的功利目的,重视培养人的主体性和个性。当前,我国正全面实施以德育为核心、创新精神和实践能力为重点的素质教育,努力造就"有理想、有道德、有文化、有纪律"的、德智体美全面发展的社会主义事业建设者和接班人。"全面推进素质教育,要坚持面向全体学生,为学生的全面发展创造相应的条件,依法保障适龄儿童和青少年学习的基本权利,尊重学生身心发展特点和教育规律,使学生生动活泼、积极主动地得到发展。"[2]

2. 可持续发展的原则

教育必须适应并服务于人类社会的"可持续发展"。1992年6月,联合国环境与发展大会在巴西里约热内卢召开。会议通过了《21世纪议程》,要求各国制定和组织实施可持续发展战略、计划和政策,迎接人类社会面临的共同挑战。"教育与可持续发展密切相关,在妥善、有效地解决直接影响可持续发展的科学技术问题、人口数量与质量问题、社会公众对可持续发展的认识态度及参与程度问题等方面,教育都担负着不可推卸的神圣使命。为了完成这一神圣使命,我们应当更自觉地汲纳东西方智慧的英华,确立培养全面发展的人这一基本目标,深化教育对象的广泛性、平等性,推进教师职业的专门化,增加经费投入,完善教学手段,实现管理体制的民主化、多样化,促成科学教育与人文教育的相互融合,强调素质教育,普及社会教育,推广终身教育……"[3]

教育的可持续发展,关键在于教师队伍的可持续发展,保持师资队伍的活力是学校进步与可持续发展发展的前提。实现教师队伍的可持续发展,有其内在

---

[1]《文明的可持续发展之道》,第162页。
[2]《中共中央国务院关于深化教育改革全面推进素质教育的决定》(1999年6月13日)
[3]《文明的可持续发展之道》,第164—165页。

和外在的必然要求。一方面，随着知识经济时代的到来，知识更新速度越来越快，教师只有加强继续教育，不断学习新知识和新技术才能适应现代教育的要求；另一方面，教师职业作为一项不断创新的职业，也要求教师自身不断进步，实现知识更新、观念更新，不断完善自我。

三、教师专业发展的实践性认知

教师的实践知识，是在教育场境中和文化背景下形成的应对和处理教育教学活动问题的认识，形成的一种对教育教学本质问题思考的意向，形成的对教师职业本身的体验和情意，形成的对教育教学的理想与信念，是教师主动建构的并在实践中真正信奉和运用的知识，是一种"转识成智"之后的教育机智，是产生于实践并为实践服务的知识，是部分可言传、部分可意会、部分无意识的知识形态。它镶嵌于教师的知识结构中，大多以"隐性"的方式存在，如果教师不进行细致而缜密的思考，不进行对话与交流，不进行概括与总结，其很难"显性化"，达到共享的目的。总之，获取、应用、深化和整理这类知识也就是教师专业发展的过程，也就是教师个体专业成长的过程。

（一）教师实践知识的内涵

专门系统的研究教师实践知识的，首推加拿大学者艾尔贝兹，他在个案研究和叙事研究基础上提出教师实践知识，教师实践知识是指教师以其个人的价值、信念统整他所有的专业理论知识，并且依照实际情境为导向的知识。个人实践知识也就是教师的"经验"，这种经验并不是教师原封不动地获得的直接或间接经验，而是一种教师个体在实践中经过内化、反思而获得的一种"个人经验"，他们强调个体性，也反映了这一反思和内化的过程。教师实践知识具有以下特征：同个别的具体经验结合的案例知识；整合了多种立场与解释的熟思性知识；同不确定性占主流的情景相对峙的情景性知识；无意识地运用默会知识的潜在知识；以每一个人的个人体验为基础的个人知识。

国内学者陈向明将教师知识分为"理论知识"和"实践知识"，认为实践知识包括教师在教育教学实践中实际使用和（或）表现出来的知识（显性的和隐性的），除了行业知识、情境知识、案例知识、策略知识、学习者的知识、自我的知识、隐喻和映像外，还包括教师对理论性知识的理解、解释和运用原则，并提出教师实践知识就是教师真正信奉的，并在其教育教学实践中实际使用和（或）表现出来的对教育教学的认识。并认为这种知识包括教师的教育信念、教师的自我知识、教师的人际知识、教师的情境知识、教师的策略性知识和教师的批判反思知识。

六十中学在教师培养中，把教师以下五类知识作为重点加以考量，综合起来有以下几点：

（1）经验性知识，是教师在教育教学中形成的一种直觉、感悟、职业动机、无意识等。（2）个体性知识，是教师基于个人的生活、前知识、信念、价值观、文化背景、人生哲学等对教育教学活动的理解与领悟。（3）反思性知识，教育教学活动是一种反思性活动，需要教师对教学、课堂教学、课程、学生、教学策略等要素不断地省察、领悟等，对原有的认知修正、完善和提升，而形成的新知。（4）整合性知识，"教师知识常常是一个整体，不能分成截然不同的知识领域"。它不像理论知识那样可以以分门别类的方式加以区分和储存，而是一种对教学实践整体模糊的认识，它横跨自然科学，社会科学和人文学科三大领域。（5）情景性知识，教师每天每时每刻都是面对不同的场景与面孔，与不同的主体进行交往与对话，要随时做出决策应对各种各样的实际问题，在此过程中教师会以其独特的方式解读和解决这些问题，在此基础上形成情景性知识。

（二）获取实践性知识的途径

实践性知识对教师专业化的启示是：对于教师的专业发展，开发教师的实践性知识比起获得显性知识毫不逊色，甚至更为重要。教师专业发展的机制简单来说就是将"显性"的理论知识在其已有的经验、信念和价值观等基础上内化、整合而形成自己所"使用的理论"或"个人理论"（教师实践知识），同时又将自己的实践知识在批判与反思基础上通过不断总结与概括而使其"显性化"，形成抽象的理论知识。这一过程在本质上就是教师专业发展的过程，也是一个教师由普通教师向教育家型教师迈进的有效途径。因此，教师实践知识的获得与积累、深化与外化是教师专业发展的有效而具体的途径。

教师的知识蕴含在如何"做"之中，教师只有基于反思性实践及其中生成的实践性知识，才能意识到自己的理智力量，摆脱理论话语的束缚，重新向实践话语回归，从而找到自己知识的生长点和自我专业发展的空间。

1. 日常教学实践

在教师的生涯中，教育教学实践是教师生命的出现方式和存在方式，是教师生活世界的主要组成部分,主要表现为:第一,教师处身于教学实践的事态之中;第二,教师的困惑主要来自于实践,是由实践所推动;第三,教师对教学问题解答的实践逻辑。教师的日常教学活动主要有教学准备活动、课堂教学、课后辅导、处理教学事件、批改作业、自我学习等等。另外,在实践中常常会闪现出一些充满力量的睿智、观念和思想,它们是教师对具体问题沉思的结果,是自己的精神财富或实践性知识。教学实践是教师的实践知识的来源与归宿,教师可以采用教后感、教学日记、教学叙事、教育博客、教学事件的分析等形式进行记录、思考与积累,通过直觉、顿悟、情意、省察等方式获取这些经验和常识并外化而达到知识共享。对于教师而言需要积极的态度、丰富的情感、勤快的作为,方可获得这一丰盛的大餐。

2. 教师反思

"反思"已成教育领域中的一个时髦语,对教师的专业成长和教育教学质量的提高具有重要的价值。

著名的教育心理学家波斯纳认为教师专业发展可以用一个公式来表达,即经验+反思=成长。教师的反思其本质是教学理解与教学实践的对话,是教学现实与教学理想的沟通,反思是教师教学专业知识和能力发展的根本的机制。教师实践知识的丰富和反思能力的提升意味着教师的专业自主性加强。那么反思什么?如何反思?就是教师获取实践性知识的具体策略。

此外还有微格教学和集体备课的形式。在反思的方式上,第一,系统的学习理论,以现代的教育理念和教学理论,最新研究的心理学和学科知识成果为标准,来检查自己的前知识结构与行为、教学策略、教学思想等,加深对教学本质的理解和增强自我意识。第二,以成功教师的典范来检修自己的教学行为、理念等,以框正自己的教学。第三,对反思的反思即元反思,教师要结合自己的能力、个人知识、兴趣、个性特征、教学风格和品质等因素对上述所获得的知识在教学实践中进行鉴赏与深化,把它们融入到自己的知识血液中去。

3. 校本教研

简单的来说就是基于学校,以教育教学中所出现的问题和现象为对象,以教师为主体,以学科组和教研组为依托,以专家为引领,以行动研究和叙事研究为主要方法的一种活动。校本教研不仅是兴校之道,而且也是促进教师专业发展的根本途径。通过深化实践性知识和外化实践知识中的不可言传和无意识的那部分知识促进教师专业成长，以培养"反思性实践家"的教师。

"校本教研赋予教师研究自身实践的权利，他们不再是被研究的对象、研究成果的纯粹消费者，而是研究自身专业实践的主体。"教师应该也能够主动地去发现教育教学实践中的问题、研究它和解决它。从形式上来说，教师可以独立研究，也可以和其他教师或专家合作进行研究，在合作中教师所习得的合作意识和合作技能本身就是教师专业化的内容。

从内容与方式上来讲，教师开展研究活动，第一，以"教和学"为基点，以"课例"为载体，通过教学录像、教案、课例、说课、讲课、评课、学生的作品等方式来开展；第二，教师以"课题"为中心，遵循科学研究程序和步骤，开展行动研究和叙事研究；第三，校本课程的开发，教师可以综合运用各方面的知识，依据本地区的特色，开发适宜学生的新的课程，以弥补国家课程的不足，同时加深对教学与课程的认识。在教研中，教师通过对话与交流、协商与合作、讨论与争论等方式把自己对教育教学的认识、感悟、直觉、潜意识、诀窍等潜移默化予同伴，同时又吸收同伴的知识。也可以澄清实践中的困惑与迷茫，解决实际问题，获得有效的方法，从而使教师专业素质提高，更具专业自主性。

4. 进修培训

处于终身学习社会中，由于知识速增、观念更新、人才观转变、科技发展等原因，又由于教师原有知识老化、观念陈旧、思想保守、方法老套、手段落后等原因，已不能满足当前教育教学发展的要求和学生发展的需要。所以，教师的学习已再不是一次性的、终结性的，而需要不断的"充电"来更新自己的理念和知识结构，以适应社会和教育教学的变化。有研究证明，教师在其发展的过程中有一个"高原平台期"或"职业危险期"，并认为"教师突破发展高原期的关键主要是加强教育理论的系统学习，用理论指导自己的实践而不是盲目实践，努力争取专家的指点，坚持反思性、研究性教学，使自己的教育教学行为科学化、规范化、理性化，在教学理性发展上下工夫。"所以，教师进修培训就成了教师自我发展、自我超越、自我更新的主要途径和方式，其本质是教师重构和更新自己的实践知识，审视自己的专业思想与信念，提升自己的专业认知水平与教学能力。在理论与实践的对话中主动建构和解读教育教学的本质，形成自己的实用的"理论知识"，进而获得专业成长。

教师的进修与培训,可以通过"走出去"与"引进来"两种方式实现。"走出去",一方面是教师脱产到专门的培训机构或教师进修学校接受系统的理论学习,如新课改下国家所办的各种各样的培训班和学历提高等方面的学习;另一方面是教师的对口交流与到名校的挂职锻炼或组织教师团体进行经验交流或"取经",以充实自己。"引进来",一方面学校可以邀请专家学者到本校去讲座,现场指导,听评讲课;另一方面可以通过远程教育、网上培训、外出学习人员学习报告等形式进行,如新课改下的新思考网站所开办的远程培训班。现代的教师教育已将职前教育与职后培训一体化,形成新的教师教育模式,并作为一种长效机制,为教师的再教育和学习搭建了平台。通过以上活动可以使教师在思想上接受一次"洗礼",实现专业发展上质的飞跃。

第二节　教师专业发展的校本实践

以校为本的教师发展制度,必须立足学校自身。首先是为了学校——即以改进学校实施成才教育的教育教学实践,解决学校、教师在实施新课程、促进学生发展和教师自身专业化成长中所面临的问题为指向,选择学校、教师在实施成才教育中经常遇到和亟待解决的实际问题;其次是在学校中——学校自身在实施新课程中出现的问题由学校自己来解决,由学校校长、教师共同来分析探讨,形成解决问题的方案;最后是基于学校——从本校和教师自身的实际出发,充分发挥学校内部的教育智慧,盘活学校内部的资源及适时邀请专家参与,开展各种形式的研究活动,提高教学研究和解决实际问题的能力。

多年来,在上级领导的支持下,六十中学坚持自力更生的原则,使学校的硬件建设出现了崭新的面貌。但与那些拔地而建的寄宿制高中相比,甚至与同类的兄弟学校相比,学校的硬件条件显得十分"寒碜"。学校的"软件"不仅包括成才教育这一先进的教育思想,"自强不息、争创一流"的六十精神,在科学管理方面也有一定的经验积累,更重要的是,学校有一批教育思想端正、师德修养高尚,并勇于改进教学方法的教师队伍。这些已成为区内外领导、专家、同仁认同的优势,是学校开展成才教育再实践整体试验的重要保证。

一、注重教师育德能力的培养

六十中学在教师专业发展的实践中,始终坚持教师育德能力和学科专业能力并举的策略,因为,学校坚定地认为:成才教育首先是"成人"教育,所谓的"成人"教育就是要让学生树立正确的价值观和人生观,理解并遵守正确的社会规则。因此,教师的育德能力和学科教学能力就成为教师专业培养的主要内容。

(一)"育德"是成才教育的必由之路

常年来,六十中学始终保持着较为活跃的师资流动。青年教师占全体教师的70%以上,研究生课程以上学历的教师占教师总数的23.3%。教师教学教育基础素质良好,育德能力已经有了一定的基础,有一定的教学教育研究能力和一定的教学教育实践经验。而自身要求又积极上进,迫切希望自身育德能力的提高,成为开展育德能力的校本培训的内在动力。

1. 重视教师育德能力的培养是成才教育形势的需要

(1)上海市二期课程教材改革对教师的育德能力提出了更高的要求。

与以往的课改相比,二期课改更强调以德育为核心,更注重培养学生的创新精神、实践能力和积极的情感,这在课程三维目标的要求上得到充分的说明。二期课程的目标分为三个维度,即知识与技能、过程与方法、情感态度与价值观,特别是把情感态度与价值观作为一个重要的教学目标,这对教学是一个新的要求,如何挖掘课程中情感态度与价值观的教学内容,如何采取有效途径培养学生积极的情感态度和价值观,这些都对教师的育德能力提出了新的、更高的要求。

(2)"八荣八耻"社会主义荣辱观教育和《两纲》的实施促使教师提高育德能力

认真贯彻胡锦涛总书记"八个为荣,八个为耻"的社会主义荣辱观,弘扬和传承民族精神,就要把荣辱观与爱国主义、集体主义和社会主义教育相结合,就要以学生发展为本,以学生为主体,关注学生的需求,紧贴上海基础教育课程改革的发展,从而达到使学生"知荣明耻,树魂立根"的教育目的。这就要求教师在具体的教学教育中,不断提高自身的育德能力,创造性地开展工作,切实落实"八荣八耻"社会主义荣辱观教育和两个纲要的精神和要求。

2. 对教师开展校本的育德能力的培养也是学校发展的需要

六十中学具有70多年办学历史,是上海市"一期"和"二期"课改的基地学校,又是上海市实验性示范性高中,在课改实践中积累了丰富的教学、教育和管理的经验,形成了"以一切为了学生成才"为宗旨的办学特色和学校文化,学校的办学特色和学校文化为我们开展校本培训提供了丰富的内容,这是用其它的培训所无法取代的。校本培训也是传承学校文化的重要途径。

在成才教育形势下,学校坚持以邓小平理论和"三个代表"重要思想为指导,牢固树立和落实科学发展观,牢牢把握社会主义办学方向,以德育为核心,积极开展"八荣八耻"社会主义荣辱观教育,全面推进素质教育。在积极探索构建以爱国主义为核心,以国家意识、文化认同、公民人格教育为重点的民族精神教育和以帮助学生认识生命、珍惜生命、尊重生命、热爱生命,促进学生身心健康发展的生命教育的学校德育工作体系中,需要一支高水平的教师队伍,以适应学校发展的需要。

(二) 育德能力内涵的实践诠释

什么是教师的育德能力。育德能力简言之就是思想教育能力,它是一种综合的教育能力,是教师的所有能力中去掉学科知识教学以外剩下部分,因此,所涉及的范围和领域是相当广泛的。

当前的教育要处理好两个关系,这就是"育分"和"育人"的关系。如果按照这两个关系,我们把教师的教育能力也分为两个部分,这就是"育分能力"(学科知识的教学能力)和"育人能力",我们讲育德能力就是指教师的育人能力。

我们认为教师的育德能力由三部分组成,这三个能力构成了教师的育德能力的整体,三个支点,缺一不可。

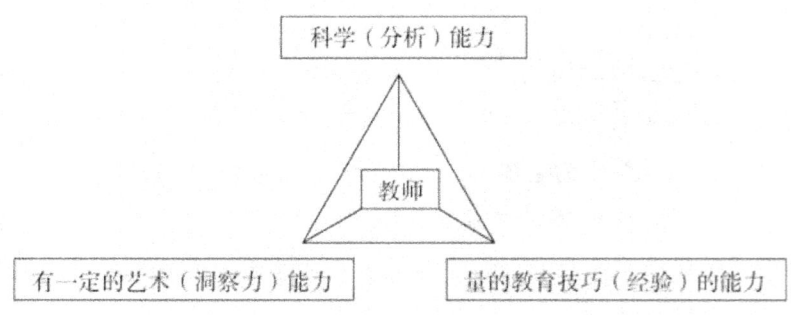

科学和分析能力就是教师运用掌握的教育理论和知识,用一般的概念演绎出特殊的应用方法,就是教育理论在实际中的运用能力。具有一定的艺术(洞

察)力就是教育者根据实际工作中各种零碎的事实和学生的个性,艺术地寻找适合的解决方法。它是一种归纳的过程,从特殊事件归纳出概括性纲要,形成教育策略。技巧和经验则像是一门手艺,需要边思考、边操作、边改进,是在特殊和一般之间迂回。从育德能力的构成分析,单靠理论上学习是无法提高和改善教师的育德能力,育德能力的培养应该是在实际的教育工作进行体验和感悟,在教育实践中不断提高育德能力。

(三) 建构教师育德能力校本培养体系

提高教师的育德能力,是建设一支高水平师资队伍的一个重要内容,也是教师自身教育教学能力和水平提高的需要。同时,教师育德能力是具体的,必须通过具体的教育实践才得以体现,而不能停留在抽象的育德层面。教师育德能力的提高必须发挥教师的主体能动性、积极性和创造性,必须重视教育实践,通过实践得到体验和感悟,进而内化为自身的能力。因此,其一,教师的实践是自身课堂的实践,是针对所教学生的教育实践,教师育德能力的培养必须以教师教育教学实际情况为出发点。其二,教师育德能力的"实践"是"校本"的实践,教师育德能力的提高离不开"校本"的"实践"。离开"校本"、"实践"谈教师育德能力的提高是抽象的,是空泛的。

为此,我们基于理论与实践相结合的培养方法和途径,初步形成了教育育德能力校本培养的体系。培养的侧重点是实践,是实践反思。同时把师德教育、民族精神和生命教育、人文修养纳入教师育德能力校本培养的实践中,通过学习——实践——反思——实践培养的途径,实现对教师育德能力的有效改进和提升,并获得相应的经验性成果。

1. 注重学习,提高在实践中运用教育理论的能力

通过请专家、相关行政部门领导、优秀教师为全体教师讲解二期课改、《两纲》精神和新时期开展德育工作的技术等方面内容,提高全体教师的认识,转变教师理念,提高理论素养。我们先后请了市教研室徐淀芳副主任做二期课改方案的报告,使教师认清二期课改实施的背景、理念和三类课程设计的思路和意义,以及一期课改与二期课改的区别。请市教科院德育研究和咨询室主任谢怡范教授作了两个纲要的报告,请区教育学院党委书记张长江特级教师,作了二期课改课堂教学改革的报告以及上级行政部门的领导辅导我区改革的工作思路等

等。这些报告促进了教师对当前实施的各项教育改革的必要性和重要性的认识，促进了教师把握教育改革的方向，进而促进教师的教育观念的转变，使教师知道教学教育转变的方向是什么，理论上应怎样转变。也就是提高教师的演绎能力。

在实践操作上，怎样解决具体的教学教育问题方面，是教师最关心，也是最迫切需要寻求答案的问题。如何使教师认同成才教育的理念，如何从中获得教育改革动力，只有在解决了教师教学教育实践中的困惑，并取得了一定的成功，感受成功的喜悦，才能真正促使教师拥护和积极参与教育改革，进而提高自身的教育能力。而在实践中学习，尤其是带着问题，运用带教、经验交流、活动设计交流等形式，让教师通过具体案例学习开展教育活动的能力，并通过学习"怎样做"，获得实践的感悟和经验性认知。

2. 加强实践，丰富育德经验和育德技巧

学习的目的之一为了更好的教育实践，实践既是育德能力的运用和展示，又是教师育德能力提高的关键。教师的实践是全面的实践。是从自身的教育实践出发，在学科教学、困难学生转化、学生活动、主题教育等方面开展教学教育实践，在教育实践中提高自身的育德能力。

我们认为，只有主体的积极参与，发挥主体的主动性、积极性和创造性，才能实现在教育实践中，提高教师的育德能力，而被动的教育实践对教师育德能力的提高作用不明显。为此，教师在实践中形成了一些有效的做法。比如，在开展学生主题教育中，充分发挥年级组和班主任的积极性和创造性，很多主题教育活动由年级组组织。"健康网上行，纯洁你我心"的社会实践主题教育活动，就是年级组和班主任共同发起和组织的。为了搞这次活动，年级组充分发动全体教师和学生进行了一系列的准备工作。通过在全年级学生中的征集活动主题名，最后选择和确定为"健康网络行，纯净你我心"。完成了全年级活动的计划书和各个班级的计划书。计划书由活动目的、时间、地点、前期准备工作、活动内容、活动要求、活动口号和倡议书等八部分组成；前期准备工作又分为人员安排、物资准备、海报设计、班级特色等；为了能顺利完成这次活动，还提前到各活动地点进行踩点，与当地的商店负责人和社区负责人协商；为了扩大活动的社会影响，还与有关的新闻单位联系，10月2日《新民晚报》对这次活动进行了宣传，10月7日

《新闻午报》也作了报道。不仅教育了学生,同时教师的各种能力也得到了锻炼和提高,取得了很好的效果。

3. 重视反思,使教师育德能力获得整体提升

在教师育德能力培养上,我们很重视教师的反思,积极创造教师反思和交流的平台。每学期结束时,我们要求每位教师都认真总结一学期来教育教学中的得与失,认真地撰写一份"教育一得",并在下个学期初进行"教育一得"的征文评奖活动,这种亲身经历的体验和反思使教师的教育理念、教育思想得以提升,教育教学方法得以不断改进。比如通过编印《六十中学优秀教案选》,在新老教师对入选教案的认真研读和相互点评中,提高大家对课程教材改革的新理念、新思想、新方法的理解水平,推动教育创新的实践。通过把教学展示课,安排在学科教研活动时间,保证了评课活动的进行,同时将优质课上网,供教师借鉴,使展示、讲评成为校本培训的重要形式。

教育课题研究是教师积极反思的一种有效途径。我们要求每位青年教师三年中至少完成一项学校认可的教育科研课题研究,并作为职称评定的一项必要条件。每年9月份,我们开展新一轮教师研究课题的立项审批,校科研室为各课题研究者提供咨询服务,对课题进行跟踪管理建立必要的科研档案。

近年来,学校教师已完成了几十个研究课题,通过课题研究,提升了教师专业化水平。先后完成的主要课题有"普通高中学生成才意识的培养研究"、"成才教育研究"和"家庭教育的理论和实践研究"。"成才教育研究"获区第七届教育科研论文一等奖,"普通高中学生成才意识的培养研究"获区第八届教育科研论文三等奖,《班级文化建设初探》荣获全国班集体建设研讨会论文评选一等奖,"问题家庭对学生成才意识的负面影响和对策研究"获市家庭教育论文评比三等奖。学校还编印了《争创示范班集体材料汇编》、《德育工作研讨会交流材料》等德育工作经验论文。

总之,教师育德能力是教师专业化发展的需要,是教育发展的需要,是学校"育人"的保证,而对教师育德能力的培养途径是校本的教育实践,通过搭建各种平台,充分发挥教师的主体能动性、积极性和创造性,进而提高教师学科德育渗透、主题教育、个别化教育和教育活动设计等各方面的育德能力。

二、聚焦团队综合素养的培植

广大教师是学校教育教学工作的具体执行者,教师的素质直接影响着学生的素质。能否在六十中学全面实施以德育为核心、创新精神和实践能力为重点的素质教育,落实"不求人人升学,但求人人成才"的成才教育,关键在教师。全面提高教师的综合素养,是保证素质教育落到实处,成才教育取得成功的基础性条件。

(一) 全面提升教师的综合素养

为提高六十中学教师的师德水平,学校一方面搞好理论学习,持续宣传落实《六十中学师德规范》;另一方面持续开展"做让每个学生在成才道上迅跑的好老师"的主题教育活动,树立先进典型,并组织全校教工收看"名师论坛"录像,使学校形成了良好的师德师风。

成才教育确立成才教育思想的指导地位,坚持用它统一教师的教育观念,端正教师的教育思想,挖掘教师的教育潜能。成才教育根据时代的发展和社会的要求,提出教师要确立以学生发展为本的教育观;确立以提高学生的基础性学力、发展性学力、创造性学力为主的质量观;确立每个学生都有发展潜能,每个学生都有学习和成才的愿望,每个学生都能生动活泼、积极主动地成长的学生观。

为转变教师的教育观念,学校结合"九五"教师培训计划的实施,课程教材改革第二期工程的启动,通过理论学习、典型宣传、个案剖析等方法,使教师的教育理念实现了多方面的深刻变化,即从强调记忆转向强调思维;从偏重学习的结果转向注重学习的过程;从强调以教材为本转向以学生的发展为本;从强调学会转向强调会学;从强调对学生的统一要求转向注重学生的个性发展;从让学生被动接受转向注重学生主动参与;从封闭型教学转向开放型教学。为确立现代教学观念,学校组织教工认真学习各学科"进入21世纪教育行动纲领",明确各学科推进以德育为核心、创新精神和实践能力为重点的素质教育的主攻方向、行动策略及其对教师的要求。

近年来,为做好学生的心理健康教育工作,六十中学一方面坚持进行学生心理健康方面的调查和研究,建立学生心理档案,把学生的心理健康状况反映给教师,以利于教师针对学生的状况做好工作。同时多次聘请有关专家对教师进行心理健康教育方面的培训工作,使学校教师的心理健康教育能力不断提高。

六十中学有一支观念新、素质好、一专多能的教师队伍，这得益于学校多年来对教师队伍建设的常抓不懈和教师在改革实践中受到了极好的锻炼。在上海市第一期课程教材改革中，学校形成了符合时代精神和学校实际的成才教育思想，学校教职员工对"成才教育"这一素质教育的可操作模式的各个方面进行了有效的实践，并进行了经验总结。教师在成才教育的实践中，较好地适应了必修课、选修课和活动课三个板块的教学，并对符合成才教育要求的各种教学模式进行了有效的探索。教师在思想上、业务上都取得了很大进步，一批教师获得全国优秀教师、市先进教育工作者、市优秀园丁、区学科带头教师等称号。教师的教育理论水平不断提高，有一百多篇教育教学论文在报刊上发表。

（二）提升学科教学专业化程度

随着"二期课改"的全面展开和新课标的颁布，"三维目标"在学科教学中的落实，成为衡量检验教师教学专业化程度的一个重要标志和尺度。在学科教学上，我们基于"三维目标"的要求，从课堂教学的基本环节着手，对包括教师如何落实新课标及课堂教学的德育渗透，提出了要求。首先我们从备课环节开始，就制定了新的规范，要求教师在备课时，需要去考虑如何将知识与态度相整合，将过程与方法相统一，如何渗透相关的态度、情感和价值观。如何在课堂教学中更多的体现实践体验的学习方式，使学生更主动的学习，从而得到体验和感悟。

具体要求教师做到：

一是教学目标设计上，强调三维目标的明确，特别是态度、情感和价值观的教学目标一定要明了，这也是教师在备课时容易被忽视的部分。为了能引起教师的重视，学校的教学常规检查中，把这部分作为重点，把有没有态度、情感和价值观目标作为教案合不合格的重要条件，为了便于使各学科落实，我们依靠教研组的集体力量编写了各学科德智渗透细目表。

二是在教学过程的设计上，重视实践体验的学习方式的运用，如何把本节课教学内容所蕴涵的价值取向，道德意识等相关的渗透到教学中去，作为考虑的重点。我们常常讲文以载道，诗以明志，那么文以载道的道，如何以文来载，诗以明志的志，如何在诗的教学中渗透。教学设计并不只是简单的告诉学生，文是什么，道是什么，诗是什么，志又是什么。而应设计成为在文和诗的学习过程中，学生自己体验、感悟到道和志。

三是教学设计中,尽可能从学生的实际生活出发,在课堂上给学生留有自主支配的时间和空间。

在上课的环节上:

一是要求教师注重动态生成。也就是上课不是机械的执行教案,教案是死的,而学生是活的,教师要根据课堂的教学情景的变化,充分利用课堂上出现的动态教学资源,积极调动学生开展活动,并在活动中获得体验。

二是要求教师创设各种教学情景。只有来自学生身边的情景,才能引起学生的共鸣和情感的响应,因此教师要在课堂上要善于创设教学情景,捕捉学生实践体验学习过程中产生的瞬间出现的情景,把这些情景作为课堂教学的重要资源。

三是创设民主的课堂氛围。让每一个学生都有表达自己想法的空间,在学生间、师生间互动中,产生智慧的碰撞,智慧的分享,情感的交流。

下面是罗晓路老师的一篇语文教学论文,具体反映了新课改条件下,教师专业发展和综合素养提升的一个侧面。

老师的"舍"与学生的"得"

上海市六十中学　罗晓路

如果问高三学生:"哪门学科最无关紧要?"回答一定是:"语文。"若问:"如果取消语文课行不行?"答曰:"不行。没有语文课就没时间休息了。"

所有的语文老师都内心澄明,并默默悲哀着:语文课,尤其是高三语文课,就是那根鸡肋,没人喜欢吃,却又无法丢弃。当学生累了,就在语文课上睡一会儿;作业多了,就在语文课上做掉点儿;回家实在没时间了,就把语文作业舍弃不做;语文书是不愿意看的,因为其他科目是书上有啥就考啥,而语文却是书上有啥就不考啥。

当教研员也终于认识到,要学生回家像做数学那样认真做好语文作业,几乎接近"天方夜谭"的时候,他只能无奈地向我们倡议:"守住课堂40分钟"。恐怕也只有提高这40分钟的效率,是语文老师唯一可行之路了。

但这又是一个难题,怎样提高被当作"鸡肋"的语文课的效率?研究考纲,仔细备课,讲练结合,这些大方向都是不错的,也是老师们一直身体力行的,可以改进的又在哪里？通过一个学期的实践，我觉得以下细节是可以更优化的：

替学生"做作业"

数理化的老师特别喜欢题海战，高三学生也习惯了题海战，当然这仅限于数理化，因为数理化做得越多，考试时反应越快，而语文实施这种战术，则效果差多了，既然效果差，学生当然不会心甘情愿去做。那么怎么办？语文老师自己来个题海战，然后把最精华的题目，挑选出来让学生做。比如一套文言文虚词复习的练习，一共43道虚词选择题目，我花了足足三节课的时间查找例句的出处及各种版本的释义，因为选择题没有文本，有些句子如果出自老教材的篇目，学生根本看不明白，不可能做出来。于是最终我大刀阔斧地砍题目，砍题目的原则是：老师自己都不能立刻做出的不做；在解释上有歧义的不做；没办法分析清楚的不做。留下了精挑细选的28题供学生课堂练习。一堂课只有40分钟，什么题目都"拉到篮里就是菜"，让同学们做了再说，事后才发现这个太难了，那道出得不好，又如何能提高效率？当然，要让学生们做得轻松，做得恰当，做得有用，老师就必须舍得花大量的时间去做许多也许完全用不上的题目，用老师的多做习题，来成全学生少做"无用题"。

为学生"改作业"

老师批改作业是天经地义的事，但这天经地义的事情到了语文老师这里是有很大困难的，以两个班学生为例，学生做一个小时的阅读题，老师往往要花八到十个小时去批改那一团团微小的字。因此语文老师为了每天的课能顺利进行，往往采取当堂练当堂讲，由同学们自己订正的方法。但这个方法的弊端是，老师对同学们错误的情况不能全面了解；有些同学惰性大，一些需要多写几个字的主观题从来不做。

感谢学校让每个高三老师教一个班级，当作业本、练习卷由几年前的100份降到了眼前的35份，我立刻做了个决定，咬咬牙，批改我布置的每一道题。

忽然就发现，原来所谓的"讲练结合"，其实当中有一个至关重要的环节就是"批改"。而"批改"作业，虽然每天要花去老师很多时间，但真的能节约课堂时间，提高上课效率。

首先，批改后，就会发现学生实际存在的问题，和老师预先的估计是有出入的，这样就能及时调整课堂的安排，做到重点突出。

其次，如果上课以请同学回答再纠正答案的形式，往往这个同学答错了，请另一位同学，浪费了大量时间后，也只落个"抽样检查的结果"，并不能了解所有同学的错误所在。而批改之后，则能对全班同学的问题症结了然于胸，哪些题目大家都对了，根本不用在课堂上花时间；哪些题目是个别同学错的，在个别同学的考卷上指出，也不用占课堂时间；哪些题目是错误较多的，则课前分析好错误的类型，课堂上就能直击重点。这样一来，省却了许多非必要的习题讲解，课堂效率大大提高。

第三，也是最重要的一点，当老师要批改所有练习后，同学们的惰性大大被压制，没有同学在练习卷上"留白"，也不敢随手涂两三个字应付老师，无论分析题还是鉴赏题，全部认认真真完成。

也许老师每天都会改题改得眼睛很酸，但有了"批改"这一环节，才真正让同学们做一题就有一题的收获；才让讲练结合落到了实处；才让课堂的有效性得到最大保证。

帮同学"听新闻"

作文是高考的重头戏，学生的眼界狭窄，认识浅薄，对社会关注少，往往是让语文老师非常头大的问题。虽然老师们总是从高一就关照同学们，多听新闻，多关注社会热点，但是真能做到的同学很少，高三就更别提了。某节课上，问同学们，"寒假期间有哪些社会热点？"，一组同学，居然除了"春晚"，没一个能说出个"子丑寅卯"。这样的同学们作文势必"干瘪"啊。

常言道"授人以鱼不如授人以渔"。可到了高三这份上，"授渔"是来不及了，好像也没用，没人打算去"捕鱼"，只能退而"授鱼"吧，好歹别"饿死"了。

每天听早新闻，关注雅虎、新浪消息，名人博客成了我每天的备课内容之一，光有热点、素材还不行，同学们不知道啥时候用啊，还得把素材归归类。比如：某节课上用几分钟谈谈"金钱利益和礼义廉耻"的问题，先抛出一系列社会热点，诸如海南"斩客"、"抢汤圆"送敬老院、参加奥数竞赛小学生给外国小朋友送钱当礼物、北大耶鲁的差别、著名中国高校和美国"野鸡"大学合作，等等，进而还要为同学们分析每则新闻的侧重点，及其背后可以挖掘的东西。

突然就想到了曾经有位老教师说过，我们不仅为学生种出了粮食，淘完了米，还做好了饭，喂到了他们嘴里，只需要他们咽下去就行。这种方法并不是培养学生的好办法,可是,当如今的同学们都没有时间,也没有兴趣去关注社会的时候,当高考摆在我们面前的时候,这也是语文老师唯一能选择的,为高考分数作贡献的办法了。

(三) 落实校本培训,抓好团队学习

学校由各处室、各教研组等多个团队组成,各处室、各教研组的团队学习抓好了,学习力就会迅速转化为学校发展的不竭动力。校本培训是学校团队学习的主要形式。我们主要从三个方面抓校本培训:

在培训内容上,注重改善心智模式,提高教师的综合素质。改善教师的心智模式最重要的就是帮助教师改变那些旧的、不合时宜的教育理念和教育思想,并在此基础上改变或完善教学行为。

我们组织假期读书活动,延请专家来校介绍现代教育理论、先进教育理念。同时,我们把学校教改 10 年的经验总结《"成才教育"的理论和实践》作为教师校本培训的基本教材,从教师的教育思想、职业道德、德育能力、教学能力、教科研能力等方面促使教师的专业化素质从单一向综合转变。

在培训方法上,注重反思在提高教师专业化水平中的作用。每学期结束时,我们要求每位教师都认真总结一学期来教育教学中的得与失,认真地撰写一份"教育一得",并在下个学期初进行"教育一得"的征文评奖活动,这种亲身经历的体验和反思使教师的教育理念、教育思想得以提升,教育教学方法得以不断改进。我们编印《六十中学优秀教案选》,在新老教师对入选教案的认真研读和相互点评中,提高大家对课程教材改革的新理念、新思想、新方法的理解水平,推动教育创新的实践。我们将优质课上网,供教师借鉴,使展示、讲评成为校本培训的重要形式。

我们注重加强对教师课题研究工作的管理和指导。近年来,我校教师已完成了几十个研究课题,通过课题研究,提升了教师专业化水平。

在培训管理上,注重激发教师超越自我的内驱力。努力推进继续教育,抓好校本培训,关键是激发教师的内驱力,使广大教师从"要我学"向"我要学"转变。在这一方面,我们的主要做法是:一讲形势,从教育发展的形势、人事制度改革的形势,使大家明确接受继续教育、参加校本培训的必要性;二摆效果,我们让先行

参加现代教育技术培训的同志开示范课,使大家深切感受现代教育技术的作用,从而提高学习的自觉性;三给奖励对学习优秀者给予奖励,调动了大家学习的积极性,使"超越自我"已经成为广大教师的共同信念和具体行动。

(四) 关注青年成长,实施名师工程

在六十中学,青年教师是教师队伍中一支不可忽视的生力军,并且这支队伍的数量还在不断壮大。早在几年前,我校就认识到,学校实施素质教育的主力军是青年教师,必须加速培养青年教师,促进青年教师的成才,从而推进学校的素质教育。通过几年扎扎实实的工作,我校已形成了一支以区优秀青年人才为标志的优秀青年教师群体,成为教育教学工作的生力军。

学校把青年教师的培养作为整个师资队伍建设的重中之重,当作学校可持续发展的关键来抓。几年来,我们不断完善导师制,给青年教师"配导师、压担子、搭舞台"。我们实行师徒双向选择,明确带教职责、权利和义务,大大促进了青年教师的成长。我们还根据中期评估时专家提出的建议,组织青年教师通过对自我潜能的评估,制定自我发展计划,鼓励青年教师,要敢于"冒尖"形成自己的教育教学风格。如今,青年教师进步显著,表现突出,教学效果很好。如青年教师周静获得市教学评比一等奖,综合教研组被评为"区学习型班组",数学教研组平均年龄只有29.2岁,但勤于钻研,相互促进,表现出良好的教育教学水平,被评为市优秀教研组。

我们注重发挥学校作为干训基地的作用。近年来完成了四名外省市见习校长、书记的培训任务,六名本区青年后备干部的见习培训任务,现正有两名青年校长在我校见习;校内也有一批青年骨干走上学校各级管理岗位,还为兄弟学校输送了一批青年干部。

现在,学校已有5位硕士研究生,21名青年教师完成了研究生课程进修,在读的有3位,全校完成研究生课程进修的人数已经超过了青年教师总数的30%。学校还不断创造条件,推荐选拔教师出国培训。我校已先后有13名教师赴澳大利亚、英国培训。

学校先后涌现特级教师1名、国家级骨干教师1名、市级名师7人、区级名师27人,构成了六十中学名师群体。学校的名师队伍正不断壮大,师资队伍的结构也更趋合理。

从结果看,我们抓"软件"建设是抓住了学校发展的关键,成效也十分显著:青年教师的教学思想、教学能力、科研能力都得到了提高,涌现出一批优秀的青年教师,如青年教师周静获得市教学评比一等奖、李国庆参加了国家级骨干教师培训、陈越获"三学状元"称号、王慧、顾菁等获区"新苗奖"一等奖。如今,我校教师中妄自菲薄的少了,积极肯干的多了,大家感到,课改促使自己有了更准确的自我认识。教师在课改实践中积累的经验也促进了他们的专业化成长。用上海市实验性示范性高中评审专家组的评价来说,"成才教育的研究推动师生双向成才的势头初露端倪,……青年教师……已经跳出传统教师的框框从成才的高度观察自己……经过4~5年熏陶的教师素养很高。"

除了上述四方面,二期课改也促使学校管理进行改革。我校的学校管理以科学化、民主化为重点,建立健全了各项规章制度,各项管理更趋规范、有效。加强了人事制度改革的力度,"进得来,出得去,稳得住"的动态平衡机制基本形成。坚持效率优先,实施了新结构工资方案,加强了对工作质量的考核,校内分配制度更具科学性和导向性。"校务公开系统"等多项管理系统相继建立,运转良好,推进了学校管理信息化。学校建立了领导与学生的直接沟通渠道,学校重要规章制度、发展规划、涉及学生利益的重大事宜征求学生意见。领导班子的民主作风建设带动了校园民主管理作风建设。学校积极施行校务公开,重视发挥教代会作用,领导班子被评为"全心全意依靠教职工办学的好班子"。

此外,学校校园文化建设也在逐步推进。班级文化建设成果显著。杨丽华老师的论文《班级文化建设初探》获2002年第11届全国中小学班集体建设理论研讨会论文评比一等奖。徐莉莉老师的论文《班集体活动与学生创新精神培养》在2005年第14届全国中小学班集体建设理论研讨会上荣获二等奖,余建民老师的论文《班级文化建设的创新》获三等奖。学生社团有序发展。百草园文学社、桥牌社被评为区级明星社团。2006学年伊始,我校又筹划了反映学校校园文化建设情况的校报——《六十中学校报》。

二期课改整体试验以来,学校获得的全国、市和区级的荣誉和奖项有30余项。四年来,我校的成才教育得到了深化和发展。学校获得了"闸北区学校文化建设先进单位""上海市绿色学校""闸北区档案系统先进集体""闸北区优秀教工之家""闸北区行为规范铜牌示范校""闸北区心理健康教育合格校""闸北区学习型组织(提高型)""闸北区第八届教育科研先进集体""上海市中小学行为规范示范校""闸北区师资工作先进单位""闸北区学习型组织(标兵型)""区建文明社区十佳单位""上海市第十二届(2003—2004年度)文明单位"等荣誉称号。

学校课堂教学的经验得到了同行的肯定和认可,除经常性地为区内兄弟学校展示我校课堂教学的做法外,学校也多次向全市开展展示活动,在更广的范围内发挥着示范辐射作用。2003年12月,我校作为二期课改研究基地学校向全市和全区展示了10节研究课,每节课都很好地把信息技术应用到学科教学中,受到了听课教师和专家的好评。2006年5月30日,我校在"校本化实施二期课改方案交流活动"中,为全市开设了18节展示课,均得到与会专家和课改基地学校同志们的好评。

学校在帮助学生打好扎实基础,培养发挥个性特长方面,取得了显著的成绩。学生获得市级以上奖项60余项。获奖的等级、名次有了提高,学科领域更广泛,而且创新能力和实践能力方面有更突出的表现。在去年复旦大学自主招生中,我校刘文杰同学因为良好的综合素质,特别是在化学领域的兴趣和钻研,提前进入了复旦大学的新生榜名单。

第三节 教师专业发展的创新平台

国际化与信息化时代的来临和中国的社会转型,既是对教育发展提出的新的要求,是时代给予教师专业发展的机遇,也是教师所必须面对的新的挑战。当代教育发展证明,教师仅仅成为一个教育者已不能适应新时代的要求,社会对研究型教师的呼声已愈来愈高。现代教育信息技术,已经成为信息时代教师专业发展所必备的条件。以多媒体计算机和网络通信技术等现代信息技术为基础的现代教育技术则是信息时代教师开展教育教学的得力助手,它可以为教师提供丰富的课题资源、工具支持和策略方法指导。面对信息时代技术、教学思想和教学内容的变化,教师唯有自觉主动地发展,才能不辱使命,为社会培养出符合要求的新型人才。

六十中学顺应时代发展的要求,在教师信息技术培养方面,胆识超前,构思缜密,推进扎实,成效明显。

一、现代教育技术是教师专业发展的重要载体

从技术创新和技术革命的角度看,教育信息化的基本特点是数字化、网络化、智能化和多媒体化;而从教育技术运用的角度看,信息化教育具有教材多媒化、资源全球化、教学个性化、学习自主化、活动合作化、管理自动化、环境虚拟化等显著特点。与此同时,随着现代教育技术的信息化进程的加剧,以及教育的基于现代教育技术的工作平台和实施载体的有效建构,也给教师本身的职业状态和工作方式,生态性变化,无论是教学的环境设施、信息资源的形态与数量,还是教师的专业素养、教学的工具、工作的方式、教师的角色等方方面面,带来了实实在在的变化,从而对教师专业发展提出了新的要求,提供的新的支撑平台和发展空间。

(一) 现代教育技术是对教师专业发展提出的时代要求

自20世纪90年代以来,国际教育界出现了一种以教育信息化促进教育深化改革的趋势。所谓教育信息化,是指在教育领域全面深入地运用以多媒体计算机和网络通信技术为基础的现代化信息技术,促进教育改革和教育现代化,使之适应信息化社会对教育发展的新要求。

信息时代的技术、教学思想和教学内容都与以往不同,教师职业状态的变化引发信息时代教师的专业发展。信息时代对教师的"信息化教学能力"要求也日益凸显,其中包括:应用信息技术开展有效的教学;利用信息技术支持学术及教学研究;利用信息技术进行交流协作;利用信息技术进行学习。要想达成这些目标,需要教师不仅要学习新技术的基本知识和技能,而且要形成新的结合了技术的教学方法及教学理念,对自己的教学实践产生新的认识,探究对课程内容和资源的新的更深入的理解。正如英国课程学家劳顿(Lawton.D)所指出的,技术变化、教学思想变化、教学内容变化,正在成为影响教师专业发展的重要因素。

(二) 掌握现代信息技术成为当今教师专业发展的必备条件

教育信息化是一个利用信息技术促进教育变革、带动教育现代化的过程,实质上是促进教育思想、教育观念发生转变的过程。实践证明,很多蕴含着先进教育理念、充满教育智慧的教育行为都是教育科研对教师潜移默化地影响产生的结果。要促使教师不断反思自己的教学实践,深入探究对课程内容和资源的理

解,改变教育思想和教育观念,发动教师从事教育教学研究是一条有效的途径。

苏霍姆林斯基说过,"如果你想让教师的劳动能够给教师带来一些乐趣,使天天上课不至于变成一种单调乏味的义务,你就应当引导每一位教师走上从事研究这条幸福的道路上来。"当一个教师真正进入教科研的神圣领地时,就会发现这是从事教育工作的真正幸福之路。教师的科研过程,使教师获得自我成长的能力和可能性,教师不断成长的过程在本质上就是对教育实践反思和批判能力的不断提高。同教育科研促进教育劳动从"汗水型"劳动向"智慧型"劳动、从经验劳动向科学劳动的转变。入职时间不同,教师所处的成长阶段有所不同。不管处于哪一成长阶段,寻求发展的教师都有必要做科研,因为从事教育教学研究是信息时代教师专业发展的有效途径,它可以使教师适应教学改革的需要,实现自身的生命价值。

(三) 现代教育技术是促进教师专业发展的有效催化剂

作为教育信息化的"制高点",现代教育技术是把现代教育理论应用于教育教学实践的手段和方法的体系,它在教育教学中占有重要地位。应用现代教育技术是现代科学技术和社会发展对教育的要求,是教育改革和发展的需要。现代教育技术的目的是取得最好的教学效果,促进教与学,实现教学最优化。应用现代教育技术促进教学改革,为教师开展教育科研提供了丰富的课题来源。现代教育技术最重要的两个核心研究内容:教学媒体和教学系统设计则为教师开展教育科研,改革现有的教学提供了有力的工具支持与方法指导。

1. 现代教育技术的应用是信息时代教师开展教育科研的课题源泉

随着信息技术的发展,自20世纪50年代起,教育系统多了一个要素,即教学媒体,这必然引起教学结构的重组。教学媒体变了,教学结构随之变化,衍生出一系列的课题。现代教学媒体的教育应用、数字化资源建设、网络资源利用、信息技术与课程整合、新型教学过程的设计、信息化教学环境下的师生关系、信息化教学形式等,都是值得研究的课题。祝智庭教授曾从跨文化的角度和教育哲学观的角度,对信息化教学形式进行了分类,其中每一种教学形式都值得教师深入钻研实践。他还建立了一个关于利用技术支持教学改革的策略空间,为教师改革教学指出了多种可能,而这多种可能也正是需要教师进行教学实践、开展教学研究的。

2. 现代教学媒体是信息时代教师开展教育科研的有力工具

媒体是人体的延伸,现代教学媒体是教师教学的得力助手,也是信息时代教师开展教育科研的有力工具。开展教育科研,在确定好选题之后,就是查阅文献、制定研究方案、搜集资料、处理分析资料、形成结论的过程了。在开展教育科研的各个阶段,现代教学媒体都可以为教师提供有力的帮助。互联网为人类提供了最广泛的学习资源和最丰富的学习情境,为资源共享和探索信息时代的学习方式提供了物质基础。选题的确定及相关文献资料的查询,均需要大量的调查工作,通过网络可以扩大接触的范围,节省调查的时间与精力,提高查询的质量。而照相机、录音笔、摄像机等现代教学媒体则可以观察记录教育科研的过程,收集相关资料。计算机则是极好的信息处理与分析的工具。综合利用各种现代教学媒体,可以极大地提高教师查找、收集、加工、处理和传递信息的能力与水平,提升教师的信息素养,为教师开展教育科研奠定坚实的基础。

3. 教学系统设计为信息时代教师开展教育科研提供策略方法的指导

教学系统设计也称作教学设计,其根本目的是通过对学习过程和学习资源所做的系统安排,创设各种有效的教学系统,以促进学习者的学习。教学设计是运用系统方法分析教学问题和确定教学目标,建立解决教学问题的策略方案、试行解决方案、评价试行结果和对方案进行修改的过程(乌美娜,1994)。教学设计不同于一般设计之处在于教学情境的复杂性和教学对象丰富的个体差异性,所以应用教学设计理论与实践的过程本质上应该是一个创造性的解决教学问题的过程。教师开展教育教学研究,研究的动因来自于实践,出发点是为了解决教育教学中出现的实际问题。教育科研的基本步聚是确定研究课题、制定研究方案、收集资料、处理分析资料,最后形成结论。教育科研实质上也是一项系统工程,可以借鉴教学设计的思想与方法。科研课题即是需要解决的问题,可以利用系统设计的方法首先分析问题,制定策略方案,然后试行方案,评价结果,再修改反馈,最终解决问题。其中制定策略方案阶段,很重要的一点是选择恰当的研究方法。教师有必要掌握教育科学研究的一般方法和技术,如查阅文献、提出问题、问卷调查、访谈、自然实验、数据的统计和分析等。此外,教师开展教育教学研究是为了解决教学实践中遇到的问题,以实践、教师自我发展为取向的行动研究是教师做研究好用又实用的方法。

二、加强现代教育技术与教师专业发展的整合

现代信息技术与教师专业发展整合,是信息时代条件下,六十中学的成才教育改革实践主动因应现代信息技术、教育教学思想和教学内容等时代变化的现实,以及教育改革、学校发展、教师自身专业发展的需要,而主动采取的改革措施和应对策略。在六十中学信息化校园建设和教师校本培训中,得到了最为集中的表现。

在追求用足、用好现有现代教育技术设施和设备的基础上,始终最大限度地发挥现代教育技术的作用,并在这个过程中不断追求效益的最大化。比如学校充分利用完善的校园网,让教师优质课上网,同时还不断丰富、充实、完善了"教学资源库"。至2003年年底,已基本建成了全系列的学科教学资源库。建成了"网络教学平台",物理、数学、生物等学科,通过此平台开设了网络课程,加强了课程的选择性和交互性,使学生的学习更富个性化特征,从而有效促进了学生学习方式的转变。学校开发的两个网站,被评为上海市教育特色网站。

(一) 促进教育反思,激发科研意识

教学具有超越并综合了科学与艺术的有效功能的特性,因而在实践上,对教学过程的行为进行优化也必然是无止境的。如果教师对自己的行动认真地进行自我反思,总会发现一些遗憾。强烈的问题意识与敏锐的洞察力是研究型教师不可或缺的素质。教师开展教育科研的根本目的是通过学习教育科学理论,使用教育技术,从事教育实践,进行教学反思,改变教育行为,促进学生的学习。

与此同时,自我反思本身也就是研究,它是教师个体自我完善、自我提高的必要环节。教育反思可以培养教师的问题意识,使之养成批判性的思维习惯,促进学校和教师不断提高教学实践的合理性,是一种促进教师成长的科研范式。教育反思可以用纸笔,也可以用现有的网络工具。博客的出现使得人们重新审视关于教育信息化的许多认识,而其最大的教育意义在于将互联网从过去的通讯功能、资料功能、交流功能等等进一步强化,使之更加个性化、开放化、实时化、全球化,把信息共享发展到资源共享、思想共享、生命历程共享。为此,六十中学创建了基于博客的教育反思的网络平台,给教师对教学和研究的反思,提供了有效平台。

学校在加强教师应有信息技术能力培训的基础上,通过展示课、课件评比等

途径,推广和促进了信息技术在教育教学中的应用。学校形成了一支积极使用现代教育技术的骨干队伍,比如,由历史、地理、生物、劳技、艺术(音乐和美术)各科教师组成的综合教研组潜心研究在教学中运用现代教育技术的方法,并积极开展实践。生物、地理教师广泛使用多媒体课件开展辅助教学,艺术欣赏课教师每节课都制作了多媒体课件,取得了很好的教学效果。2003年12月,我校作为二期课改研究基地学校向全市和全区展示了10节研究课,每节课都很好地把信息技术应用到学科教学中,受到了听课教师和专家的好评。

此外,随着学校信息技术"五个一工程"的实施,以及学校通过在校园网中的"校本课程网上选课平台""学校课程介绍"及"学分制管理平台"的建立和完善,信息技术在三类课程的组织管理和评价中都得到了适当的应用。

(二)提高信息能力,促进专业养成

在信息化的时代,变化成为根本特点。教师只有不断思考、不断学习、不断探索,让信息化为学生的学习服务,才能适应时代的变化,并获得自身的专业成长。教育科研是信息时代教师提升自身专业发展水平的有效途径,而以促进学与教为最终目的的现代教育技术则是信息时代教师专业发展的有力工具。它可以为教师提供科研课题、工具支持和方法指导。教师要打破教育科研的神秘感,主动学习掌握新技术,加强与他人的交流,从日常教学的各个环节入手,借助现代教育技术的支持与帮助,大胆地在教学中进行教学改革试验,努力探索解决问题的有效办法,提高自身的信息化教学能力,主动向科研型教师转化,提高自身的科研素质,积极应对信息时代的挑战。

利用现代技术改变教学方法是历史潮流,是教师专业发展的必然趋势。所以教师需要与时俱进,对新技术、新工具、新方法持开放接纳、尝试融合的态度,自觉主动地掌握现代教育技术,使教学更加轻松高效。因而,将信息技术与教学理念整合应用的信息化教学能力,成为一线教师所认同的体现信息时代新型教师专业素养的主要构成和核心内容之一。有位教师在自己的博客上,做了如下表述:"我们应迅速在短时间内掌握一些学得会的、用得上的、能减轻负担的、提升教师劳动创造性的、促进教师专业发展的技术技能,主要是:Google——信息检索技术;Igooi/epip/mypip——知识管理技术;PowerPoint——表达展示技术;WebQuest——探究教学技术;rubric——教学评价技术;Concept Map——思维汇

聚技术；weblog 实践反思技术；Moodle——网络教学技术。"这里面提到的 8 种信息技术值得所有教师学习掌握。

在信息化社会环境中，针对六十中学教师专业化发展的现状，结合国际教师专业化发展趋势，在通过现代信息技术促进教师专业化发展的创新实践方面，取得了较好的效果，总结了有益的经验。尤其是随着信息时代信息资源的崭新社会分布，造成信息的多源性、易得性、可选性。这也使构成教育活动知识背景的信息不对称，变为信息对称。从而改变教师与学生、教与学关系的结构型转变。其中，由此造成的教育者权威性的相对削弱，逼迫教育模式走向民主，迫使教育者更多地使用信息技术进行自我强化。在这种情况下，不仅教师的教学行为和学生的学习必须发生转变，甚至对教师的专业要求及专业化发展的目标指向与现实语境，也随之发生了改变。

第三章
成才教育的课程架构

伴随着上海高中课程改革的步伐，六十中学的成才教育课程重构，发端于1985年开始的上海初高中分离办学改革的首个试点，草创于1991年开始的上海"一期课改"，成型于1999年开始至今的上海"二期课改"。

成才教育认为，课程是学校教育的基本形态与主要实现方式，也是组织并实施学校教育的基础框架与结构平台。而课程建设及改革创新，是实现成才教育改革实践深入推进的重要载体、抓手和有效途径。在成才教育的课程构建中，需要突出学校课程的重要作用，充分开发、运用拓展型课程和研究型课程，使之满足成才教育倡导的不同学生"人人成才"追求的个性化学习需求。

成才教育必须面对目前普通高中教育国家课程占据主导地位的现实，与开发不同学生潜能的教育理想之间的巨大落差，破解之道还得从国家课程本身出发，积极探索国家课程校本化的有效途径。六十中学在上海"二期课改"国家课程的实施过程中，针对基础型、拓展型和研究型课程，分别采取不同的校本化实施策略。对于基础型课程，严格依据课程标准的要求，统整教学内容，改革教学策略和方法，以提高基础型课程的针对性。同时，根据学生成长和发展的需要，大力开发拓展型课程，丰富拓展型课程的内容，满足学生的个性化需求。进而，在研究型课程的实施过程中，探索适合普通高中学生的研究性学习的途径和方法，重在体验研究的过程，增强学生的问题意识，培养学生解决问题的能力，从而将研究型课程在普通高中落到实处。

成才教育课程体系的架构，是成才教育实施所不可或缺的基础平台和基本载体，是成才教育改革的探索和实践的一项极其重要的基础工程。一个能充分体现成才教育改革理念与目标诉求的课程体系，是达成成才教育改革目标的必须途径，其本身也构成为成才教育的实现方式之一。我们在这一章，将结合学校成才教育改革的实际，以"二期课改"为参照，通过对学校课程的深入分析和理性思考,探索国家课程校本化的实现方式和可能途径,进而实现并进一步完善成才教育课程体系的架构,为成才教育的基础教育改革实践提供必要的支撑。

第一节 学校课程的理性思考

对一所学校来说,课程一般可以从三个意义上进行理解。其一是学校为实现预定的教育目标而组织的全部教育活动的总和。其二是对某一教学科目,如生物课或数学课。其三是课堂教学活动。这里的课程设置指的并不仅仅是某一学科,而是第一种意义上的课程。

教育目标是课程制定的依据,课程是实现教育目标的基本途径,课程目标不能脱离教育目标。为了更好地理解学校课程的价值,需要我们了解课程与教育目标的关系,当代普通高中课程改革的趋势,以及确定课程目标的依据和模式等几方面来考察和思考。

一、学校课程设置的重新审视

所谓学校课程,即校本课程,它是学校在确保国家课程和地方课程有效实施的前提下,针对学生的兴趣与需要,结合学校的传统和优势以及办学理念,充分利用学校和社区的课程资源,自主开发或选用的课程,是基础教育课程体系中不可或缺的一部分。在具体实施国家课程和地方课程的前提下,通过对本校学生的需求进行科学评估,充分利用当地社区和学校的课程资源而开发的多样性的、可供学生选择的课程。其目的在于尽可能满足各社区、学校、学生之间客观存在的差异性,因而具有一定的适应性和参与性,通常以选修课或特色课的形式出现。学校课程的开发,可包括新编、改变、选择和单项活动设计等多样性丰富的内容和形式。

(一)课程与教育目标的关系

在现代学校教育中,教育教学的目的和目标,总是通过具体的课程来达成和实现的。因而,任何课程体系的架构和课程的实施,总是与一定的教育教学目标,有着内在的关联性。

目标与目的是两个基本相同的概念,两者只是抽象程度不同,目的的抽象程度要高于目标。所谓目标,就是人们活动前在头脑中预见的活动结果。人们的行为、活动总是以一定的目标为指导或具有目的性的,学校教育也不例外。然而,并不是所有的活动都能按人们预期的程序进行,也未必能得到预期的结果,并可能会出现人们未预期的结果。根据教育管理理论,为使教育活动有效地和高效地进行,达成教育目标,还应采取教育评价等教育控制手段,以保证教育活动不偏离教育目标。然而,我们必须认识到,制定适切的教育目标是十分重要的,同时,也要关注非预期效应。换言之,如果教育目标是可以计划的,我们还应该注意教育活动中那些可能的非计划性的内容。这一观念有助于我们全面理解课程。

就教育目标而言,需要指出,教育目标具有层次性。国家有国家的教育目标,学校有学校的教育目标,甚至教师也有自己的教育目标。按照从上到下的次序,从宏观到中观到微观,教育目标可粗略地分为三个层次:教育目标、培养目标、教学目标。当然,在每一层次中,又可细分为更多的目标层次(或称亚目标)。在我国,国家对普通高中有全国性的教育目标,每所学校又有自己的培养目标,根据培养目标,教师又要面对学科的教学目标及单元教学目标,它们可被视为一个目标序列。在这一目标序列上,越往上,目标抽象程度越高,越往下,目标具体性程度越高;上级目标要包含、覆盖下级目标,下级目标要符合上级目标。这一点是我们必须清楚的。

美国学者 J·古德莱德(1966)根据制定目标的场所的不同,把课程计划分为三个层次:社会的、机构的和教学的。社会层次上的参与者包括:教育委员会(地方的或州的)、州教育厅、联邦机构、出版商和全国第一流的课程改革委员会。在机构层次上,行政管理人员和教师团体是主要的当事者。家长和学生在机构层次上的课程抉择中,也正在起着日益重要的作用。教学层次是指主要由指导具体学生的教师或教师小组做出的抉择。此外,还可把个人的或凭经验作出的抉择作为课程编制的第四个层次(古德莱德,1979)。根据古德莱德及其同事的研究,存在着在不同层次上起作用的五种不同的课程。它们是:(1)理想的课程(ideological curriculum),这是指一些研究机构、学术团体和课程专家提出应该开设的课程。(2)正式的课程(formal curriculum),指由教育行政部门规定的课程标准和教材,也就是列入学校课程表中的课程。(3)领悟的课程(perceived curriculum),即指任课教师所领会的课程。(4)运作的课程(operational curriculum),指在课堂上实际实施的课程。(5)经验的课程(experienced curriculum)指学生实际体验到的东西。[1] 显然,这五种课程囊括了课程从理论研究到课堂实践的整个环节。而每两个环节之间都是存在落差的,减少落差的关键在于转化过程,特别是在学校课程实施这一层次上。就一所具体的学校来说,应着重研究(2)~(5)层次的课程。然而本研究主要是放在第二层次上。

各级层次的相对重要性随国家的不同、地区的不同和学校的不同而各有不同。中央集权的教育制度(如日本和法国),教育部对确定课程目的有较大的权威。而中央集权较少的国家(如英国),则建立地区性组织研究课程的各个方面。

20世纪80年代以来,从世界范围看,课程管理上存在一个"趋中"的趋势。过去在美国,课程设计最一般的场所在学区,但20世纪80年代中期以后,州以及联邦对教育的控制在加强。在我国,建国后较长时期内教育体制方面统得过死,地方政府以下在课程方面几乎没有什么决策权(所谓乡土课程在很多地方实际上都是形同虚设),但这一状况目前已有相当的改变。原国家教委1996年颁布的《全日制普通高级中学课程计划(试验)》规定,课程管理采取中央、地方、学校三级管理体制。上海市在中小学课程改革方面的自主权较大,根据上海市人民政府的决定,受国家教委的委托,早在1988年5月便成立了中小学课程教材改革委员会,负责中小学课程教材的全面改革。可以说,在今后,地方政府以下,尤其是学校一级,在课程改革方面的空间和余地将越来越大。正如前面所言,这为我们进行成才教育课程研究提供了可能性。

(二) 普通高中课程改革的趋势

从教育目标与学校课程的必然关联看,不同目标指向的教育改革,必然会或迟或早引发课程本身的变化乃至变革。反之,课程改革,也会触发甚至推动教育目标的转变,以至于引发教育的整体变革。因此,课程改革本身,就具有了整体教改的性质和意义。

普通高中的课程改革主要体现时代性、探索性、综合性、实用性、个别性和人文性等六个方面。

第一,时代性。特定的课程问题总是在特定历史时期、特定社会条件下出现的。澳大利亚课程专家史密斯(D.L.Smith)与洛瓦特(T.J.Lovat)在考察西方国家

---

[1] 施良方,《课程理论》,教育科学出版社,1996年,第8—9页。

百年来一些有影响的课程改革和课程定义后发现,当经济比较繁荣时,政府和公众往往很少关注学校课程,这时课程专家有可能把重点放在学生个人的经验上,并编制各种可供选择的课程计划;而当经济不景气时,许多人都会指责学校课程,把年轻人找不到工作归咎于学校课程内容不合社会需求,这时国家往往会注重课程目标的具体性。一直以课程自由著称的英国,在20世纪80年代经济不景气时开始确立"国家课程",这不是一种偶然现象。同样,我国20世纪70年代以来,刚刚蒙受"文化大革命"的灾祸之后,亟需恢复正常秩序,这时便比较注重课程目标具体性,但随着我国改革开放政策的深入,政局稳定、生产发展,原来的课程就不再适应社会需要了。[1] 同样,不难理解,早在1985年法国便提出要重视计算机的教育,而美国在1999年宣布了要让全美12岁以上的儿童同运用Internet的目标。

第二,探索性。当代课程注重探索精神的培养,这其实是与第一点相联系的。正是由于计算机技术的发展和普及,特别是Internet的发明和使用,要求学生重要的是掌握收集信息、处理信息的能力,而不是对知识的死记硬背,因此,在课堂教学上的改革体现出这样的特点,即教学信息量少,留给学生更大的空间和更多的探索时间。

第三,综合性。比如在美国高中开设的"当代世界研究",我国的高考改革也在进行综合文科和综合理科的试点。

第四,实用性。体现在课程内容上就是增强和生活的联系。

第五,个别性。这主要表现在通过大量选修课的开设满足学生的不同需要,以往以学科类必修课为主要内容的局面已成为历史,在我国的某些学校甚至采用了美国的"一人一表"制。

第六,人文性。这主要是指学校教育强调价值观念的传递、情感的培养。

(三) 确定课程目标的依据

如前所述,课程目标的确定,实际是基于整个教育的目的诉求和目标指向情境限定,并以之为条件的合目的、合规律的适应性选择。这种选择的最终确定,甚至可能要经历一个复杂的程序和转换生成的过程。正如古德莱德研究发现

---

[1] 施良方,《课程理论》,教育科学出版社,1996年,第7—8页。

的，从国家制定的教育目的，教育行政部门确定的培养目标，到课程工作者所要明确的课程目标，以及教学工作者要考虑的教学目标，经历了一系列的转化。而且这种转化不是一种简单的推演，而是要在对学生、社会、学科进行深入研究的基础上所作出的明智的抉择。

一般说来，就具体的一所学校而言，确定课程目标的依据主要是这几个方面：(1)国家的教育目标；(2)地区(地方)的教育目标；(3)学校的实际条件。一项课程方案往往是在对这三者进行综合考虑后作出的。课程目标应根据教育目的和培养目标，在学科内容的基础上加以具体化。教师确定的课堂教学目标，则是课程目标的进一步具体化。因而，人们在对各级目标的理解上，客观存在着一个"落差"的问题。

关于课程目标的依据问题，在整个20世纪有过许多的争论。但就一般而言，大家比较认同的主要有三方面：对学生的研究，对社会的研究，对学科的研究。

1. 对学生的研究

课程的一个基本职能是通过把人类认识和改造世界的知识和经验有效地传递给学生，以促进他们的身心发展。因而，作为学校的教育工作者，必须时刻关注有关学生的研究，尤其是有关学生的兴趣和需要、认知发展和情感形成、社会化过程与个性养成方面的研究，以及关于学习条件的研究。

学习理论的研究表明，学生学习的效果，要取决于学生是否存在最佳动机状态。驱动力太强(焦虑)或动机太弱，都会导致认知活动的具体性的增加，即只注意具体事物而不顾它们与其他事物的联系，只有适中的动机强度才会有助于学习。根据这一理论，我们在高一新生入学后要进行心理焦虑度的测试，测试结果一方面可以有助于班主任及任课教师了解学生的情况，另一方面又为我们设置课程提供了参考。

此外，作为课程对象的某些特定的学生，可能有特殊的需要，因此需要个别化的课程来满足他们教育上的需要。所以要把学生目前的状况与理想的常模加以比较，确认其中存在的差距，从而揭示出课程目标。

2. 对社会的研究

学生个体的发展总是与社会发展交织在一起的。但社会所涉及的范围极为广泛，因此需要将社会生活划分为若干有意义的方面，再分别对各个方面进行研究。我国在这方面做的工作较少，往往是笼统地说学校课程要适应社会需求，究竟是那些需求呢？往往不得而知。或者说我们的学校课程往往只重于适应高考的需求。

在这一点上，还需要区分一个问题，即要把"学校课程能够给予适当满足的社会需求"与"只有社会上其他各种机构的合力才能完成的社会需求"两者区分开来。如，学生健康的问题，学校可以通过开设相关课程使学生获得必要的知识、习惯和态度，但健康这一目标仅通过学校课程不可能达到，还需要家长和社会各界的配合。再如，减轻学生过重的学业负担的问题，也不仅仅是学校课程的问题。

此外，对社会进行研究，并不是完全依赖于对现存社会的研究。社会的价值取向本身是在不断变化的，有继承与发展的问题，而不能像流行文化一样，过去就过去了。

3. 对学科的研究

学科是知识最主要的支柱。学科专家的建议是课程目标最主要的依据之一。事实上，大多数课程的教科书通常是由学科专家编写的。但由学科专家提出的教育目标往往容易过于专业化，而忽视了学科一般教育的功能。这样的课程改革往往是失败的，美国50、60年代的课程改革就是一例。

总之，由于学生、社会和学科这三个要素是交互作用的，对任何单一因素的研究结果都不足以成为课程目标的唯一来源。如果过于强调某一因素，就会走到极端。课程史上出现过的学生中心课程、社会中心课程、学科中心课程就是这类典型例子，它们基本上是以失败而告终的。

（四）确定课程目标的模式

明确课程目标是一个极为艰难的任务，很难有精确的可以量化的证据来证明应将课程重点放在哪里。制定课程目标的过程十分复杂，它包括要对学生、社会、学科等方面大量研究的结果进行考察、分析和判断。研究的方式不同，也就形成了不同的模式。确定课程目标的模式有很多种。如，未来主义模式，职业训练模式，需要评估模式等等。下面简单地分析这几种模式的特点。

未来主义模式是一种预期未来需要的评估形式，人们根据某种理想的未来来决定学生应该成为什么样的。但是，任何人在试图预测或构想未来时，都会遇到一大堆问题。影响学校课程的因素是复杂的，对未来进行预测也不是十分容易和准确的。

职业训练模式，顾名思义，考虑的重点在训练而不是教育。训练所蕴涵的目的比教育要狭窄。批评家们指出，这一模式比纯粹按课程编制者的个人经验要高出一筹，但从训练模式中推导出的目标，通常是培养学习者去胜任已有的工作，而不是去胜任该有的工作，因而其目标不仅狭窄而且有潜在的过时性。

需要评估是确定适当的课程目的和目标的最常用的方式之一。需要在课程情境中是指，可接受的学习者的行为或态度状况与所观察到的学习者状况之间存在着矛盾之处。需要评估分为四个阶段：(1) 系统阐述试验性的目的；(2) 确定优先的目的领域；(3) 确定学生达到每一种偏爱的目的的可能性；(4) 化优先的目的为计划。

这几种模式之中，需要评估模式是最常用的一种。这一模式具有较强的心理学基础。因为心理学的研究表明，产生行为的动机往往是由需要引发的。但在操作中，这一模式也会有一定的困难，如为使目标具体化，能给人以明确、具体的信息，常常会产生大量的目标。而目标太多，人们就难以按其价值来加以排列。

二、成才教育学校课程再认识

学校课程是学校教育的核心，是教育目标的载体，特定的教育目标总是通过特定的课程得以实现的。随着我国普通高中教育教学改革的推进，以往以升学为目标的单一的课程体系已被打破，逐步形成了多样性的、由学科类课程（包括公共必修课和多种选修课）和活动类课程组成的、能适应社会、经济和科技发展的课程体系。

成才教育顺应了改革的潮流，较早地提出了"基础+特长"的学生成才模式，先后在上海市的"一期"和"二期"课改中，进行了适合学生成才的学校课程建构。借助上海市"一期课改"的良机，在加强必修课的同时，学校大力开发选修课和活动课，实现了必修课、选修课和活动课"三个板块"的优化组合，为进一步深化素质教育打下了坚实的基础。在成才教育的实践过程中，学校响应上海市教委的号召，于1999年秋开始了第二轮课程教材改革的实验，以培养学生三种学力(基础性学力、拓展性学力和研究性学力)为宗旨,探索与成才教育教育目标相适应的课程建设,着力于基础型课程、拓展型课程和研究型课程的建设。

(一) 成才教育学校课程设置的背景

在我国,高中的课程设置和课程内容,几十年来几乎没有大的改变,教师为升学而教,学生为升学而学。各门课程都与大学对口,要求学生在所有学科的学习都达到可以进入大学的任何专业的程度。在这种课程体系下,学校只是课程计划的执行者,论及学校课程,人们想到的只是一堂堂的语文课、数学课,学校关注的是怎样把一堂堂的课上好就可以了;统一的课程使各所学校看起来是"千人一面",没有自己的特色。学校没有可能也没有必要拥有课程上的自主性。

但这种课程存在不少问题,如:重文化科学知识的学习,轻政治思想教育;重科学,轻技术;重理论,轻实验;重升学,轻生活;重分科,轻综合;重经济发展的需要,轻人的自身发展的需要;重过去,轻现实与未来。因此,高中课程改革近年来已成为基础教育改革中一个重要的课题。

成才教育课程设置的课题是教育改革的产物,也顺应了我国持续的基础教育整体改革的要求。1994年颁布的《中国教育改革和发展纲要》指出:"中等和中等以下教育,由地方政府在中央大政方针的指导下,实行统筹和管理。国家颁发基本学制、课程设置和课程标准、……省、自治区、直辖市政府有权确立本地区的学制、年度招生规模,确定教学计划。"两年后,原国家教委颁发《全日制普通高级中学新课程计划》(试验),进一步明确了普通高中的三级课程管理体制,即课程管理权限分为中央、地方、学校三级。课程也相应地作了国家课程、地方课程和学校课程等纵向的三级分层。

"面向21世纪中小学课程结构方案的设想",进一步依据课程的不同功能和目标指向,将课程从横向上分为基础型课程、拓展型课程和探究或研究型课程等三大类课程板块。基础型课程着重培养学生的基础学力,同时为学生的发展性学力和创造性学力的培养奠定基础,是学生必须共同修习的课程。拓展型课程是在基础型课程的基础上,着重培养为学生终身学习打基础的发展性学力,兼顾学生创造性学力的培养。探究型课程或研究型课程是在基础型课程及拓展型课程的基础上着重培养学生在实践和研究基础上的创造性学力,包括创新精神、创造能力、个性特长等。

三级课程管理体制的建立,以及以培养三种学力为目标的"三板块"课程体系及其指导思想的确立,既为学校的发展提供了机会,又向学校提出了挑战。诸如六十中学这样的普通高中,不仅要完成国家和上海市规定的课程,更要积极研究开发具有自己学校特点的课程。在这种情况下,对成才教育课程设置的探索与实践具有了现实可能性和必要性。

(二) 成才教育学校课程目标的设计

在对学校课程目标进行需要评估时,要遵循"四客观"原则,即:要遵循社会(社区)的客观实际需要;要重视学校办学的客观基础;要考虑学校的客观条件(指设备、经费等);要尊重学生发展的客观规律。唯其如此,学校的课程才具有可学性,而离开可学性这一前提,任何课程计划只是虚幻的美景。

六十中学是一所普通高中,从我国普通高中的性质和任务来看,"普通高中是与九年义务教育相衔接的高一层次的基础教育。"基础的理解有三种:其一为普通高中要为学生升入高等学校打好基础,其一是为就业打好基础,其一是为学生做人、终身学习、走向生活和今后的发展打好基础。

普通高中的任务是进一步全面提高学生的素质,并通过"两个侧重"完成"两个任务",为培养社会主义现代化建设所需要的各类人才奠定基础。两种任务,无论是侧重升学还是侧重就业,都要以服务于提高学生的素质为根本目的。

1985年六十中学在上海市最早实行初高脱钩,成为一所没有初中部的区重点高级中学,而同时期的其他重点高级中学,仍保留初中部。因此学校成为闸北区重点中学中生源最差的学校。同时,由于初高中脱钩,多出来的教育资源就用于高中扩班,这又直接导致生源质量继续下降。虽然学校领导和广大师生下大决心、花大功夫,几年如一日拼命苦干,但收效甚微,相当程度上挫伤了广大师生的积极性。在这种情况下,学校领导和广大教师经过痛苦的反思,认识到应试教育的危害性,认识到必须摆脱片面追求升学率的束缚,把教育转移到以提高学生素质教育为重点的轨道上来。

自1991年4月起,六十中学被选定为上海市高中课程教材改革的试点单位。在这一契机下,学校正式提出"不求人人升学,但求人人成才"的办学指导思想。经过五六年的实践,学校在总结首轮课程教材改革实验的基础上,初步构建了成才教育的理论框架,并把"学会认知""学会做事""学会共同生活""学会生存"作为成才教育"人人成才"的主要目标。

1999年秋,学校作为上海市课程改革实验学校,开始了"二期"课改的探索,在起始年级高一年级试开了一系列研究型课程,大大增强了学生的自主探索的意识。以此为基础,学校在高一和高二年级,全面开设研究型课程。

由此可见,根据学校课程目标需要评估的"四客观"原则,六十中学是一所升学与就业兼顾的高级中学。这一性质决定了我们不能把六十中学办成升学预备型高中,事实上也没必要把六十中学办成这类高中。这主要是因为,一方面,六十中学的生源现状严重制约了六十中学成为升学预备型高中的可能性。另一方面,更重要的是,六十中学经过十多年的教育改革,已找到了一条符合实际的培养人材的发展道路,也就是"成才教育"之路。成才教育学校课程的目标,就是"人人成才"的学生培养目标。

第二节 探索国家课程校本化

课程改革是当代教育改革的核心内容。根据上海市二期课程教材改革的精神和"一切为了学生成才"的办学宗旨,六十中学在教育教学过程中,开展国家课程校本化实施探索,对现有的国家课程进行整合、发展和完善,使之更富有灵活性和可选择性,以适应不同天资学生的不同需要,使学生在普遍达到基本要求的前提下实现有个性的发展,帮助他们打好将来在不同方向成才的厚实基础。

一、国家课程校本化的启示

国家课程校本化亦即国家课程校本化实施,是指学校"因地(学校)制宜""因人(师生)制宜"创造性地执行国家课程,反映了课程实施的调适取向和创生取向。就是在坚持国家课程改革基本精神与课程标准的前提下,学校根据自身性质、特点和条件,将国家层面上规划和设计转变为适合本校学生学习需求的创造性实践,包括教材的校本化处理、学校本位的课程整合、教学方法的综合运用和个性化加工及差异性的学生评价等多样化的行动策略。

(一)深化教育改革的必要选择

国家课程是国家教育行政部门规定的统一课程,它体现国家意志,是专门为未来公民接受基础教育之后所要达到的共同素质而开发的课程。国家课程具有统一规定性和强制性,但存在综合性、选择性、地域性不足,较难满足学生的差异化发展要求,正是由于这种特点,国家课程在实施方面必须走校本化之路。

1. 国家课程无法满足社会需求多样化要求

目前的课程体系仍旧是学科课程为主,综合课程不足;仍旧是知识课程为主,动手课程不足;选择性有增强但与学生适应还有差距。课程的设置要面向现代化、面向世界、面向未来。目前这种单一的以国家课程为主的课程模式,已经远远不能适应飞速发展的现代化建设的需要。目前,仅叫得出名字的职业就不止两千种,随着社会的进步,一直会有新的职业产生,有些职业还没有被定义,也许就在每一分钟,每一秒钟都会有一种职业在消失或者在生成。社会需求的多样化与课程设置的单一性之间存在着严重的矛盾。

2. 国家课程无法满足学生差异化发展要求

国家课程注重的是普适性,很难考虑到学校、学生的个别差异,满足多样化的需要。国家课程要面向全国,故容易导致与地方教育需求脱节;主要面向所有学校,容易与学校办学条件脱节;主要面向全体学校教师,容易与学校教师脱节,容易与学科发展脱节。国家课程必须面向全国和面向全体学生,必须确保所有学生学习的权利,从而获得一个积极的有责任感的公民实现自我价值和自身发展所必需的技能和态度,因而国家课程的标准就不宜太高,通常是中等偏下,这样就可以保证绝大多数学生都能达到国家课程的标准,从而避免因标准过高而将那些处境不利的学生排除在外,这也是国家课程最显著的特征。但是,受到家庭环境、文化背景、民族习惯、政治信仰等多方面的影响,学生及其家庭在教育资源的选择,学生的培养目标,对未来发展的期待等方面存在着不同的需求,因而必须有足够多的课程满足这种多样化的需求。我国的新课程改革必然要求国家课程校本化。

3. 国家课程无法兼顾各地教育发展的不平衡

不可否认,目前我国各地区间的教育发展水平不平衡,不同学校之间仍然有很大差异。有些地区教师的整体水平较高,而有些地区仍有些教师没有达到教师任职的基本标准。随之而来的,则是不同教师所持有的课程观念和改革理想与改革发起者的意愿大相径庭。同时,课程改革的理想与学校教育的现实之间的距离和矛盾无时无刻不制约教育改革的顺利进行。外在的理论、理念和理想只有成为教师个人实践知识的一部分,才可能成为指导教师行动的力量。

因此,统一的课程改革方案客观上需要不同地区、不同学校的创造性的改造以适应本地区、本学校的课程实际,校本化课程实施成为必然。

(二) 国家课程校本化的目标定位

国家课程校本化不是简单的校本课程。目前,大多数教师习惯于使用"校本课程"这个概念,它主要是指学校在国家课程计划预留的课程空间内的完全自主的课程开发,这主要是以学生的需求和学生的兴趣为导向,开发出的特色课程,如时事论坛、活动课程、专题讲座等。

但是校本课程的开发同样也包括学校对"国家课程"因地制宜、因校制宜、因人(学生)制宜的创造性的改编和再开发,这是一个动态的过程。为了区别于上述概念,用"国家课程校本化实施"更为准确,它的基本含义是:在坚持国家课程改革纲要基本精神的前提下,学校根据自身性质、特点和条件,将国家层面上规划和设计的面向全国所有学生的书面的计划的学习经验转变为适合本校学生学习需求的实践的学习经验的创造性实践,包括教材的校本化处理、学校本位的课程整合、教学方法的综合运用和个性化加工及差异性的学习评价等多样化的行动策略。

国家课程校本化的基本要求是学校和教师通过选择、改编、整合、补充、拓展等方式,对国家课程和地方课程进行再加工、再创造,使之更符合学生、学校的特点和需要。意即国家课程在学校文化基础上的融合与建构。这样,每个课堂都是一个课程实验室,每个教师都是一个课程实验者,他们通过自己的课堂教学实践时时刻刻检验、发展并具体化国家的课程理想,并形成合乎本校特点的课程理想与实践。

国家课程校本化的功能在于为国家课程的实施提供具体的符合学校特色与学生特点的"课堂教学特色说明书"。新课程的实施虽然也有由专家提供的"产品说明书",即教学参考书可以遵循,但是真正起作用的只能是学校及教师在落实国家课程的过程中通过研究学校本身的条件和特点,研究所教学生的发展需求的基础上内在生成的具有本校特色的"说明书",即国家课程的校本化、班本化、人本化(内化到教师个人知识与能力结构的课程)。这样,教师就不仅仅只是国家课程的被动实施者,而是课程改革的积极参与者。

(三) 学校开展国家课程校本化实施的策略[1]

尽管国家课程的颁布，为学校教育提供了可供使用的优质课程资源。同时，地方政府给学校所提供的包括地方课程方面的支持和帮助，进一步增加了学校可使用课程资源的丰度。但这不等于学校必然能满足学生的学习需求，包括多样的学习需求。还要经历一个"因校制宜"地、创造性地实施国家课程包括地方课程的转换。需要学校教师个体和集体，通过国家课程（包括地方课程）的"校本化"，在国家课程的共同要求，同一个个有差异的、有血有肉的个体学生的学习需求之间，搭建一座座合乎社会需求的课程与教学的桥梁。而正是这一座座桥梁，铺就了每个学生走向其未来发展之路。

因此，校本化课程实施至少要求教师个体和集体拥有了解、感知和评估学生学习需求的能力及批判性反思和行动的能力，要求学校有学习、研究和合作的组织文化和氛围。

1. 教师需要有了解学生共同的和个别的学习需求的能力

国家课程同样考虑到了学生的学习需求，但是，国家课程所考虑到的只能是不同发展阶段学生的共同的、规律性的学习需求。教师在实施国家课程的时候，面对的是处于具体发展阶段的、具体学校的具体学生，这些学生之间虽然有着某一发展阶段所具有的共同的身体的和心理的特征，但是他们来自不同的家庭，有着不同的性格特征和行为秉性，有着不同的发展潜能，因而，那些共同的身体和心理特征在每个特定教育场景中的每个个体身上的表现及其所包含的教育意义也是不一样的。这需要教师对每个学生的不同学习特点、学习需求和学习潜能有敏锐的感知，同时需要有一种切实有效的评估学习需求的工具和方法。

2. 教师需要有批判的反思和行动的能力

了解学生的学习需求也从另一侧面反映了教师的教学情况，而对学生学习需求的持续追踪的目的正是为了不断地改善教师的教学。因此，教师需要有勇气和自信面对学生对自己的教学所提出的问题和意见，需要能够对照学生的需求批评地反思自己的教学，调整课程与教学的设计。校本化课程实施首先需要教师根据学生的学习需求校本化处理学校统一选择的教材，这种校本化处理主

---

[1] 徐玉珍.论国家课程的校本化实施.教育研究，2008

要包括教师对教材的补充、整合与再编写等;校本化课程实施同样鼓励教师根据实际需要在地方政府的支持下编制适用的乡土教材,需要教师综合运用多种教学方法并鼓励教师的个性化创意和设计;需要教师设计开放性的课堂和多元的发展性的学生评价策略。

3. 学校需要创设引领、合作、共进的教研环境

校本化课程实施没有固定的技术模式和操作步骤,没有现成的最好的模板,它需要教师、校外专家、教育的行政主管部门乃至学校的学生及其家长之间的相互沟通、多方协商、彼此学习和共同研究与创造;校本化课程实施不是对个别教师或者少数教师的要求,尽管个别或少数教师会"先行一步",而是需要教师集体的力量和智慧;也不是对教师单方面的要求,还需要学生及其家长的积极主动参与,需要社区的支持和校外专家的专业引领。当这些不同方面的人士能够对课程实施各抒己见时,一种学习、研讨与合作行动的文化氛围便形成。

二、成才教育课程校本化实施的实践之路

在成才教育的改革实践过程中,六十中学作为课改实验学校,先后经历了上海市的"一期"和"二期"课改。在"一期"课改取得重大成果的基础上,学校把参加上海"二期"课改作为成才教育深入实践的契机,积极推进课程、教学和评价改革,建立并完善有学校特色的有利于发展学生个性、特长,有利于学生终身发展的课程体系和评价机制,分别在基础型课程、研究型课程和拓展型课程的校本化实施过程中,走出了一条具有成才教育特点的国家课程校本化实施的实践之路。

(一) 改进课堂教学策略,关注学生学习方式的完善

在开展成才教育的实践过程中,六十中学全身心投入了上海"二期"课改。针对基础型课程,学校从以下几方面着手改进课堂教学策略、流程和结构,促进学生学习方式的完善。

1. 教学目标体现多重需要

学校举行全员培训,要求教师通过对过去工作的反思,在教学目标的设计上,充分体现知识与能力、过程与方法、情感态度与价值观方面的要求。使教学目标的确定更体现多重需要,也更具可操作性。

2. 教学过程更注重参与性、探究性和合作性

为了使课堂教学更适应学生的个性发展,学校着力进行教学改革的新探索,

推动学生学习方法的改变,为学生学得主动、生动和宽松创造条件。

语文学科在阅读教学中按"阅读准备""阅读实践""阅读交流"的流程组织教学,提高了阅读教学的效率。

数学学科开展"数学开放教学方法"的研究,并将研究成果落实在课堂教学中,通过"一题多解""一题多变""一法多用"等变式教学培养学生的发展性学力和创造性学力。

化学学科进行化学教学模式最优化研究,提出了用"引导—探究""引导—实践"等模式进行化学教学,使学生的学习主动性得到更好的发挥。

物理学科由原来的"接受—理解—巩固—解题"转变为"参与—体验—内化—外延"的教学模式。注重情景设置,增加探索性实验和设计性实验,积极引入 TI 数理教学技术和 DIS 物理实验平台,尽可能使学生亲身感受所学的内容。

外语学科在使用牛津教材时,进行"视、听、说情景教学"的试验,多渠道提高学生听说能力,取得了很好的效果。

生物学科提倡以实验组织教学,让学生在实验过程中体会、理解、掌握概念和理论,把知识、技能和能力融为一体。

学校以教研组为单位,组织教师学习现代教学理论,开展"好课标准"的讨论和实践。我们要求教师从五个操作点入手,进行以学生为中心的教学设计,促进课堂教学的改革。这五个操作点是:①从知识与技能、过程与方法、情感、态度与价值观三个方面确定教学目标;②注重教学情景的设置,激发学生的学习兴趣,引起学生的联想,以实现新知识的构建;③通过师生平等对话实现互动和沟通;④重视用信息技术展示问题、解决问题;⑤重视生活应用,帮助学生体验感悟。

3. 现代教学技术的应用注重优化组合和整体效果

信息技术与学科教学的整合,体现了全新的教育理念,为教学方法的改革开辟了广阔的空间。为了使整合工作进行得更快、更好,我们主要开展了以下工作:

(1) 丰富和充实教学资源库。我们重视校园网的教学资源库建设,收集了大量教学图文资料,可供教师在教学时参考或应用于多媒体课件的制作中;还收录了大量音频视频资源,都能支持在线实时播放,使用效果良好。

(2) 建设各种基于网络的学习平台。为了使资源库中的各种资源能更好地直接为教育教学服务,学校开发了"理科学习平台""文科学习平台""'不系小舟'练笔坊"。利用这些学习平台,学生可以根据自己的学习能力和水平,选择不同的学习内容和练习,从而为学生转变学习方式提供了可能。

(3) 加强教师应用信息技术能力的培训。学校对教师进行信息技术应用的培训,组织教师交流制作课件的体会。通过培训,大多数教师都能熟练使用信息技术,并能合理、有效地在教学实际中应用。信息技术与学科教学整合已经成为学校的一大特色。

(二) 为学生自主选择、差异发展提供广阔空间

在上海市的"二期"课改的课程设置中,拓展型课程是指以培育学生的主体意识、完善学生的认知结构、提高学生自我规划和自主选择能力为宗旨,着眼于培养、激发和发展学生的兴趣爱好,开发学生的潜能,促进学生个性的发展和学校办学特色的形成,是一种体现不同基础要求、具有一定开放性的课程。

拓展型课程由限定拓展课程和自主拓展课程两部分组成。限定拓展课程主要由综合实践学习领域的学校文化活动与班团队活动、自我服务与公益劳动、社区服务与社会实践等各类活动,以及国家规定的各类专题教育组成,是全体学生限定选择修习的课程。自主拓展课程主要由基础型课程延伸的学科课程内容和满足学生个性发展需要的其他学习活动组成,是学生自主选择修习的课程。

六十中学致力于自主性拓展型课程的开发,以实现为不同智力和能力倾向的学生提供更多的选择,促进个性的发展。通过对课程的设置进行必要的可行性论证,学校确定既能体现时代特征,适合学生需要,有利于学生个性发展,又符合学校的办学理念和办学实际,并能形成特色的两大主题课程:"职业预备教育课程"和"人与自然和谐发展系列课程"。课程主题的确立,为自主性拓展型课程从必要性和可行性两个方面提供了保证。

1. 职业预备教育课程

"职业预备教育课程"作为学校课程,把重点放在为学生可持续发展打好基础,为学生今后能在不同方向成才作好准备上。开设"职业预备教育课程",帮助学生确立正确的职业观、增强职业意识、掌握职业选择的基本知识、培养职业技能基础。根据《职业预备教育课程纲要》对高中三年的职业预备教育进行规划,使课程实施更加规范。金工实验室配置了数控车床、台式车床、铣床等设备,为

电子实验室增加了学生开展创新实验所需的设施,为学生参加实践活动、增强动手能力,培养职业技能基础,展示自己的个性、开发自己的潜能提供必要的空间。

"职业预备教育"的自主性拓展型课程主要包括以下内容。

《职业预备教育教程》
《数码摄影》
《程序设计入门》
《电子制作与单片机的使用》
《家用电器的原理和维修》
《国际贸易知识基础》
《数控技术与数控编程操作》
《设计与制作》
《学做多媒体》
《photoshop7.0应用初步》
《新闻采访与写作》

2. 人与自然和谐发展系列课程

人与自然和谐发展,就是要求人类在遵循自然规律、保证基本生存的前提下,科学改造自然、合理开发资源、维护生态平衡、防止环境污染,从而实现人与自然的良性互动、和谐统一。

学校在自主性拓展课程中,设置了"人与自然和谐发展系列课程",期望通过这些课程的学习,学生能够在高中阶段初步具备人与自然和谐发展的意识,同时掌握一些基本的知识和技能。"人与自然和谐发展系列课程"包括以下内容。

《垃圾分类及处理》
《环境保护》
《绿色化学》
《营养与食品卫生》

3. 知识和能力拓展课程

为了尽可能满足广大学生的个性化拓展学习的需求,学校组织学有专长的教师，开发了众多的"知识和能力拓展课程"，主要包括以下内容。

《青少年健康教育读本》
《演讲入门》
《经济预测初步》
《生活中的数学应用问题》
《中国古代小说漫话》
《智慧的纽带——跟老师学桥牌》
《国际知识概要》
《中学物理学科学史》
《名画背后的故事》
《汉语工具书入门》
《大唐诗韵》
《英语报刊阅读》

（三）学、研并重，努力培养学生创新精神和实践能力

在加强基础型课程与拓展型课程之外，学校还加强了研究型课程的建设，自主开发了多门研究型课程。

六十中学的研究型课程具有以下特点：

1. 重视学生科学素养培养

高一年级专门开设科研方法课，对学生进行科学精神和科学研究方法的基础教育。在让学生确立实事求是、注重实践观念的同时，指导学生学会选题、提炼课题、制订研究计划、收集分析和处理数据与资料、撰写结题报告，使学生掌握科学研究的一般方法。

2. 突出学生主体地位

坚持全员性原则，学生人人都要参与研究，让每个学生从中获得体验和感悟。坚持自主性原则，自主选题、自主择师、自行组合、自订计划、自做记录、自我评价。坚持层次性原则，教师提供的参考选题要考虑对不同层次学生的适切性，使每个学生都能根据自己的情况开展一定的研究。

3. 加强课程的过程管理

加强过程管理抓好节点：①基础准备。在高一年级先开设科研方法课，使学生了解科研的一般方法、流程。②课题选择。做好背景知识的铺垫,激活学生原有的知识储存,确定选题范围,诱发探索动机。③方案制订。在教师的指导下,每位学生制订详细的研究方案,在研究小组内交流开题报告,进行可行性论证,修改后再实施。④实施研究。学生在教师指导下进行课题讨论、信息检索、数据统计分析、论文撰写等研究活动。要求学生将研究过程的资料都保存完整,学生人手一本《课题研究手册》,从资料准备、活动记录到论文、体会等都记录在册。⑤课题结题。课题结题后,学生除了有论文、调查报告外,还要有相应的研究体会来阐述自己的感受和体验,在学生自评、互评基础上,教师再作评价。

六十中学研究型课程研究方向列表

从服饰看《红楼梦》人物	关于爱与美的哲学思考
篮球战术之探索	生活污染
诗词意境初探	信息安全
材料与科学	最值
环境伦理思考	学生使用名牌消费品的调查研究
数学在生活中的运用	影片艺术分析
上海市空气质量研究	探索宇宙之谜
电池	纳米技术
人与数字	上海方言研究
桥牌	现代人的购房观念
韩寒现象研究	网络语言
圣经故事初探	篮球文化及艺术
电磁波与现代生活	中国古代文化研究
高中学生家庭亲子关系的研究	英文报刊阅读与学习能力
居室内的环境污染	食品添加剂
微波的利用	世纪的反思
越来越温暖的地球	运动和兴奋剂
旅游在英国	后印象派与现代绘画
经济预测与决策方法	体育运动损伤及预防
民族主义与世界和平	绿色食品

（续表）

金庸与其武侠小说	嗓声与生活
城市生活垃圾分类与处理	教育的艺术
全球环境危机	上海的昨天、今天与明天
西方文化初探	在流行音乐中发现艺术的美
中国古代山水诗赏鉴	中西方节日文化比较
中西饮食文化对比	英美文化初探
营养与食品卫生	营养与保健
茶与健康	酸雨的危害和防治
中华文化遗产的价值探究	漫游古今中外物理学前进的步伐
视觉艺术综合活动	传统媒体与现代媒体比较研究
基督教思想对艺术的影响	东西方文化发展交流
世界旅游	英语广告

第三节　完善成才教育课程体系

上海"二期"课改的高中课程设置方案，给予学校充分的课程自主权，这为实现成才教育倡导的"人人成才"的办学目标，提供了根本性的课程保障。通过不懈的努力，目前学校已经建立了由"基础型课程""拓展型课程""研究型课程"和"职业预备教育课程"组成的课程体系，推行以学分制为主体的评价机制，满足学生自主差异发展的需要，从而实现"人人成才"的办学境界。

一、成才教育课程的总体思路

围绕成才教育"人人成才"的办学目标，为了满足学生的个性化学习需求，六十中学确定了成才教育的课程目标，以此为基础，实现了成才教育课程方案的编制。

（一）成才教育的课程目标

六十中学是所升学预备与就业预备兼顾的高级中学，这一办学任务本身就规定了我们在课程目标上要体现完整性。具体来说，成才教育课程目标是：

（1）热爱中国共产党，热爱社会主义祖国，有民族自尊心，有理想，有社会责任感。遵纪守法,有文明行为习惯和团结协作精神,能开展有益的社会实践活动。

（2）具有一定的文化科学基础知识,懂得学习方法,具有一定的学习能力及初步的实验、实践和计算机技能,能较自如地与他人交流、表达自己的见解。具有一定的探索精神创新精神和分析问题的能力。

（3）具有一定的自我认识能力,良好的心理品质和健全的人格,自觉进行体育锻炼,并能把某项运动作为自己的爱好。

（4）具有较强的生活能力,逐步树立正确的劳动观点和社会职业观念。

（5）具有一定的审美能力。

（二）成才教育的课程方案

1. 课程组织

课程组织具有显课程与潜课程两种形式。一般说来,课程设置指总的学习计划,是显课程。潜课程是指课程计划中没有明确规定,然而又是学校经验中常规的、有效的一部分,是"显课程大量的非预期作用"。它对学生的影响是潜移默化的,然而又具有滴水穿石的作用。潜课程主要通过校园文化发挥自己的教育作用,其实质就是校园文化的影响。从文化学的观点看,文化包括动态的文化活动和静态的文化成果。作为成果的文化又可以从观念文化、制度文化、器物文化三个层面发挥作用。六十中学是一所具有悠久历史的中学,有丰富的文化资源可以挖掘、利用。六十中学校园文化主要包括以下四个方面的内容。

一是认真组织文化活动,使学生在活动中逐步完善人格。学校要创设各种条件积极组织各种有利于学生身心健康的喜闻乐见的活动,如党团活动、文艺演出、音乐会等。

二是精心设计文化环境。物化的文化环境对人的思想、情感的形成具有重要作用。

三是继续发扬六十中学积极向上的文化氛围,塑造并保持良好的大多数人的行为方式。尤其是教职工之中的宽松和谐的集体气氛无论对教师个体还是对学生个体的发展都具有良好的引导作用。

四是切实抓好良好的校风校纪建设,努力造就自觉的新人。发挥规章、制度、守则和校训对人行为的约束作用。

总之，六十中学充分利用一切资源，从而更好地完成自己的培养目标，促进学生的全面发展。

2. 课程类型

课程分学科类课程和活动类课程。学科类课程分为必修课、限定选修课和任意选修课。活动类课程分为必修和选修两种。课程要求体现"基础+特长"特色，整体课程分为基础型课程和提高性课程两部分，其中提高性课程又包括拓展型课程与研究型课程。

3. 课程实施

针对基础型课程、拓展型课程和研究型课程的特点，六十中学采取了相应的课程实施策略。各类课程尽可能分层次实施，充分注意学生的个体差异性。

对基础型课程、拓展型课程和研究型课程三类课程的处理，学校的策略是：以基础型课程为"抓手"，咬定基础不放松；大力发展拓展型课程；积极稳妥地建设研究型课程。把第一类课程作为后两类课程的生长点，在三类课程中，基础型课程始终处于核心地位。这三类课程与校园文化一起构成了我们的全部课程。

拓展型课程是在基础型课程的基础上，着重培养为学生终身学习打基础的发展性学力，兼顾创造学力的培养，是学生可以分领域限定选学的课程。它可分为学科、技术、体育保健、艺术和实践活动等领域。根据实际情况，学校把拓展型课程分为人文领域、科学领域、综合技术领域、体育领域、艺术领域和应用与实践领域六大领域。分别包括以下课程：

人文领域：中国历史、中国传统文化、古典文学、唐诗鉴赏、宋词鉴赏、现代小说、现代诗歌、演讲、美学原理、影视欣赏、散文欣赏、外国文学赏析、英语听力、英语口语、英语阅读和写作、当代国际关系、今日世界、旅游经济、经济学原理、心理学。

科学领域：地球与宇宙、生物学研究基本方法、应用物理、数学语言、天文与气象、环境科学、数学先修课程。

综合技术领域（实用领域）：计算机、产业社会与人、财务管理、市场营销、办公室技能、烹饪与营养学、服装设计、室内装饰、家庭预算、家庭安全与卫生、地方公共行政管理、通讯系统、旅店管理、金工技术。

体育领域：田径、篮球、排球、乒乓球、足球、艺术体操、韵律操、中国武术。

艺术领域：音乐作品欣赏与评论、书法艺术、广告设计、摄影、漫画、雕塑、戏剧表演、语言中的音乐。

应用与实践：三学（学军、学农、学工）、社区服务、公益劳动、社会调查。

创造性和创造力是知识经济时代成功的关键，创造能力和实践能力的培养是知识经济时代学校教育的核心。研究型课程旨在培养人的创造精神，创造能力和实践能力。研究型课程以解决问题为对象，运用科学研究的方法就某项专题或一个"课题"进行研究，在研究过程中促进学生对所学知识进行选择、判断、解释、运用，并学会运用信息处理方法选择、判断、区分有用的信息与无用的信息。某一学科可以有研究型课程，但跨学科研究型课程也很有发展前途。研究型课程的目标主要是：训练学生的思维能力，培养学生的探索精神、创造能力；培养学生获取信息的能力；使学生初步掌握从事科学研究的方法、养成科学批判精神；培养学生的合作意识和合作能力、参与精神和参与能力；探索高中生从事课题研究的可能性与潜力。学校在高中一年级、二年级开设研究型课程。开设的研究型课程科目有：

基础类：科学研究方法初步。

文科类：爱国主义在先秦文学中的体现、爱国主义在唐代文学中的体现、爱国主义在宋代文学中的体现、爱国主义在明清文学中的体现、辜鸿铭在现代中西文化交流史中的地位、中西文化比较、英美文学选读、中英两国人民不同的休闲方式、现代汉语中外来语的英语词源初探。

理科类：高中数学思想方法初探、函数及其应用、立体小制作（空间图形）的展开与折叠、经济预测与决策方法、学生数学学法及能力调查、酸雨的危害及防止、计算机硬件测评。

二、成才教育学校课程的主要内容

上海"二期"课改的总体方案，对高中三年每年的总课时进行了规定，对基础型课程、拓展型课程和研究型课程的课时比例进行了原则划分。同时，也要求各学校应该根据各自的办学条件和学生基础，自主设计不同的课程计划。这就为学校制定符合成才教育"人人成才"理念的课程计划，提供了广阔空间。

（一）成才教育课程体系框架

"面向21世纪中小学课程结构方案的设想"提出，课程体系由基础型课程、拓展型课程和探究型或研究型课程构成。基础型课程着重培养学生的基础学力,同时为学生的发展性学力和创造性学力的培养奠定基础,是学生必须共同修习的课程。拓展型课程是在基础型课程的基础上,着重培养为学生终身学习大基础的发展性学力,兼顾学生创造性学力的培养。探究性课程或研究型课程是在基础型课程及拓展性课程的基础上着重培养学生在实践和研究基础上的创造性学力,包括创新精神、创造能力、个性特长等。

在新的课程理念的指导下,六十中学形成了具有科学性、实效性的课程设置体系,包括基础型课程、拓展型课程和研究型课程。具体框架如下。

六十中学课程框架

基础型课程		国家课程及地方课程(必修)
拓展型课程	限定性拓展型课程	1. 体育与健身 2. 艺术 3. 学科拓展
	自主性拓展型课程	人与自然和谐发展系列校本课程
		根据学校实际与学生需要开发的各类学校课程(包括职业预备教育课程)
	社会实践	学军、学农和社区服务等实践活动
研究型课程		从学科及跨学科两个层面开发研究方向。学生在教师帮助下自主确定研究课题,开展研究活动,要求学生在校期间必须完成文、理各一个课题的研究。

学校课程设置的基本要求是:

(1) 依据市教委《上海市高中 2012 学年度课程计划》文件要求,保证总课时控制在 35 节,保证三类课程的时空。

(2) 根据学校培养目标、学科特点和学校年度工作要求,基于学生学习的实际情境,整合课程资源。

(3) 原则性与灵活性相结合,课程实施中集中与分散相结合,有效利用寒暑假、考试前后等时间。

(二) 各年级课程计划

学校根据成才教育"人人成才"的办学目标,根据高中三年国家课程的规定,特别是各年级学生的不同特点,制定了分年级的课程计划。

1. 高一年级课程计划

	课程、科目	周课时	备注
基础型课程	思想政治	2	
	信息科技	2	
	语　文	3	
	数　学	3	
	英　语	3	
	物　理	2	
	化　学	2	
	历　史	1	高一1节，高二3节
	劳动技术	1	
	地　理	3	
	体育与健身	3	2节课为校本课程（分项选修）
	艺　术	1	
	周课时数	26	
拓展型课程	限定 学科拓展	7	设置为数学、英语知识的延伸与拓展各2课时，语文为1课时；物理、化学知识的拓展与实验教学各1课时。
	专题教育	1	
	非限定 校本拓展	(2)	校本课程，课外实施
	社团活动	(1)	课外实施
	周课时数	8+(3)	
研究型课程		1+(1)	上学期课题研究方法指导，下学期课题研究交流。每周2课时，课内1课时，课外1课时
晨（午）会		每天20分钟	
广播操、眼保健操		每天共40分钟	
社会实践			军训2周，每年假期社会实践
周活动总量		35+(4)	

2. 高二年级课程计划

课程、科目			周课时	备注
基础型课程		思想政治	2	
		语文	3	
		数学	3	
		英语	3	
		物理	2	
		化学	2	
		历史	3	高一1节,高二3节
		生命科学	3	
		体育与健身	3	2节课为校本课程(分项选修)
		美术欣赏	1	
		电子技术	1	1节在学期最后一周集中进行,不计入周总课时内
		周课时数	26	
拓展型课程	限定	学科拓展	5+(1)	设置为数学、英语知识的延伸与拓展各2课时,语文为1课时;理化训练1节课外实施
	非限定	分科型	2+(1)	设置为物、化、历、政、地的选修拓展。
		社团活动	(1)	课外实施
	专题教育		1	
	周课时数		8+(3)	
研究型课程			1+(1)	学生课外开展课题研究的实践1课时不计入
晨(午)会			每天20分钟	
广播操、眼保健操			每天共40分钟	
社会实践				学农1周,假期社会实践
周活动总量			35+(4)	

3. 高三年级课程计划

课程、科目			周课时	备注
基础型课程		思想政治	2	
		语　文	3	
		数　学	3	
		英　语	3	
		体育与健身	3	
		周课时数	14	
拓展型课程	限定	学科拓展	12	语数外各4节
		职业预备教程	1	校本课程
	非限定	分科选修	5	加试学科
		专题教育	1	
		周课时数	19	
研究型课程		周课时数	2	高考结束后进行,不计入周总课时
晨(午)会		每天20分钟		
广播操、眼保健操		每天共40分钟		
社会实践				暑假集中进行,平时轮扫校园
周活动总量		35		

三、成才教育课程的实施与评价

在实施成才教育的过程中,经过上海"一期"课改和"二期"课改的实践,六十中学形成并逐步完善了"基础+特长"的学生评价体系。凸显了成才教育课程评价既重视"常规",又重视"特色"的多元评价指标体系,以及相应的办法和机制。

(一)以课程构型为依据的评价机制

六十中学给予课程评价以课程要素的理解,从而将课程体系的架构、评价指标系的制定,与课程实施实现了无缝连接和融合,有效丰富了评价的功能性内涵,并通过过程性、动态性的评价,实现了对课程实施的目标性引导和过程性管理，并转为教学和工作常规。

学校教务处根据每位学生每次考试各科成绩的标准分，对其学习情况进行全程跟踪，绘制主要学科学习成绩标准分变化曲线图，既便于学生了解自己，也便于家长和老师进行分析，有针对性地采取措施，体现了从发展的视角观察学生的思想。同时，针对不同的课程构型，实现了相关评价办法和机制的规范。

1. 基础型课程的学习评价

基础型课程学习评价由过程性评价和结果性评价两部分构成。

（1）过程性评价：包括学习态度、学习发展组成，各占评价总分的10%

（2）结果性评价：期末成绩40%，期中成绩30%，平时成绩30%。

2. 研究型和拓展型课程的学习评价

研究型和拓展型课程学习的评价分为两个部分：一部分根据学生的出勤率作出评价；另一部分为学生自评、学生互评和教师评价，教师对学生评价，可以是书面、口头进行考查，一般以优、良、合格、不合格四等进行评定，也可进行其他形式的评价。对学生论文、作品组织评选，将优秀论文汇编成集，并对相关学生进行奖励，作为学生特长认定的依据。在市区各级各类比赛中获奖的学生，可以获得奖励学分。

（二）基于学分制的课程方案的制定与实施

为保证学校课程方案的正常运行、全面落实，使学生全面发展、学有特长，学校制订了《六十中学学分制实施方案》。其基本框架是"基础学分+提高学分+奖励学分"。学分制的实施既促进了学生自主差异发展，也为评选各种荣誉称号和奖学金提供了依据。

1. 六十中学学分制的基本框架

基础学分	德育部分	（1）行为规范 学生行为规范考核学年平均在80分（含）以上者，每学年给予4学分。
		（2）社会实践 学生参加三大社会实践活动考核合格者，每项给予4学分。
		（3）校内劳动 学生参加值周班、校园轮扫等劳动实践活动考核合格者，每学年给予2学分。
		（4）班团活动 学生参加班团活动考核合格者每学年给予2学分。

(续表)

基础学分	智育部分	（1）智育基础学分是学生修完基础型课程且学年总评及格，所取得的学分。以学年为单位计算。计算公式如下：学科学分=2×课时数/周 （2）学分绩点是衡量学生对学科课程掌握程度的一种量化标志。学分只能反映学生学习量的多少，而学分绩点则可区别学生学习质量等级。每学期结束后，学校根据学生基础型课程的学期总评分和学分数计算得到学分绩点数，高分高绩点，低分低绩点，以区分优劣。 考试科目成绩点数=学分数×（学期总分÷10-5） 考查科目成绩点数=学分数×1 平均学分绩点数=学生修读课程所得学分绩点之和÷同期修读的学分数
	体育部分	（1）素质成绩　由体育老师根据体育课素质测定考核合格，每学年给予2分。 （2）课操表现　由体育老师根据学生平时广播操质量与态度，结合广播操考核，凡是合格者每学年给予2学分。
提高学分	拓展学分 德育部分	（1）理论学习　学生参加学习邓小平理论、"三个代表"重要思想、党的基础知识等学习小组，经考核合格给予1学分。 （2）社团活动　学生参加社团活动，经考核合格给予学分数=1×课时数/周。 （3）志愿者服务　学生参加有组织的社区服务活动，经考核合格给予1学分。
	智育部分	智育拓展学分是学生修完自主性拓展型课程且考核合格所得的学分。以学期为单位计算，计算公式如下： 拓展型课程学分=1×课时数/周
	体育部分	学生参加体育选项活动，根据所选项目的周课时，经考核合格给予学分。 体育选项学分=1×课时数/周
	研究学分	研究学分的取得既参照研究型课程课时数，又结合学生的整个研究过程和最终研究结果来考虑。研究学分以学期为单位计算，计算公式如下： 合格学分=1×课时数/周　　优良学分=合格学分×2
	职业预备教育学分	（1）必修学分　学生完成《职业预备教育教程》课程，考核合格给予2学分。 （2）选修学分　学生按要求修完职业预备教育系列课程（技能类），经考核合格给予相应学分。

(续表)

奖励学分	（1）取得学科类竞赛一、二等奖（名次），根据同学科基础课时数乘以一定的系数给予学分。系数：校级为2，区级为4，市级以上为6。
	（2）取得学科类竞赛三等奖（名次）或等第奖，根据同学科基础课时乘以一定的系数给予学分。系数：校级为1，区级为2，市级及以上为3。
	（3）取得其他等级证书或评比奖项，根据情况给予1~5分。
	（4）取得学校特长认定的，每一项给予2分（只算当年）。
	（5）学生在其他方面有杰出表现的根据情况给予1~10奖励学分。

2. 学分制实施操作办法

（1）德育部分学分由德育处负责审核认定，报教务处备案。

（2）智育基础学分和学分绩点由教务处根据学生考试成绩计算。

（3）体育部分学分由体育组负责审核认定，报教务处备案。

（4）拓展学分、研究学分、职业预备教育学分由指导教师评定，报教务处审核备案。

（5）奖励学分每学年由学生自己申报，教务处与有关部门协商后确定学分。

（6）学分认定、成绩备案由教务处负责，信息技术中心负责学分管理网络技术支撑。

（三）制定学校课程多元评价的工作常规

成才教育的课程评价实现了多元评价，组织学校的各个部门参与对课程的综合评价。

1. 评价单位

学校课程建设小组、教务处、信息中心及各教研组共同参与评价。

2. 学科教学的评价

通过学生问卷调查、座谈会记录、学生课题成果、教学处、教研组听课反馈等方式综合评定。

第四章
成才教育的教学建模

学校成才教育不仅要向学生的德智体全面渗透,还要向学科教学与课堂教学领域全面渗透,切实有效促进学校教育,由单纯注重知识学习与"应试学力"培养,实现向素质教育的转轨。更重要的是,成才教育不只是做加法,也不是简单做减法,而是要将成才教育与素质教育的学科教学改革指向,实现无缝连接,系统融合,争取获得具有生态意义的优化。即要将学生主体的日常生活、兴趣爱好、自主创意等相关因素和内容,纳入学校生活和课程学习之中,形成一种学生在校学习生活的主题倾向和氛围。这是包括成才教育在内的学校教育决不可忽视的一个重要方面,甚至也是实施成才教育的素质教育改革的基础之一。

学科教学中的成才教育,依然具有传统教学的注重学生个体的感性、具体的实践特征,更包括了非智力因素和默会知识教学的特征。正如在以德育为核心的课程体系中,德育课程化了,而后必须再要去课程化,进而生活化。这样,通过潜课程资源的积极开发和利用,尤其是注意对学生"默会知识"的开启,在具体思想品德教育向学科教学渗透时,包括德育在内的学科教学内容,以学生感性生活的方式,相互之间实现无间融合与无缝衔接。

从成才教育的学科教学的角度看,作为其上位概念的成才教育,事实上如广义的学校教育和德育一样,仅仅是学科教学多维目标中的一维,多元因素中的一元。而从素质教育的角度看,学科教学中的成才教育,除了作为学科教学的一个创新框架以外,也是素质教育的一种实现方式,以及素质教育的教学内容及目标,在成才教育及其学科教学领域的具体化与扩展。加入学科教学必须保持其专门的学科性目的与价值取向特征的话,那么成才教育,就必须在学科教学的具体过程中善于隐藏自己的目的,进而将其教育教学内容化在具体的学科教学对象和过程之中,隐藏于精心设计的教学情景与学生自主学习及其个体的感悟体验之中,如春风化雨、润物细无声一般。

成才教育向学科教学领域的渗透，通过成才教育建构素质教育的学科教学的可能模式，这是一个创造。六十中学基于成才教育的核心理念，在改革学科教学及素质教育的学科教学建模的积极探索和实践中，形成了一些做法，取得了一些成果，代表了在普通高中全面实施素质教育的一个方向。改革学科教学和课堂教学，实现基于成才教育改革理念的教学建模，其实践既表明了课题研究所达到的水平，也表明了在教育教学改革中所实现的一个实质性飞跃。而成才教育与具体学科教学相结合，更体现了素质教育的基础教育改革指向未来发展的方向。

第一节　尊重差异的课堂覆盖

成才教育的核心理念之一是"为不同天资的学生创设丰富多样的教育"，对学生而言，是希望让更多的学生都能够在成才教育思想指引下，找到自己的定位，寻求自己的需求。而对于承载实施成才教育的课堂实践来说，尊重学生的差异，进行教育教学的全覆盖，就成为课堂教学实践的重中之重。

一、尊重差异存在的客观事实

在现代学校教育中，作为其经典授课方式的班级授课制的诞生，在扩大教育规模、提高教学活动的效率，以及普及义务教育等方面，曾经起到了重要作用。但是，它本身也存在着致命的缺陷，及不能兼顾学生个体需要，真正尊重学生的个性差异。随着人类社会的发展与进步，教学中学生在知识、兴趣、思维、能力、爱好、情感等个性品质上的丰富发展，以及客观存在的差异，日益为人们所正视。而班级授课制，受大工业标准化生产方式的限制，势必要依照标准追求教学的统一化，因而也要求学生在各方面趋同和整齐划一。因此，事实上忽视了学生的独特性和个别差异的存在，不利于进行因材施教和个性品质培养，其弊端也日渐明显。事实上，这种"追求统一、关注统一"的教学观念与当今社会对人才规格要求的多样化产生了尖锐矛盾。因此，对于课堂教学而言，始终面临着两种不同的选择——要么忽视学生之间客观存在的巨大差异，要么承认并尊重学生之间的巨大差异。从而导致：

1. 学生个体差异的存在倒逼教育教学改革

在课堂教学中，学生是一个独特性的生命存在。在这一点上，以往我们在学习马克思主义关于人的全面发展学说时，对人的全面发展作了非常狭隘和肤浅的理解，往往简单地认为人的全面发展就是指人的一切方面（即德、智、体、美、劳）的发展，在某种程度上忽视了学生的独特性和个别差异性，结果造成了课堂教学的"填平补齐"和"千人一面"，严重影响了学生个性品质的培养和发展。

学生是一个独特的生命存在，正如世界上没有完全相同的两片树叶一样，世界上也绝对不存在两个完全相同的人，"在时间和空间的纵横扩展中，每个人都以其独立的个性存在着"。在社会生活中，每一个个体都具有至高无上的内在价值与尊严。在课堂教学中，每个学生既是完整的、全面的，又是具体的、独特的，每个学生都具有区别于其他学生的个性品质和特征，都是独一无二的，都具有唯一性和不可替代性。

根据马克思的学说，人的全面发展应该包括"个体的全面发展"和"个体的自由充分发展"两个方面——"个体的全面发展"指的是个体的需要、情感、能力和人格等诸方面要素发展的普遍性，而"个体的自由充分发展"则表明每一个个体都有别于他人而在发展水平、特征和品质上具有内在的差异性和独特性。"马克思的'人的全面发展'的实质是：人在才能、情感诸方面发展的普遍性及个人丰富的内在差异性同高度的共产主义觉悟的统一。"在马克思看来，人的全面发展就是人的"全部才能的自由发展"，是"个人独创的和自由的发展"，是个人"自由而充分的发展"，是"每个人的全面而自由的发展"。由此不难看出，个体的全面发展和个体的自由充分独特的发展是辩证统一的。全面发展的人应当是能把一般、特殊（集体）和单一（个人）的全部丰富性结合在自身之中的人，是作为"总体"的人与作为"个体"的人的统一。因此，在马克思主义关于人的全面发展学说中，个体的全面发展和个体的自由充分独特的发展犹如一枚硬币的两面，两者是相辅相成的：个体的自由充分独特的发展，必然能够促进个体的全面发展，个体的全面发展必须建立在个体自由充分独特的发展基础之上；没有个体的自由充分独特的发展，就谈不上个体的全面发展。同理，没有个体的全面发展，也不会有个体的自由充分独特的发展。

2. 人才培养目标的多样性差异促使课堂教学观念的转变

当前普遍认为,优秀人才必须具备两种基本素质:一是全面发展的基本素养;二是充分、自由发展的优良个性。在一个社会里,人的个性品质的充分、自由的发展是这个国家或民族富有生气的表征,也是一个社会文明进步的客观要求。这是因为动人的旋律需要用不同音调去谱写,和谐的社会则需要用丰富多彩的个性来建构。当代社会是一个追求个性化的时代,个体的独特性是人类社会文化多姿多彩的重要源泉,是人类社会文明不断进步的推动力。

人类社会发展的历史已经证明,越是高度个性化的社会,它的整体力量就越强;相反,越是无个性的社会,它的整体力量就越弱。我们必须抛弃一个唬人但错误的观念:不断增长的差异性会自动地带来社会紧张与冲突。事实恰恰相反。社会冲突不仅是不可避免的,在一定范围内,它是有益的。如一百个人都拼命地想要获得同一个发财机会,他们也许不得不为此争得不可开交。但是,如果这一百人中的每一个人都有自己的不同目标,那么他们之间就会进行交易和合作,进而形成共生关系,这对大家都更有益。只要有适当的社会安排,差异性会有助于形成一个安全和稳定的文明。

二、课堂教学个性化的实践探索

重视课堂教学中学生之间客观存在的个别差异,树立"尊重差异、追求个性、宽容另类"的现代教学观念,大力培养他们的个性品质和独特特性,使学生的发展呈现出丰富多样的统一,就成为当代课堂教学改革的重要任务。否则,片面强求一致和统一,漠视差异和个性,则只会导致单调和乏味,课堂教学也就丧失了勃勃生机和生命活力。

1. 课堂教学个性化是尊重差异的实施前提

在课堂教学中,学生的独特性是客观存在的,不同的学生具有不同的成就感、学习能力倾向、学习方式、兴趣爱好及其生活经验。因此,课堂教学应尊重学生的这种独特性和差异性,注重培养他们的个性品质和特征。

尊重学生的独特性和差异性,实现课堂教学的个性化,促进学生良好个性品质和独特特性的形成与发展,一直是人们不懈追求的教育理想和目标。每个学生都必须有机会显露他的真实面目,这样教师就能发现学生在成为一个完全的人的过程中需要干些什么。教师只有熟悉她的每个学生,她才有指望去发展任何一种教育方案，使之或者达到科学的标准，或者符合艺术的标准。如果教育家不了解各个学生的实际情况，他们就不可能知道自己的假定计划是否有价值。

个体的独特性实际上也就是个体在社会生活中表现出来的个性品质和差异性，它表明每一个个体都是具有自己独特内心精神世界的鲜活、生动、特殊和具体的生命个体，是一个不可重复的、不可再造的价值主体。在课堂教学中，如果我们无视学生之间客观存在的个别差异，用一种统一的教学活动模式去限制原本是丰富多彩、各具特点的个体的独特发展，将具有不同个性品质和特点的学生用同一模式、同一标准塑造成同一规格、同一类型的"产品"，就意味着教学活动对某些个体的不公平和不公正，这与现代教学的基本精神和理念是完全背离的。

2. 积极尝试个性化的课堂教学

课堂教学改革的重要任务，与传统的课堂教学强调共性、忽视个性相比，当代课堂教学要求尊重和重视学生之间的个别差异，正确处理好全面发展与个性发展的关系、统一性与灵活性的关系、共同性与个别性的关系，对学生进行分层教学、区别指导，而不是按统一模式去塑造学生。

为了真正有效地通过课堂教学，使得学生的个性品质得到有效激发与发展，课堂教学就必须重视学生之间客观存在的个别差异。要真正树立承认、尊重学生的独特性和差异性的个性化教学的基本理念。要关注差异性，重视独特性，充分发掘每一个学生的个性潜能，根据学生不同的个性特点、品质和独特的学习方式进行因材施教，区别对待，有的放矢地进行课堂教学。这也是给予他们的发展以均等的机会，使每一个学生都能够在自己原有的基础上得到充分、自由和独特的发展。为了有效地培养、发展学生良好的个性品质和独特特性，促进他们充分、自由、独特地发展。

3. 培养和发展学生的个性品质是素质教育的目标

《基础教育课程改革纲要（试行）》明确提出，在课堂教学中，"教师应尊重学生的人格，关注个体差异，满足不同学生的学习需要，创设能引导学生主动参与的教育环境，激发学生的学习积极性，培养学生掌握和运用知识的态度和能力，使每个学生都能得到充分的发展。"

在课堂教学中，尊重差异包括以下两个方面的含义：一是承认学生发展存在着个别差异性,不搞"填平补齐",让每个学生在原有基础上、不同起点上获得最优发展;二是承认学生发展的独特性,尽可能发现每个学生的聪明才智,尽力捕捉他们身上表现出的或潜在的创造力火花,不追求每个学生各方面的平均发展,而是让每个学生形成自己的特色和鲜明的个性。

因此,新课程的课堂教学改革,要求教师在既有条件下,必须根据不同的教学内容,以及学生的智能结构、学习兴趣、学习倾向和学习方式的不同特点,灵活地选择和创设多种多样的能够促进每个学生得到全面而充分、自由发展的教学方式和方法。

三、六十中学尊重差异的课堂教学实践

在教育的主要组织形式仍然是班级授课制的条件下,为了能够尊重学生的个别差异,有效地培养学生的个性品质,使每一个学生都能够在自己原有的基础上得到充分、自由和独特的发展,成才教育思想明确提出"要为不同天资的学生创设丰富多彩的教育"。我们不仅将这一目标,通过积极的改变优化课程设置给予实现,更在教学实施中,更在实践中,秉承成才教育的思想指导,通过卓有成效的教育教学的探索和实践,积极倡导、探索关注和尊重学生差异的创新的课堂教学,并在持续深化的改革实践中,逐步实现了差异化课堂教学在全部课程实施中的全覆盖。主要采取了一下具体的措施和办法:

(一) 小班化教学

小班化教学是六十中学针对学生差异大的客观现实做出的积极应对。

六十中学是上海市"一期"、"二期"课改基地学校,有着较为成熟的新教材教学师资力量,近年来随着教师数量的增多和学生数量的减少,学校开始探索新型的教育教学模式。在这样的新形势下,学校开展了以"小班化教学模式"为主题的探索与研究。学校以小班化教学的研究和实践为学校教育教学改革的立足点,充分挖掘自身的教育资源,加强教师的理论学习和培训,不断深化小班化课堂教学策略的研究,从教学理念的更新到教学方式的改变,逐步形成了学校自身特色的小班化教学模式和教学管理体系。

1. 加强教师实施小班化教学的理论学习

学校通过教职工大会、校园网络、教研组活动等不同形式组织全校教师学习小班化教学理论。通过查阅国内外资料和学习,教师了解到小班化教学是欧美

发达国家普遍推行的一种教学组织形式。20 世纪 80 年代,美国的部分州开展了缩小班级规模的实验。目前美国中学的平均班级规模是 25 个学生。在 20 世纪 90 年代后期,美国又提出美国中小学班级规模应缩小到 18 人。目前德国班级规模与美国相似,全国平均为 25 个学生。英国 20 到 25 人,加拿大 25 到 30 人。而在上海,许多中心地区的小学与初中也早就开始尝试小班化教学。从小班化教学的内涵看,其最本质的特征是教学面向学生个体,而不是面向整齐划一的全班整体。教学组织方式、教学内容、教学模式、教学方法、教学评价均应该围绕学生个体发展而组织开展。可以认为,小班化教学是在学生数量控制在 30 人以下的教学单位中面向学生个体,围绕学生个体发展而开展的教学活动。通过一段时间的学习,教师们基本掌握了"分层—合作—交流"的小班化教学模式。

2. 积极推进小班化教学在实践基础上的普及

高一新生入学后,我们学校将每个班级的人数控制在 35 人以下;高三文理分班后,根据实际情况将班级拆分,班级的人数更是控制在 30 人以下。大家普遍感到分组合作学习是小班化教育的基本组织形式。

在课堂教学中,我们根据不同的学科、不同的教学内容,运用不同的教学组织形式。以分组教学、角色分配、小组学习为核心环节,穿插全班讲授或组际交流,使学生在分组学习、讨论的过程中掌握新知,学会学习;在组内合作互动、互相交往中学会尊重;在组际交流竞争中增强团队意识,学会分享,促进了师生互动,生生互动。

3. 小班化教学的阶段性反思

实施过程中,难免会遇到一些困惑和困难,学科教师经常在一起交流由小班化教学而引发的各种课堂教学问题及相关的处理解决方法,备课组活动更加频繁、扎实。小班化教学使得传统的学校教育和班级授课制在内容和形式上都在发生深刻的变化,其趋势之一是教育内容整体化和个别化的有机结合。因此,我校教育教学从理论到实践,从形式到内容,从观念到技术等都发生了一系列革命性变化,教师改变了传统的课堂教学模式,上课形式灵活多样,教师更注重个别辅导,学生在学习中能充分发挥自己的主体作用,因此,学生的学习能力、交往能力和创造能力等方面的综合素质有了明显发展,每个学生的自尊心和自信心都得到了显著的增强。

4. 开展小班化教学以来取得的成果

经过三年来的小班化教学的实践，我们的目的是为了提高课堂教学的有效性，事实情况也确是如此，我们看到了一些令人欣喜的改变：

（1）教师迅速熟悉学生，快速建立师生感情。在班级人数少的情况下，学生基本上人人每次上课都有机会回答问题。那么一个星期下来，一个小班的学生的姓名，教师基本上都能对号入座。而大班教学由于人数多，记忆全班学生的名字需要的时间相应增加。记住学生的名字，这似乎是个无关紧要的问题，但其实不然。如果想获得他人对你的好感，记住他人的名字是一个很好的办法。善于记住别人的姓名，既是一种礼貌，也是一种感情投资。情感在教学中起着巨大的作用。良好的师生关系是师生共同满足教学需要、协同教学活动、实现教学目标的基础和保证。良好的师生关系是形成"无拘无束"的教学氛围，激发学生高昂学习情绪，挖掘学生创造潜能的直接因素，它不仅会引起学生对教师的尊重和信任，而且还会使学生把对教师的爱迁移到教师所讲授的学科上来。正如古人所云："亲其师，信其道。"建立良好的师生关系，是教师与学生双方的心理需求。从学期一开始就与学生快速建立了良好的师生关系，这就为今后教学工作的顺利展开奠定了基础。小班化教学为教师快速记住全班同学的名字提供了有利条件，为建立师生的良好关系奠定了基础。

（2）学生的参与度与师生课堂有效互动频率大为增多。新课程标准所倡导的是创新精神、实践能力。而课堂要创新必须充分调动课堂中的一切因素，互动是课堂创新教学的基础。传统教学观强调的是师道尊严和教学上的自上而下不可逆转的教学方向，漠视鲜活的生命的个体存在，体现在课堂上整齐划一，严重缺乏互动，而以小班化教学观为载体的课堂教学，双边互动可利用的空间与频率、密度都大大加强，活动的双方激情燃烧起来，整个课堂摆脱静止，呈现动态。课堂中的互动是多种多样的，有师生互动、生生互动、情感互动等。"罗森塔尔"的实验表明，教师的期望对学生的影响是巨大的。教师的内心都是希望平等地对待学生，期待学生获得全面的提高。但是庞大的班级无形地把学生分成若干区域，教师心有余而力不足，对于视野之外的学生监控明显降低，学生易分心、搞小动作、听课效率差，甚至扰乱课堂秩序，教师对学生的期望值就大打折扣。而在小班中，学生可以得到教师更多的关注与重视，教师的每一天的期望，让每一个学生自我的优异特质均能充分地展示出来。

（3）教师还可以从容地进行深耕细作。对于小班化教学的班级授课教师来说，课前备课可以按照每一个学生的不同的素养和要求，分别为他们制定不同的学习计划、建设性的学习方法以及课堂所要达到的学习目标；可以根据学生的不同特质进行差异教学、个别教学，教师有条件针对学生不同情况设计一系列弹性作业，学生可根据自己的学习程度、水平来选择，教师实现面批，师生间信息反馈更迅速、更直接，更有利于学生的发展。不仅如此，所面对的学生少了，教师就有更充分的时间和精力来察言观色判断学生的情绪。人的情感是多种多样的，情绪的变化也是"朝辉夕阴"，因此教师要及时准确掌握学生情绪，捕捉学生稍纵即逝的情绪变化并加以引导。

（二）落实分层教学

分层教学是基于学生差异大的现实下，进行个性化教学的重要落实载体。这不仅仅是一句口号，更应该是一种教学实践，实践就需要明确的理论指导以及周密的实施计划。在学校里，一般而言，可以采取以教研组为单位制定分层教学计划，并且落实到每一个备课组都根据本组的实际情况制定具体的实施分层教学的措施。分层的内容一般可以从下几个方面开展实施。

1. 教学目标分层

在教学目标统一的基础上，对各层学生提出不同的目标。对学习能力较差的学生，以达到基础目标为主，识记归纳为重点。对中等层次的学生，设置高一点的目标，让他们经过思维探索，"跳一跳"后有更多的收获。对优等层的少数学生，设置更高一些的目标，以运用创新为重点，让他们觉得还有东西要学。教师在备课时要有针对性，做到既保证"面向全体"，又兼顾"提优"、"补差"，要有高度的事业心和责任心来完成备课任务。

2. 教学内容分层

首先，教师在备课中就要充分考虑到内容的分层，对不同的学生有不同的要求。教师可以设计一系列由表及里、由浅入深的问题，引导学生步步深入。针对少数学习较好的同学要设计一些灵活性和难度性较大的问题，提高学生的综合能力；对于大多数的学生要设计一些灵活性和难度性中等的问题；对于有困难的学生关键培养学生的兴趣，树立起学习的信心，因此设计的问题要简单，梯度要小，让他们尝试到成功，从畏惧、厌烦学习转到愿意学习上来。

3.教学过程与方法的分层

（1）课前预习。从这几年的教学体会认识到，预习是一种非常好，也是非常有效的学习方法，但是学生们总是不能意识到这一点，当然也不可能养成这种好的学习习惯。所以，在教学过程中对学生布置一些预习题，一方面有意识的培养学生养成预习的好习惯，另一方面，也可以让学生进行预习新知识。对不同层次的学生布置一些目的相同，但难度要求却略有区别的预习题，这样，以使他们都能在心理上对学习新课有所准备。

（2）课程讲授。在新课讲授时，既要考虑教材要求，也要充分考虑到各学习层次学生的接受能力，满足不同层次学生的学习需要。保证在同一节课内既有"面向全体"的"合"环节，又有兼顾优、差生的"分"环节，即分类自学—集体讲授—分类质疑—分类指导—分类练习—集体小结这"二合四分"的课堂结构，不但自然溶进了新授、质疑、辅导、巩固、小结的正常教学程序，而且较好的解决了好、中、差各层次间的动静支配的矛盾，便于教师从各类学生听课神情、答题准确率中搜集信息，及时调控教学程序和教学进度，从而有效提高课堂教学效率。巩固练习时，应检查理解程度，及时查漏补缺，帮助他们进一步理解知识。完成分层练习后，最后进行集体小结，达到知识的系统化和完善，加深学生的理解。此外，在课堂讲授中还要把握课堂提问的策略，让各类学生有输出信息的均等机会，有针对性在恰当的时刻进行有层次的提问。如果是一些基础性的、铺垫性的问题，一般由希望层学生来回答，使其有较高的正确率以增强其学习信心；在讲授知识时提问中等生，利用他们认识上的不完善，把问题展开，进行知识的研究；在突破重、难点或概括知识时，发挥优等生的优势，启发全体学生深刻理解；这样各类学生就能在相互促进、积极主动的氛围中达到获取知识、共同提高的目的。

（3）作业布置。学生课外作业也应分层设计，量力而行。对希望层学生，侧重抓基本概念，过好书本关。可多布置一些基础性、记忆性的题目，以帮助学生巩固知识，增强学习化学的信心；对中等层学生，仍应强调基本概念，并多做基本题，可布置少量有一定技巧和难度的中档题；对优等层学生，则应在强化基本概念和基本技能的同时，适当拓宽其知识面，并可布置适量的与巩固基本概念有关的拔高、创新、探索类的能力题。一言以蔽之：差生吃得了，好生吃好吃饱。

（4）作业批改与讲评。只有相应的批改才能达到督促落实、帮助学生提高的目的。具体要求是：①保证每次作业都能认真批改,通过批改准确掌握学生的作业反馈情况,保证讲评时有的放矢。对于作业完成情况不好的学生,最好要能面批,这样老师的工作量大大增加,可以轮回着找不同的基础较差的学生来面批,每次1~2名,一般这样做后,下次该生的作业会认真完成。②认真统计学生作业中出现的典型错误,分析出错的原因,找出改正错误的方法,强调避免错误出现的方法。③重视研究典型题目的解法指导。教师要善于抓住典型题目的要害,找准突破口,设计好点拨和引导学生思考的结合点,启发引导学生积极参与题目的解答,进而总结出此类题目的审题方法、解题规律。在此基础上,要尽可能地对这些题目进行拓展延伸和变式训练,还要注意类似题目的比较分析,借此加深学生对这类题目的理解,巩固对相关知识的掌握,使解答这类题目的能力得到进一步提升,收到举一反三、触类旁通的效果。④作业中出错的内容要进行补偿复习。补偿复习的形式应该灵活多样,视具体情况而定。由于补偿复习的作业内容是针对错误而确定的,所以不必要求每个学生都做,允许他们有所选择。

（5）课外辅导。一方面侧重于完成现阶段学习任务,培养学生的自学能力。这类辅导以不增加课时,不搞全班性补课为原则,进行多形式、多层次的辅导。具体地说,对差生采取个别辅导方法,辅导内容提倡"三超",即旧知识超前铺垫,新知识超前预授,差错超前抑制。使学生在教师直接指导下,学会思考,完成学习任务,掌握学习方法逐步形成自学能力；对中等生采取分组讨论、教师提示的方法,当小组无法解决时,教师作适当提示,促使中等生互相取长补短,完成学习任务,逐步提高自学能力；对优等生,除给予较多的独立思考和个别点拨外,主要通过帮助成立学科兴趣小组,组织参加各种竞赛,参与差生辅导等方法,发挥优生的潜能优势,独立完成学习任务,迅速发展他们的自学能力。另一方面侧重于培养学生的个性,激发兴趣、爱好,培养其优良品德和创造才能。这类辅导主要通过丰富多彩的活动课程来实现。具体的说对中等生和差等生主要让他们多参加动眼、动口、动手,培养其观察、阅读、理解、表达等有关的活动；而对优等生主要组织他们多参加动脑、动情,培养其思维、想象、创造等能力的活动,以此促进各类学生全面素质的提高。

第二节 注重学法的课堂指导

成才教育最终的落脚点是"人",是学生。面对这么多充满个性差异的学生,单纯依赖于教师的简单传授的"教",显然不能适应新时代素质教育的需要。教学中,实实在在地开展了"由教而思""由思而学","以学定教""以教促思"的教学改革的实践,初步完善了"教——学——思"的互动循环体系,由此循环往复,不断形成知识的转换生成。让学生真正掌握学习知识的主体建构方法,主动内化知识的意识和能力,具体体现了帮助学生"学会学习"的"成才教育"终极目标之一。课堂教学中,"学法的指导"就成为"成才教育"思想体系落实的重要手段和途径。

一、提高学生元认知水平,培养学习能力

在注重学法的课堂教学改革实践中,我们首先进行的是对学生元认知能力的培养,提高其水平,提升学生的自学能力。

元认知就是关于认知的认知。学校通过校本培训让全体教师认识到:元认知是指主体对自身认知过程的知识和意识,是一个人所具有的关于自己思维和学习活动的知识及实施的控制。感觉、思维或想象就属于认知活动,而元认知则是对感觉、思维……这些认知活动的认知。

通过元认知教学,有利于提高学生对学习过程的认识,了解自己学习中存在的问题,确立目标并制定计划去实施这些目标。它能够帮助学习者提高学习水平,增强他们的学习信心,使他们从学习中获得满足感和成就感;它能培养学习者的自学能力,并将课堂教学和课外自学有机地结合起来,使他们学习的整体水平得到提高,激发他们学习的动机和兴趣。

1. 元认知水平在学法掌握中的重要意义

元认知实质上是个体以自身认知活动为对象的认知,是对自己认知活动的自我意识,自我体验,自我调节和监控。从元认知的构成成分来看,它包括三种成分。

第一,元认知知识:是个体具有的关于认知活动的一般性知识,是通过经验积累起来的。元认知知识可分为三部分:①关于个体的知识,指关于自己或他人

作为认知加工的一切知识。一是个人认知特点的知识,如个人的兴趣、爱好、能力及其程度;二是个人与他人认知特点的差异,如自己的观察力比别人强,而注意控制程度又较某人差等。②关于认知任务的知识,是指人们对认知活动中任务要求的认识。它包括两方面:一方面指关于任务中有关信息特点的知识,如这种信息是丰富的或贫乏的、熟悉的或生疏的、复杂的或简单的、简约的或冗余的;另方面指任务要求和目的的认识。③关于认知策略的知识,即能认识到进行某类认知活动存在哪些策略,各种策略使用的条件与范围,能够根据不同任务,不同情境选用有效策略。

第二,元认知体验:是指伴随认知活动产生的认知体验和情感体验。元认知体验时间有长有短,体验内容有简有繁,它可以在认知活动的每一个阶段中产生。元认知体验可以是对"知"的体验,也可以是对"不知"的体验。至于产生什么体验,与个体在认知活动中所处的位置、已取得的进展和取得进展的可能性直接有关。元认知体验对认知任务的完成有着重要的作用,如怀疑自己所解的题有错而进行重新审视,阅读遇到障碍而反复阅读,也可能由于失败或困惑的体验而修改或放弃原有的目标。

第三,元认知监控:是指个体在认知活动过程中,能不断评价学习过程,并能适时地调整计划、选用恰当的方法,以保证任务的有效完成。元认知监控是元认知的核心。已有研究表明,在一定的基础知识上,学生学习的自我监控水平已成为影响其学习成功的关键因素,实质上,元认知监控是在元认知体验基础上派生出来的,只有在认知活动中体验到学习情境的变化,敏感地理解或体会到导致变化的原因,才可能有效地对活动进行调节与控制。

元认知不是人天生就有的,而是在长期的学习活动中逐步发展起来的。通过对学生元认知水平的训练,实际上是有两个重要的作用。一是意识性,能使学习者明确知道自己正在干什么、干得怎样、进展如何。二是调控性,使学习者能随时根据自己对认知活动的认知,不断作出调节、改进和完善,使认知活动能有效地向目标逼近。

学生在学习中遇到的一些问题,其实是和元认知水平低下有关。在元认知还未发展之前,他们的学习活动通常是在教师、家长等他人的直接指导、要求和监督下进行的。离开了成人的指导和安排,往往就束手无策。随着关于学习规律、学习材料的熟悉与掌握、对自身特点及有关策略知识的不断丰富、自我调控的经验增多,对学习的自我调控逐步从无到有,由低级到高级发展起来。

2. 元认知水平提高的培养方法

教师对学生元认知的培养主要有以下几种方法:

(1) 自我提问法:在元认知训练中,通过提供一系列供学生自我观察、自我监控、自我评价的问题表单,不断地促进学生自我反省而提高问题解决的能力。例如,解决数学问题的四个阶段,提出了以下系列供学生自我提问的问题:理解问题阶段问:未知条件是什么?已知条件是什么?已知条件足以确定未知量吗?多余还是不足?拟定计划阶段问:过去见过这种题吗?若见过是否它以稍许不同的方式出现?我能应用一个具有相同或相似未知条件的熟悉问题解答当前题吗?如果不能解答当前题应问:我能从已知条件中产生什么有用的东西?使用了所有的条件和数据了吗?执行计划阶段问:能清楚地认定每一步都是对的吗?能证明它是对的吗?回顾步骤问:我能检验结果的正确性吗?我能检验推理过程吗?我能运用这个结果或方法于其他问题吗?

(2) 相互提问法:在课堂中,将学生同桌的两人分为一组,给每个学生一份类似于上述自我提问的表单,要求学生在尝试解决问题的同时,根据提问表单相互提问并作出回答。

(3) 知识传授法:主要是通过传授学习理论的有关知识,特别是关于元认知的知识,使学生通过学习,认识到元认知在学习中的重要性,自觉地将元认知运用于学习中,生成适当的学习策略,提高学习效果。

要提高元认知水平,首先应提高学生五方面的意识性:①清晰了解任务的意识性。要求学生准确、全面把握学习任务,明确任务的性质、特点,任务的要求以及要达到的程度。②掌握学习材料特点的意识性。每种学习材料有自己的特点,应培养学生认真分析每种学习材料的性质、结构、难度、主次,以便能合理分配学习的时间和注意力。③使用策略的意识性。不同学习材料、不同学习要求需要采用不同的学习策略,在解决任务之前,要求学生考虑有哪些策略可供使用,哪种策略解决当前任务最佳,要有意识地选择并运用有效学习策略。④把握自己学习特点的意识性。引导学生充分认识自己的认知特点,例如,自己是善于视觉学习,还是听觉学习;是记得快忘得快,还是记得慢忘得慢。⑤对学习过程进行自我调节的意识性。培养学生在学习过程中,能敏锐判断出现的困难、障碍,准确分析出现的原因,并能适时地进行调整。

3. 元认知水平提高的教学实践

教学理论的学习,应该在各自的课堂上进行科学的实践才能够产生"教学效益"。因为学科的不同,各个教研组也应该体现出自己本学科的差异性。

例如数学组,可以要求学生做完该题后主要围绕以下几个问题进行反思:你是怎样解决问题的?你运用了哪些基本的思想方法?解题时你走过哪些弯路?解题时容易犯什么样的错误?从中吸取什么样的教训?通过题后反思培训,可以大大提高学困生的元认知技能水平。题后反思主要是对学生进行元认知监控培训。元认知监控是指主体在认知活动进行的过程中,将自己正在进行的认知活动作为意识对象,不断地对其进行积极而自觉地监视、控制和调节的过程。题后反思可以将学困生的注意集中到问题解决过程的执行监控上,从而有助于预测、计划、执行计划的监控和评价能力的提高。

又比如外语组,在课堂教学实践中发现阅读是中学生英语过程中的一项重要活动,它既是中学生学习的内容之一,也是其学习英语的手段之一。而学生往往存在以下几种问题:①归纳能力不强,②推理能力薄弱,③感受能力欠缺。之所以会出现以上问题,主要是因为学生未能掌握和使用恰当的阅读策略,忽视了学习策略的学习。因此,在中学英语阅读教学中,在注重英语语言知识与技能和社会文化知识渗透的同时,有意识、有目的、有计划地加强学习策略,特别是元认知策略的教学已经迫在眉睫。外语组教师在阅读教学中采用了元认知培养的方法。为了检测以培养元认知策略为基础的英语阅读教学是能帮助和提高中学生的英语阅读水平,英语阅读进行有意识的元认知策略培训的方法,能帮助学生产生更大的阅读动机,树立学生的自信心,帮助学生对自己的阅读进行有效的计划、安排、监控和评价,有助于他们成为英语学习的真正主人,使他们获益终生。

教师要求学生在阅读一篇文章时,先自己制定目标,拟定学习提纲、计划、对照答案自我检测,读思结合,进行充分的自我反馈。其方法是通过一些教学环节潜移默化地训练。①是要给学生提供大量反馈机会,还可以让学生通过讨论、练习、测验的方式评价自己的学习效果。②是学生自我提问和自我讲述,或由学生讲述自己的学习过程,或代替教师向别的学生讲解已理解的课文内容,从而自我认识阅读活动。如在阅读前以元认知对学生的阅读能力进行训练,使学生在解决问题前首先弄清需解决的问题,运用计划策略就是对所要认知的问题的策略,在步骤上加以程序化,使解决问题时可以循序渐进,避免丢失信息或在解决问题对杂乱无章。

同时以设计以下问题来训练学生的计划策略。①我现在要解决什么问题?它有几步要求?②关于这个问题,目前文章已给我哪些信息?哪些信息对我有用?关于这个问题,我还了解了与它相关的哪些信息?③我的计划是什么?(我计划用什么方法来解决这个问题?)④还有其他方法吗?⑤我作好了细致阅读、认真思考的准备了吗?课堂教学结束后,部分学科也通过写思维日记的方式训练学生的元认知。要求学生记下自己学习本课的思维过程及其感到困惑的地方。

二、注重问题驱动教学

学法指导的第二个关注点,即基于问题驱动的学校指导及其教学。

课堂教学中以"问题"为核心的目的是要让学生形成"问题"学习的能力,达到帮助学生学会发现问题,激发求知的欲望,从而开展深入的学习活动,最终提高思维能力的目标。

1. 问题驱动教学的规律探索

在课堂教学中,教师围绕"问题"核心展开的一系列教学活动,其根本是为了知识、技能、过程、方法,以及情感、态度、价值观的目标。我们认为强化思维的核心即是问题。要尽可能有效利用现有的教学途径,聚焦"问题",训练学生的思维,提高他们的能力。

课堂教学过程中,并不是所有的问题均有助于提高学生的思维能力,我们将课堂中的问题归纳为:知识性问题(含感知性问题、判断性问题、视读性问题)、策略性问题(含方法性问题、规律性问题、叙理性问题)和探索性问题(含思维训练的问题、加深体验的问题、拓展研究的问题)。

2. 问题驱动教学法在教学中的探索案例

在课堂教学中,一个有效的课堂问题应当具备:第一,语言是否有助于学生理解;第二,内容是否有助于学生探究;第三,难度是否有助于学生的解决;第四,呈现是否符合教学目标的需要。当目标指向于学生创造性思维的培养时,作为教师更应当关注课堂问题的创造性原则,即:问题没有单一标准答案;问题的答案不能仅限于现有教材的内容;问题的叙述应以学生的知识经验为基础。

怎么问,关系到几个方面:一是问题如何组织;二是问题如何呈现;三是问题如何处理。教师必须把握教学策略,使问题有机融合于教学过程,体现启发思维与引领教学的作用。一个是要把握问题呈现的时机:在新旧知识衔接过渡处提问;在新旧知识产生矛盾冲突中提问;在新旧知识转化处提问;在学生思维发生障碍时提问;当学生思维误入歧途时提问。二是要把握问题呈现的方式:问题内容与叙述的文字要符合学生程度;问题类型要有变化;问题由易到难,逐渐深入;问题要能使学生清楚表达;问题向大家公开;发问后适当停顿给学生充分思考;鼓励赞美学生发表不同意见。

案例举隅:

我校数学教研组就曾以项伟珠老师的一节公开课"基本不等式",开展了"问题驱动,同课异构"的主题研讨活动。教师在课堂中,就通过教学设问引导学生积极思维。有以下这些问题构成:比如说给大家每人一根绳子,

提问1:用这根绳子围成的图形中什么图形面积最大?(学生回答:是圆)。

提问2:围成的所有矩形中什么矩形面积最大?(学生回答:是正方形)。

提问3:请同学们思考一下,我们接触过哪些"恒不等式"?(学生们回答:如 $a^2 \geq 0$ 等)

提问4:基本不等式1适用的范围是什么?(学生回答:是任意实数)。

提问5:基本不等式1中还包含了一种极端情况就是相等,什么时候等号成立?(学生回答:当 $a=b$ 时)。

提问6:今天我们研究的是不等关系,请同学们思考一下,如何利用勾股弦图中的不等关系来证明基本不等式1呢?

提问7:这道比较大小的题目除了作差法外可不可以用我们刚刚学的基本不等式1?

提问8:基本不等式2适用的范围是什么?(学生回答:都是正数)。

提问9:基本不等式2中等号成立的条件是什么?(学生回答:$a=b$ 时等号成立)。

提问 10：基本不等式 1 和 2 的区别和联系是什么？（老师引导学生观察归纳结论：两个不等式的本质是一样的，基本不等式 2 是由基本不等式 1 推导出来的；两个基本不等式适用的范围不一样。）

提问 11：什么时候用基本不等式 1？什么时候用基本不等式 2？（老师引导学生归纳结论：如果两个数是平方的形式一般用基本不等式 1，如果是一次则一般用基本不等式 2。）

提问 12：AB 是圆的直径，点 C 是 AB 上的一点，$AC=a$，$BC=b$。过点 C 作垂直于 AB 的弦 DE，连接 AD、BD。

你能利用这个图形得出基本不等式的几何解释吗？

在课堂教学中鼓励教师采用问题驱动的方式教学，就是为了把学生置于教学的出发点和核心地位，让学生运用学到的知识、技能和方法来充分开展自主学习。

在学习的过程中，学生是在教师的指引和暗示下推导出教师所预期的知识，这些知识一般都是书本上规定的。但是，学生的头脑相当于一片知识的"沃土"，学生的思维可能会超越教科书的规定。作为教师应该要好好把握课堂中的生成性资源。这一方面需要教师有足够的智慧，有应变课堂中不确定因素的能力；另一方面也需要教师有一种从容不迫的心境，一种容纳奇异的胸怀。只有这样，教师才能有效地驾驭课堂教学。"问"是一种教学方法，更是一门教学艺术，要掌握好这门艺术，教师就应勤思考、多分析、努力优化课堂的"问"，"问"出学生的思维，"问"出学生激情，"问"出学生的创造。用问题驱动学习过程，把问题与学生的认知和探究过程有机地结合起来，有效地促进教学方式和学生学习方式的变革。

三、发挥教师非智力因素潜能，提升学法指导效率

教师非智力因素潜能的发挥，在改进教学、提升学法指导效能方面，产生着极为特殊的价值和作用。

非智力因素是指人在智慧活动中，不直接参与认知过程的心理因素，包括需要、兴趣、动机、情感、意志、性格等几方面。长期以来，我们一直非常关注学生非智力因素的培养，而对于教师的非智力因素却很少提及。其实同样，教师的教学

活动也是智力因素和非智力因素共同参与的结果。非智力因素对教学效果有时起着促进作用,有时却会起着消极作用。

一般情况下,教师之间智力方面的差异不会很大,因此决定教师教学是否成功的主要因素只能是非智力因素。作为知识的传播者、学生学习活动的指导者,我们必须重视自身非智力因素其正能量的充分发挥,积极研究和探讨教师非智力因素的培养和潜能开发,是我们始终关注的一个课题,并依此为内容,进行了持续深入的探索和实践,为我校注重学法指导的课堂教学,提供了有效的动力支持。

1. 教师非智力因素的内容

教师非智力因素的内容非常丰富,一般而言,对教学起到重要影响作用的有以下几个方面:

(1) 教师的信念。

信念是人们认识世界和改造世界的精神支柱,是从事一切活动的激励力量。个体的世界观、人生观、价值观和道德观等,都是由信念所组成的一定的体系。信念一旦确立后,就会给人们的心理和行为以深远的影响。

教师信念作为从事教育工作的心理背景,影响着教育教学实践,也影响着学生素质的培养。美国教育家杜威从1896年创办他的芝加哥实验学校开始,就一直坚守着他的五大教育信念:教育即生活;教育即生长;教育即经验的不断改造或改组;学校即社会;从做中学。中国现代教育"圣人"陶行知也有自己的教育信念:"教育应当培植生活力,使学生向上长。""生活是教育的中心。""教育应当把环境的阻力化为助力。"……他们的教育信念都内在地蕴含着对教育的理解,对学生及其发展的理解。新时代的教育要求教师形成符合社会发展的教育观,即"以人为本"的教育信念。它包括尊重学生的人格,尊重学生的主体地位,尊重学生的发展潜能。面对渴求尊重与理解的幼小心灵,面对祈望得到全面和谐发展的稚嫩少年,教师的信念不能再模糊了。要说教师的核心竞争力是什么?也许就是教师的信念。

(2) 教师的意志。

教育意志是教育者自觉地确定教育目标,并克服困难来实现预定教育目标的心理过程。它包括行为上的果断与坚持、自制与沉着。教育意志在教学活动中起到动力、定向、调节、维持、强化的作用。

另一方面教师的意志品质还直接影响学生意志品质的形成。教师是学生获得知识的导师和引路人,在学生群体中处于特殊地位。教师的言论行为、对知识的渴求和探索都会被学生视为榜样,对学生起示范作用。

(3) 教师的情感。

诺贝尔文学奖获得者泰戈尔说,师生活动是"师生的心灵约会"。陶行知先生说过,"教师与教师之间,学生与教师之间能实现精神上的沟通才是真正的教育,才是一种人格精神的培养"。教师的情感是丰富的,主要包括:1、以师爱为核心的积极情感,这其中包括,对教育事业的热爱,对学生的热爱,对所教学科的热爱;2、教师的高尚师德情操和审美情感;3、教师对学生成才的期待。这些因素无疑贯穿于教学过程的始终,并对教学过程产生巨大的影响。

(4) 教师的性格。

良好的教师性格有助于学生性格的养成。教育就是培养人。所谓"培养人",不仅要使学生具有高尚的品德、丰富的知识,同时还要帮助他们形成良好的性格,成为个性心理上和谐发展的新人。而"只能用性格来形成性格"。有人曾经做过实验,让三种不同性格类型的教师各带三组学生,结果学生的性格出现明显的差异:办事民主的教师,学生的性格比较稳定、积极,待人态度友好;性格严厉、遇事专制的教师,学生的情绪则比较紧张,不是冷淡就是带有攻击性;而性格冷漠、教育放任的教师,学生的情绪也变得漫不经心,言行常常处于放任状态。教师的性格是一种教育因素,而且是其他任何一种教育因素都无法替代的。

(5) 教师的兴趣。

一方面,当代学生认知能力和理解水平往往超出他们的年龄,有着很强的求知欲。这种求知欲并不满足于在课堂中所学到的书本上的知识,而是在文学、艺术、军事、体育甚至社会学方面的所有知识和技能都会引起他们浓厚的兴趣,这无疑成为教师的一种挑战。

另一方面,新课程改革,加快了各学科之间的相互渗透,加强了本学科与生活实际各方面的联系,没有一定的知识面很难胜任教学。有了广泛的兴趣爱好,教师就视野开阔,知识面广,在教学中需要的东西就能旁征博引,信手拈来,使得教学生动有趣,增强了教学的吸引力和感染力,在满足学生求知欲的同时,还激发出了学生广泛的学习兴趣,调动了学生的学习主动性。"兴趣是最好的老师"。这样学生才能长期而愉快地从事对事物的探索学习,并因此取得成就。孔子说,"知之者不如好之者,好之者不如乐之者"。教师"乐教",学生"乐学",两者有机地结合在一起,就能成一个"教与学"的切合点,取得教学的最佳效果,而这一切的前提和先决条件主要在于教师的"兴趣"。

2. 注重学生非智力因素开发,增强学法指导的实效

我国的教育正经历着一场革命,逐步告别了应试教育,转向重视学生素质全面协调的发展。教师在传授知识的同时,担负着"激励、唤醒、鼓舞"学生的重任,教师的非智力因素的作用也就凸显出来。而教师的非智力因素的正效应是激发出学生的非智力因素,以实现自主学习。

心理学研究表明,学生的情感、意志、态度等非智力因素的状态如何,比智力高低更能预测他们的发展,两者是相互作用的。学生学习心理状态趋势影响学习效果,它是一切活动和智力活动的激发剂和催化剂,是促进学生有成效地学习的重要保证。布鲁纳在《教育过程》指出:"学生的学习兴趣、动机、态度、好奇心以及情感在促进学生智慧发展中起着重大作用,这些方面要靠教师对学生的热爱和教师本身的感染熏陶,是其他任何教学手段都代替不了的。"并提出"动机原则""强化原则"等教学原则来保证教学过程中非智力因素的充分调动和发挥。因此,对学生进行学习方法的指导,必须与学生的非智力因素密切结合。

在对学生进行学法指导之前,教师必须用自己的热情和信心点燃学生的热情,让学生亲其师、信其道、乐于上进,变被动为主动。对学生在学习上的每点成绩都要给予充分肯定,看到进步和闪光点要予以表扬,让学生体验到成功的快乐,从而产生向上的力量,由此达到"愿学""想学""主动学"的目的。在此情况之下,一种好的学法才会让学生愉快接受,并发挥它的功能,才能让学生主动发展,才能使学生的创新意识、创新能力得到发展。

90后的学生特点是讲求个性,渴望民主。高中学习任务紧,节奏快,学生的心理压力大,这可能会严重阻碍学生学习的动力与成绩。所以教师上课时的一个微笑,对回答不出问题同学的一句鼓励的话:"没关系,下次你可以回答的更好""是书中的公式啊,回去再花些时间就可以了",会让学生觉得教师特别好亲近,那么学习上的困惑,也会主动的和教师交流,这时再自然地开展一分钟谈话

指导。这种和谐的师生关系,肯定有助于教学的开展。

案例举隅:

例如2009届有个学生小喆文科成绩不错,但糟糕的数学成绩,成了他高考路上的"绊脚石",对老师的眼神从来都是回避。老师没有放弃他,坚持每天在他作业本上写鼓励的话,写错题的解法。一个月之后,办公桌上看到了一个"心型"便签,上面写着"老师,我会努力!——小喆"。

如果说信任是基础,兴趣是动力,那么"爱"就是动力的源泉。随着时间的流逝,教师把"爱"融入每一堂课,像园丁精心培育花草一样去关爱、栽培每一个学生,这种爱是对学生严格要求和尊重信任的统一,是公平公正的、轻松的,而是不带有色眼镜的,对每一个学生都要一视同仁。古人云:"爱人者人恒爱之,敬人者人恒敬之。"教师的"爱"会感染每一个学生,会使他们的身心得到健康的发展,更重要的是你的"爱"会影响他们的人生,并对他们今后的成长带来很大的帮助。这种"爱"的回报不仅仅是教学质量的提高,而是除此之外的乃至整个社会的尊重和爱戴。

作为一名教师,我们热爱自己的学生,虽然他们也有让我们有哭笑不得的时候,但他们需要教师的正确指导,同时我们也会"查内因",查一查自己讲课时的问题,是否清楚、正确,他们是否易于接受,这样就会在教学中努力调整自己以适应学生的需要。所以在课上教师真情的流露使学生有安全感,使他们想说,愿意去说。比如,班中有个女孩声音特别小,所以她不爱回答问题,有一次她似答非答的试探着,教师赶快把她叫起来,虽然声音小,但十分正确,教师告诉她:你回答的真好,如果声音再大一些就更棒了。六十中学鼓励课堂教学中变教师主宰为教师主导,变"以学生为客体"为"以学生为中心",变"本本主义"的"传道、授业、解惑"为增长经验、发展能力和开发智力为主要教学目标,变凝滞呆板、墨守成规的课堂气氛为生动活泼、主动探索的课堂气氛。建立平等和谐的师生关系,因材施教,容纳标新立异,鼓励探索创新。让学生在参与中求得体验,从而去创新、发展,真正学会求知,学会做人。

第三节 构建成才教育的教育模式

作为一种教育思想,"成才教育"走过了近三十年的探索历程。作为承载"成才教育"思想落实的课堂教学,也在近三十年的探索下,在历经上海市一期、二期课改的洗礼下,在学校争创实验性示范性高中的过程中,在正努力培育自己的办学特色上,获得了成果,积累了经验,并初步形成了自己的一套行之有效的适应素质教育要求和成才教育改革实情的教育教学模式。

一、成才教育的教学模式理论

"模式"一词在现代社会中运用较为普遍。汉语中,模式指"标准的形式或样式"。在英语中,它和"模型"、"模范"是同一个词,都是 model。西方学术界通常把模式理解为经验与理论之间的一种知识系统。有学者认为:模式是再现现实的一种理论性的简化的形式。它有三个要点:第一,模式是现实的再现;第二,模式是理论性的形式;第三,模式是简化的形式。

国内外对教学模式概念的理解并不一致。在国外较有影响的是美国乔伊斯(B.Joyce)和威尔(M.Weil)所下的定义,他们认为,教学模式是构成课程(长时间的学习课程)、选择教材、指导在教室和其他环境中教学活动的一种计划或范型。国内关于教学模式的定义,概括起来大致有下列几种。

第一种是认为"教学模式是在教学实践中形成的一种设计和组织教学的理论,这种教学理论是以简化的形式表达出来的",可称其为"理论说"。

第二种是认为教学模式是在"一定教学思想或理论指导下建立起来的各种类型教学活动的基本结构或框架",可称其为"结构说"。

第三种是认为教学模式是"在一定教学思想指导下建立起来的完成所提出教学任务的比较稳固的教学程序及其实施方法的策略体系",可称其为"程序说"。

第四种是认为常规的教学方法俗称"小方法",教学模式俗称"大方法"。它不仅是一种教学手段,而且是从教学原理、教学内容、教学目标和任务、教学过程直至教学组织形式的整体、系统的操作样式,这种操作样式是加以理论化的,可称其为"方法说"。

长期的成才教育的教育教学改革实践,我们在对教育教学模式不断深入的理论认知的基础上,结合我们的改革时机,实现了对模式的实践—经验的认识与综合,并形成了具体成才教育特色的一整套规则、方法及相应机制构成的可操作的体系。

1. 成才教育的教学模式的新型特色

在教学领域有一个大家都十分熟悉的提法:"教学有法,但无定法,贵在得法"。这里第一个"法"可以理解为教学的一般法则,也就是教学规律。第二个"法"是指某种特殊的方法。第三个"法"是指对某种具体情况来说最能体现教学规律的那种最优章法。这种最优章法有的表现为能有效指导某种教学活动的教学原理,有的则是对某种类型的具体教学活动经过优选后概括出来的。成才教育研究的"教学模式"就属于这第三个"法"的范畴。

成才教育认为应该全面地把握教学模式:第一,模式不是方法,它与讲授、谈话等教学方法显然不属于同一层次;第二,模式不是计划,计划只是它的外在表现,仅此不足以揭示其内含的教学思想或意向;第三,模式也不是理论,至少不仅仅是理论,它还内含着程序、结构、方法、策略等远比纯理论丰富得多的东西。我们可以把教学模式理解为开展教学活动的一整套方法论体系,它实质上是在一定教学思想或教学理论指导下建立起来的、较为稳定的教学活动结构框架和活动程序。它是教学理论的具体化,又是教学经验的一种系统的概括。它既可以直接从丰富的教学实践经验中通过理论概括而形成,也可以在一定的理论指导下提出一种假设,经过多次实验后形成。

2. 成才教育的教学模式的主要要素

一个完整的教学模式应包含下列五个要素。

(1) 理论基础 指教学模式所赖以建立的教学理论或思想,即建立各个教学模式的理论基础。模式的理论依据是其深层内隐的灵魂和精髓,它反映了模式的内在特征。理论依据在教学模式结构中既自成独立的因素,又渗透或蕴含在其他各个因素之中。

(2) 教学目标 指模式所能达到的教学结果,是教育者对某项教学活动在学习者身上将产生什么样的效果所作出的预先估计。任何教学模式总是为了完成特定的教学目标而设计创立的。教学目标在教学模式的构成因素中居于核心地位,对其他因素有制约作用,也是教学评价的标准和尺度。

（3）操作程序　指教学在时间上展开的逻辑步骤以及每个步骤的主要做法等。任何教学模式都具有一套独特的操作程序和步骤。由于教学过程中，既有教材内容的展开顺序、教学方法交替运用的顺序，又有内在的复杂的心理活动顺序，所以人们常常从不同侧面提出教学活动的基本阶段及其逻辑顺序。操作程序只能是基本的和相对稳定的，而不应是僵化和一成不变的。

（4）实现条件（手段与策略）　指促使教学模式发挥效力的各种条件（教师、学生、教学内容、手段、时间、空间等）的最佳组合和最好的方案。策略是指为教师运用模式而简要提出的原则、方法和技巧，即操作要领。要保证模式的程序在执行时的可靠性，提出的要领必须是清晰、确切的。

（5）评价　指评价的方法、标准等。由于各个教学模式在目标、操作程序、策略方法上的不同，因而评价的方法和标准也就不同。每种教学模式一般都有适合自己特点的评价方法和标准。如掌握学习教学模式评价因素不同于标准化评价，它的评价标准是目标参照性评价。但现阶段除少数的模式已初步形成了一套相应的评价标准方法外，很多模式至今尚未形成自己独特的评价标准和方法，这也是今后教学模式研究中的一个重点和难点。

一般说来，只有具备了上述五个方面，才算得上是严格意义上的教学模式。

3. 成才教育的教学模式的职能

从教学模式的职能来看，可以概括为：

第一，它是基础理论应用于教学实践的转化环节。相对于人的学习和发展的基础理论（心理学、生理学、社会学等）来说，模式是在更具体的层次上对这些理论的模仿，其结果以稳定的格式表现出来，就成为受"某种"理论指导的"某种"教学模式。其中包括可供达到某一教学目标的必备条件和实施的程序、方法等，因此使抽象的理论便于模仿和操作，对广大教学实际工作者在设计和组织各种具体教学活动方面具有咨询服务的功能。这就是教学模式的教学法职能。

第二，它是由教学经验上升到教学理论的转化环节。教学模式来自实践，它不仅是对教学实践中某一类有效的具体教学活动方式的优选、概括和加工，而且包含有一定的预测和设想，以提示原型中的未知成分。个别的教学经验，经过逐步的概括、系统的整理可以使它通过教学模式的形成而进一步提高到理论。随着概括层次的提高、运用范围的扩大，教学模式还可能由小型的、层次较低的理论逐步概括发展成完整的、层次较高的理论。从这个意义上说,教学模式可以为教学理论不断地充实发展提供各种具体素材,因此它是个别的特殊经验转化为一般理论的中介环节,对教学理论的丰富和发展具有原料加工、理论建构的功能。这就是教学模式的研究法职能。

从教学论研究的方法论角度来看,一定的教学模式无论是在基础科学成果和学校教学实践之间,还是在教学经验和教学理论之间,都发挥着不可或缺的"桥梁"或"纽带"作用,有助于改变教学的理论和实际相脱离的状况。基于这一认识,可以认为教学模式的研究既是客观实践中提出的实际问题,也是教学论研究发展逻辑的必然。

二、成才教育的教学模式建构

在素质教育实施中,从教学模式入手来进行教学研究是当前教学研究的一个主要趋势。

1. 课堂教学中的教学模式的宗旨

六十中学在执行教学常规的同时,学校鼓励和支持教师在教学改革上努力形成不同的风格和特色。尽管各科教学各有特色,但应本着一个共同的原则:就是教师引导学生自己学习,简称导学型教学模式,它包括"提出问题——明确要求——启发思维——引导自学——重点讲解——肯定对的——否定错的——布置检查——督促指导"这样一个完整的系列。它能充分发挥学生的学习自主性,激发学生对学习的兴趣,使学生参与课堂教学的积极性大大增强,不仅有助于提高学生的学习能力,而且减轻了学生的负担,提高课堂教学的效益。导学型教学模式强调以学生为主体,重视学生的学,培养学生的学习能力,特别是发展性学力和创造性学力。

在导学型教学模式的基础上,"分层次教学模式"也成为贯彻思想的一项原则。教师必须考虑每位学生的差异,利用教学原则中分类活动、分层推进的原则进行教学,促使每一位学生都能够得到最优的发展。在一个教学班中,由于客观、主观、先天、后天等因素的影响,每位同学在心理、生理、体能、技能等方面都存在着差异,就会出现好、中、差的现象。"分层次教学模式"的目的就在于:面对现状,遵循客观规律,避免在教学中对每位学生以同一个标准衡量,避免让学生得不到最优化的发展。"分层次教学"的目的就是在不同层次中求发展,让上等生得到优化,让中等生学得更好,激发差生的学习兴趣,使差生也能达到大纲、教材的基本要求。这样全体学生都能在原有的基础上,充分发挥自己的潜能而达到最佳的效果。

2. 成才教育教学模式的学科呈现

在宗旨的指引下,各个教研组能够根据本学科特点,构建出本教研组在课堂教学中的模式:

◆ 物理 由原来的"接受—理解—巩固—解题"转变为"参与—体验—内化—外延",要求学生作为主体主动参与教学全过程,尽可能亲身体验、亲自感受所学的内容,通过连续不断地同化新知识、构建新意义(顺应)的过程实现主体经验的积累内化,形成和不断更新自己的认知结构;并在已有知识的基础上自觉地、主动地向外延伸,进一步追求更高层次的认知结构,解决一些尚未认知的新事物,进而树立学习的自信性,形成有个性的学习风格。

◆ 生命科学 加强现代教学媒体的应用,创建和采用新的教学模式,如探索—实践教学模式、实验引导教学模式、趣味激疑教学模式、"三园(校园、庭园、田园)"教学模式、多媒体网络互动教学模式、实验设计活动教学模式和专题调查教学模式等。提倡以实验组织教学,让学生在实验过程中体会、理解、掌握概念和理论把知识、技能和能力融为一体,以培养学生的发展性学力、创造性学力。加强多媒体教学、网络教学等现代教育技术和教学手段的应用。

◆ 语文 "三课四段"模式是成才教育范畴下对高中语文写作课课堂教学模式。它以成才教育思想为指导,以认识论和认知心理学为依据,以三课时为教学时间上的基本组合单位,按照"定向准备——借鉴模仿——创作——评改"的过程组织教学,以学生为学习主体,教师为教学主导,理论知识为训练主线,采用练习性策略,追求写作训练的实效性。

◆ 历史 教学模式实施分层推进教学模式。其方法为:"学生分层——目标分层——分层施教——分层训练——评价分层——调整层次"。该模式有利于营造积极的课堂氛围,激发学生的兴趣;有利于调节和改善学生的学习心态和学习习惯;有利于促进学生智力能力的发展;有利于促进教师自身素质的提高和教学观念的转化。

◆ 地理 成才教育运用地图教学模式,根据学生学习地图语言的心理过程和特点,进行地理的教学,发展学生智能。把地图的地理信息转化为实际的地理评价。例如,学生通过阅读沪宁杭开发区地图,认识到该地区在自然条件、交通条件、工业、农业、旅游等方面的分布和联系,就能进一步评价该地区发展的优势和不足,这对学生今后参加"四化"建设具有实际和深远意义。又如,通过阅读城市工厂布局示意图,可以启发学生认识自来水厂应布置在河流上游处,并考虑盛行风向。进而认识到:城市工厂布局是要符合社会效益、经济效益和环境效益的,使学生能在今后的实践中,运用地图创造性地去分析问题和解决问题。

◆ 化学 成才教育化学教学采用导学型教学模式,"提出问题—收集信息、提出假说—设计方案—验证假说—得出结论",运用系统思考方式优化化学教学。所谓系统思考,就是对事物、问题进行整体思考,而不是局部思考。系统思考将引导一条新路,使人由看片段到看整体;从对现状被动反应,转为创造未来;从迷失在复杂的细节中,到掌握动态的均衡搭配;将让我们看见小而效果集中的杠杆点,产生以小博大的力量。例如:物质的量这一章教学,摩尔概念的掌握、各知识点掌握、知识整体理解是相辅相成的,摩尔概念的掌握有利于各知识点掌握,而各知识点掌握又利于知识整体理解。传统教学体现了其教学的杠杆点是摩尔的概念,因此加强了摩尔概念的教学,由于杠杆点掌握得不够准确,愈用力推,系统的反弹力量愈大。而实际上,这个教学的杠杆点应是先是物质的量知识的整体了解,这是符合认识的客观规律的,因为物质的量这个物理量的提出是由于人们在认识宏观世界和微观世界后,为了把这两个世界有机连接起来而提出的,学生如果知道了这个背景就很容易理解物质的量和其单位摩尔。

◆ 数学 成才教育的数学教学采用分层次教学模式,习题层层递进的形式有利激发学生学习的兴趣。兴趣是学生成功学习的基础,兴趣的发展有助于学生对数学产生情感倾向。踏着阶梯式的习题,学生的需要不断发展,学生就进入探索发现的境界。教师要引导学生不仅注意某一个题的解法进而要引导学生注意与之有关的其它习题,从而发现其本质联系。我们还可利用体现较高要求的习题,发展学生的意志力。B组习题体现了教材的较高要求,学生达到基本要求后,学习还可以向更高、更深的方面发展。学生在解决这些习题时,往往顽强地思考、学习,即使探索失败,学生的意志也得到了磨炼。因此,合理使用这些习题是发展学生意志力的一条良好途径。在数学教学过程中还应展示数学思维过程改变以注重结果轻过程的现象。成才教育数学教学要求教师让学生从"学会"到"会学",即掌握数学思想方法,发展思维,形成能力。过程是思维之本,展示思维过程具有十分重要的作用。展示思维过程应体现在整个数学教学活动之中,教师要结合教学内容、课型特点,使教学活动成为数学思维活动过程

◆ 思想政治　成才教育的思想政治课教学采用分层次教学模式。备考复习过程中"练"是学生在教师指导下巩固知识的一个途径,是高三思想政治课教学过程的重要组成部分。"练"不能盲目地追求练习数量和练习的次数,不能搞题海战术加重学生负担。要练得当,讲求效率。在这方面就必须充分发挥教师主导作用指导学生进行巧练。加强复习课中的"练",必须要遵守"分层推进,激发潜能"原则。所谓"分层推进"就是复习"练习"中每一次的题目要有层次性,要循序渐进,不能盲目追求"综合、难题",要稳扎稳打,使学生复习有目标,学习有提高,在"分层"练习中,体验成功的喜悦,激励学生向更高目标不断推进。"激发潜能",复习练习中教师要帮助学生树立主体意识,使学生充分了解自我、培养和提高学生的能动性、创造性,使学生潜能充分发展。

◆ 体艺　成才教育的体育教学实践证明"分层次教学模式"符合当前体育课课堂教学改革的客观规律,在提高教学、教学质量、增强学生体质具有顽强的生命力和广阔的前景。例如:跑的"分层次教学"设计。在短跑的教学中可以设计"团体迎面接力""追逐跑游戏"等内容。在长跑的练习中,可以根据学生耐力跑的考核成绩来分组,如1000米考核中3分30秒以上的分为优秀组,3分30秒到4分15秒的为中上组,4分15秒以下的为差生组。在不同层次中又可引进竞争法,激发他们的学习积极性,每个同学都为自己而学习,为自己而努力。在跑的教学中,如两个平行班级为一个教学班,打乱自然班的学生按成绩分班,这样,上等生同上等生结合,中、下等生同中、下等生结合,能够激发他们的学习积极性,反之,如果让好的同学同差生结合在一起,好的追上差的觉得没意思,而差生永远也无法追上好的,这样一来就失去了学习的信心和兴趣。

◆ 英语　从社会发展对英语多规格多层次人才的需求来看,在高中实施多种形式的分层次教学模式,兼顾学生的基础学力与个性特长两方面,无疑是实施成才教育的一种有效方法。在叫学生回答或表演时,应该注意扬长避短、分层要求。既要让程度一般或较差的学生有话可说,也要让程度好的学生能够自由发

挥。由于学生英语水平的差异和性格不同,有的人思路敏捷,词汇量大,参与活动比较深入;有的人胆小怯场,词汇不够熟练,参与活动比较浅慢。对于这点,我们教学并不强求一律,只要积极参与,都予以肯定。对反应迅速的,多给他们即兴发挥的机会;对胆小怯场的,多给他们充分准备的时间。如与旧知识相关或已布置过预习的,多让他们发言。通过教师的肯定,进一步增加他们的信心。

三、成才教育教学的创新实践

成才教育的教学模式为成才教育思想的进一步落实提供了实实在在的保障。当然在实践中,如果我们固守着某一种模式,来面对日新月异的教育形式,来面对各具特性的学生,显然会陷入一种新的僵化。整个成才教育的教学模式也需要不断的进行更新与完善,需要进行一系列行之有效的新的实践。

(一) 开展高考命题研究,提高教学的针对性

高考是一次非常激烈的选拔性考试,新的高考试题在实现课程价值、推动教学理念和教学方式等方面发挥了作用,但同时也给教师们带来了困惑:高考试题走向让人捉摸不定,一些试题的要求又很难把握,如何才能有效地复习备考呢?为此,我校定期召开高考命题的分析会,组织教师研究、分析近五年高考试题,并且聘请校外专家来我校参与讨论指导,以教研活动的探讨来引领组员分别从考试大纲、考试内容、评价标准等角度对高考试卷进行较为详尽的分析研究,期望通过研究分析更好地把握上海高考试卷的变化特点,结合我校学生实际实施有效教学。这不但能够使一线教师明确高考试题发展的趋势与前沿动态,把握命题者的出题意图指导学生答题,更为我们日常教学明确了方向,在制定教学的重点与难点时能够有的放矢。

1. 高考命题研究效应在语文学科的特质显现

语文教研组通过专题教研活动,进一步帮助语文教师树立关注高考、研究高考、努力把握、顺应高考发展趋势的宏观意识,也促进教师不断反思日常教学实践,优化教学内容,改进教学方法,调整教学策略,提升教学效果。

组内的研讨弘扬了个体研修、同伴互助的良好教研风气,而学校诚意邀请的专家的指导确实起到了专家引领的作用,让大家开阔了视野,激励了热情。黄玉峰老师是上海写作学会副会长,上海语文学会理事。他义无返顾地探索语文教学改革,形成了独特的教学风格,现如今依然耕耘在复旦附中的教学一线。他对

母校的关心与支持、对语文教育事业的热爱、对基础教育的反思与改革,给语文教师们留下了深刻的印象。大家纷纷表示要坚守语文教育的理想,加强自身的修为,在语文教学上踏踏实实地有所作为,切实做到能引领学生在心智、学识上不断成长。语文教研组也形成了一些共识,比如对于高考作文的分析:一是强调材料思辨性,考察学生思维的深度。需要考生对命题的关键词进行正确的辨析,提炼观点。二是贴近学生生活,考察学生思维的广度。近五年来的作文题更平易近人,学生不犯怵,人人有话说,但真正要写出深度,那和学生平时的读书积累和生活思考有直接联系。所以更考察了学生思维的广度。

对于高考作文教学对策是:

第一,在教学中加强学生的思维训练。阅读是基础训练,重点引导学生细读经典的论说文,加强学生概括能力训练,读得懂,才能写得来。比如报刊上的有些评论性时文,思路清晰,逻辑表达严谨,可以作为学生阅读的范文进行阅读。写作是思想的书面呈现,所以在平时教学中就要注重对感性的生活进行概念的整理、判断的联结和推理的辩证。引导学生建立过去与现在、课内与课外、感性与理性等之间的联系。

第二,提高课堂讨论的严谨性。学生作文,偏题、离题非常严重,问题的实质就是偷换概念。所以在平时的课堂讨论中,要提高自身提问的质量,并关注学生回答的有效性。注意就事论事的规范训练。在平日的写作训练中,会发现学生堆砌论据,以例代议的现象。所以在平时训练中加强小语段写作训练,句子与句子之间的连贯反映了作者思维的流畅。可见,规范的写作训练对提升学生的语言表达是很有帮助的。

2. 高考命题研究效应在数学学科的特质显现

数学教研组请来复旦附中特级教师李秋明老师进行指导,通过主题教研活动的探讨,得到的主要经验有:

第一,高考试卷的作用是体现选拔功能,达到一个较好的区分度,同时使难度控制在一个理想的范围。但要达到这样一种完美的平衡是不容易的,高考卷与预想会有较大的落差,但试卷难易对大家是公平的。我们要思考的是通过研究高考试题,找出共性的东西,以不变应万变,找到解决高考试题的通解通法。数学教学中绝不能靠反复的操练,作无休止的重复训练恐怕是得不了高分的,我们更应该鼓励培养学生的灵活的思维能力，注重过程教学、注重理解、注重推理。

第二，近几年高考卷很好地达成了三个有利于，即有利于高校选拔新生，有利于推进中学素质教育，有利于创新精神与实践能力的培养。其重点在考查了高中的"双基"的基础上，注重了对学生的能力的考查。通过研读，使我们充分地认识到，在实际的数学教学中，要切实关注数学思维过程，培养思维习惯，深刻理解数学概念的本质，力求在学懂上下工夫，着力在夯实"双基"的过程中，培养学生的分析和探究能力。

第三，在课堂教学中，一要重视基础、回归课本。在解题训练中进一步加强对基础知识和基本技能的学习，在知识运用中分析梳理知识网络结构，使学生从整体上把握教材内容，形成良好的认知结构。只有"双基"过关，才有能力做难题。因此，解题训练不能单纯追求解题的数量和速度，不能单纯追求正确结果，而应从提高学生的基本素养入手，通过一题多解，多解归一等方法将它们落实到位。应重视教材的使用价值，考生中出现的许多知识性问题大多是没有回归到教材中去。在常规教学(尤其是一轮复习)中应多回归教材，多理解问题的本质，多了解知识的源头，理顺基本知识线，形成一个条理化、有序化、网络化的有机知识体系。对于习题的提升应以课本原题为基础，搞好变式训练，在心理上做到有处可寻，有本可依。二要关注通性，提炼方法。加强逻辑推理论证能力的培养，形成良好的数学思维品质。新课程背景下的试题体现了以知识为载体，以方法为依托，以能力考查为目的的命题特点，对考生能力要求将逐步提高。倘若在平时学习中不加以强调，将很难适应高考的变化。

3. 高考命题研究效应在英语学科的特质显现

英语教研组通过前期准备，考虑到上海高考英语命题近几年始终保持了"稳中有变，变中求新，立足语篇"的基本命题思路，始终坚持了"突出语篇，强调应用，注重交际"这一命题原则。

最近几年中变化最大的要数阅读量的增加和对大剂量词汇的要求，在单位时间内需要学生能够加快阅读速度，这说明未来的高考越发强调对学生的英语应用能力的检测和培养，高考英语日益侧重对考生阅读能力的考查。学生不但要懂得英语的基本语法知识，还要具备语篇的整体理解能力和分析结构复杂的长句的能力。为了适应上海高考的新趋势，解决本校英语教学的实际问题，外语组进行了"顺应高考改革新趋势,提高学生语言应用能力"的主题教研活动。

研讨活动请来了区教研员进行指导。教研员认为:

第一,六十中学外语组的团队建设和教研氛围一直很好,教研活动选题到位,话题也很实在,建议这个主题的研讨课进行系列的活动,今后继续深入探讨。

第二,关于提高学生语言应用能力,教师可采用的具体教学策略:词块为主的日常默写、手段丰富的阅读练习、写作模式和句型的强化、听力中高频词汇的总结,等等。

第三,希望更多关注英语学科的功能究竟是什么。英语作为一门外语,除了传递信息、表达思想,还兼具着享受生活的功能。英语教师不能只从提高成绩单方面考虑,还要考虑如何让自己的英语教学更有趣味性,让学生在娱乐的同时,自觉增加在英语学科上的时间投入。比如可以引导学生们多读一些英语文章、多听一些英语材料。我们要开放思路,更多地关注学生能力的培养,不要将提高英语的方法局限于试题。第四,关于高考成绩,是学校不能回避的话题。为了更好地追踪最新的趋势,建议关注今年的学业水平考试卷。这份考卷的变化,难度加大,尤其是翻译、阅读和作文。写作话题三选一就是一个新趋势,平时可以有意识地引导学生提高审题能力,应对各类话题写作的能力。

经过研讨,我校教师也达成一些共识:外语教学不该故步自封、困于传统的机械操练,一定要顺应高考改革的趋势,重视语言的实际应用能力。各个学段要针对高考改革趋势的变化明确检查重点,相应改进自己教学的方法,提高学生的学习效果。要克服近年来生源欠佳的劣势,从教师自身做起加强对学生的引导,在日常教学中突出教学中的语言应用能力,帮助学生适应高考的形势和社会的需要,为我校提倡的"创造适合学生的教育"作出自己的贡献。

(二) 开展初高中衔接的研究,提高教学效益

初中生经过中考的奋力拼搏,刚跨入高中,都有十足的信心、旺盛的求知欲,都有把高中课程学好的愿望。但经过一段时间,他们普遍感觉高中学习并非想象中那么简单易学,而是太枯燥、乏味、抽象、晦涩,有些章节如听天书。在做习题、课外练习时,又是磕磕碰碰、跌跌撞撞,常常感到茫然一片,不知从何下手。相当部分学生进入学习的"困难期",学习成绩出现严重的滑坡现象。渐渐地产生畏惧感,动摇了信心,甚至失去了学习的兴趣。造成这种现象的原因是多方面

的,但最主要的根源还在于初、高中教学上的衔接问题。

随着课程改革的不断深入,初高中教学的差异越来越显著,初中教学带有明显的"义务制"教育色彩,而高中学习则侧重应用能力,并要面对三年后的高考选拔。这就使初、高中两个阶段的教学特点呈现出了较大的差异。体现在教材上初高中教材呈现出了一些"脱节"。正因为这样我们必须在学生进入高中学习之前认真做好各个学科的衔接工作。

1. 教学内容的衔接

首先是教材内容上的衔接,学校组织语数外物理化学学科的老师认真编写了初高中衔接教材。

案例:

以数学学科为例,主要包括六部分内容:1.因式分解:初中教材中已删除的立方和与立方差公式;因式分解也主要关注二项式系数为1的二次三项式的因式分解;对三次或高次多项式的因式分解不作要求,而这些在高中数学的运算中经常用到。2.幂运算:初中教材中对二次根式对分母、分子的有理化不作要求,对分式指数,例如 $2^{\frac{3}{2}}$, $2^{-\frac{3}{2}}$ 等幂的乘方及开方没有涉及;而这些在高中数学的运算中经常用到。如2006年上海高考的第22题中,对函数 $f(x)=x^2+\dfrac{1}{x^2}$ 的单调性性质的研究。3.二次函数:初中教材对二次函数的要求较低,只是处于了解的水平;对二次函数的研究常常只停留在二次项的系数为1的情况。一元二次方程根与系数的关系涉及也较少。4.函数图像的对称性和平移:初中教材对函数图像的对称性和平移只作简单的介绍,而高中函数的研究中经常要用到。5.圆的有关知识:初中教材对圆的要求较低,只是处于了解的水平。如:半圆(或直径)所对的圆周角是直角;90°的圆周角所对的弦是直径。四点共圆的应用等。6.三角形的四心:三角形的内心、外心、垂心、中心的概念及其性质,初中教材很少涉及,而在高中的平面向量、解析几何中经常应用;如:外心到三角形的三个顶点的距离相等。重心到每边中点的距离等于这边中线的三分之一在△ABC中,BD为角B的平分线,则 $\dfrac{AB}{BC}=\dfrac{AD}{DC}$ 等。

2. 学习习惯的衔接

适时进行学法指导，培养学生在初高中衔接阶段能养成良好的学习习惯。有些不好的学习习惯，比如：第一，在学习上的依赖心理明显。这是因为在初中时，为了提高分数，教师往往将各种题型——罗列，学生依赖于教师为其提供套用的"模子"。许多学生进入高中后，还像初中那样，有很强的依赖心理，跟随教师惯性运转，没有掌握学习的主动权。

第一，表现在不订计划、坐等上课，课前没有预习，对教师要上课的内容不了解，上课忙于记笔记，没听到"门道"。

第二，是思想松懈。有些同学把初中的那一套思想移植到高中来。他们认为自己在初一、二时并没有用功学习，只是在初三临考时才发奋了一两个月就轻而易举地考上了高中，因而认为读高中也不过如此。高一、高二根本就用不着那么用功，只要等到高三临考时再发奋一两个月，也一样会考上一所理想的大学的。存有这种思想的同学是大错特错的。有多少同学就是因为高一、二不努力学习，临近高考了，发现自己缺漏了很多知识再弥补后悔晚矣。

第三个问题是不重视基础。一些"自我感觉良好"的学生，常轻视基础知识、基本技能和基本方法的学习与训练，经常是知道怎么做就算了，而不去认真演算书写，但对难题很感兴趣，以显示自己的"水平"，好高骛远，重"量"轻"质"，陷入题海。到正规作业或考试中不是演算出错就是中途"卡壳"。

针对以上几点，我校教师特别注意在上课时，重点指导学生做笔记，要求学生错题及时改正，揭示解题规律与方法，并小结应注意的问题，培养学生上课积极思考问题，作业独立完成，以及解后反思，章末小结的良好学习品质。初中学生都是带着一种好奇与向往之心来到高中的。他们即使基础较差，但都渴望在高中阶段取得理想成绩。如果教师一开始讲授过快、过难，多数学生会跟不上，学生满腔的热情可能会因几次课听不懂、几次考试成绩不佳而降到"冰点"。因此，教师除"低起点、小步子"进行教学外，还要及时了解学生，多与学生沟通，正面鼓励学生，耐心、细致地为学生讲清基础知识与方法。

同时，在教学中教师要注重解题规范性与条理性训练，典型例题详细讲解，完整板书，做学生的典范。对学生演板和作业中不规范的地方，教师要及时指正，阅卷中应严格扣去不规范的分。教师布置的作业一定要检查，批改后及时反馈,教师讲得再好,学生练习不到位,就不能实现从"懂"到"会"的质的飞跃。严格控制考试难度,最大限度调动每个学生学习的积极性。高一毕竟不同于高三,教师不能用高三的标准要求高一的学生,不能一个知识点"一锹挖到底",要循序渐进。高一教学重在培养学生良好学习习惯,培养学生分析问题,解决问题能力,把学生掌握"基础知识,基本方法",放在首位。

(三) 开发适合学校实际的校本教材练习体系

在我校的各方面工作中,提高教育质量一直是永恒的主题。随着教育教学改革的不断深化,我们也越来越认识到:随着我校学生生源的不断变化,要使我校的教学水平保持高位稳定甚至不断提高,就必须从"减负增效"上入手。

因此,我校要求教师在进行教育教学工作的过程中,一方面要尊重学生的差异,针对不同类型的学生设立多层次的教学目标,实施分层教学。另一方面,通过积极推进校本教研,利用校园网整合学校教学资源库,实现教学资源的充分共享。通过形成多样化的学习活动来满足各类学生的发展需求,使每位学生都能得到充分的发展,从而达到减负增效的目的。此外,我们依托课程,积极推进校本教材的开发,对学生进行有效的思维拓展。

1. 依据课标和考纲编制校本教材

我校把对"课程标准"和"考试纲要"的研究列入到教研组的活动内容中,鼓励一部分教研组针对"课程标准"和高考的命题要求对三年的教材内容进行梳理、概括和补充。

至今,语文、数学和外语学科各个备课组以及地理教研组都已经梳理出一套符合我校学生实际情况的教学辅助资料。特别是高三数学学科和物理学科,更是从知识点梳理、作业布置、测验练习等多个方面形成了一系列符合我校学生实际的资料库,大大提高了学科教学的效率,也为今后的教学研究工作打下了扎实的基础。如语文组先后组织编写了《大唐诗韵》、《汉语工具书的使用》等 3 本校本教材,数学组编写的《基础与综合训练》获闸北区高三教学资源评比一等奖。

例如,高三物理学科的做法。第一轮复习是高三物理学习的重要组成部分,是提高物理教学质量的重要措施,更是温故知新、提高能力的关键。高三第一轮复习课教学,是让学生把高一、高二掌握的零散知识,通过总结提高,再传授给学生,使学生形成知识体系,进而形成技能和技巧的过程。

一节好的复习课要做到：既使知识覆盖面大，又能突出重点，突出知识的主干及各知识间的内在联系；既可以帮学生查漏补缺，又能让学生做到综合性的提高。高三第一轮复习其实是高三成败的关键环节，是学生塌实基础，掌握基本概念和基本技能的最重要时期，也是提升学生能力的重要时期。

物理学科首先继续实行教师编写学案的教学方式，学案包括复习目标、双基回顾、经典例题及相关习题和课后作业这四点。利用学案把学习要求和教学内容以及自己的思路全面展现给学生，提升课堂效率同时也是学生复习的好帮手。学案中复习目标就是按照考纲要求，让学生明确考试复习的方向和重点。双基回顾就是把基础知识和基本技能方法以填空或图表等形式展示，通过填写让学生回顾和梳理知识。接下来找经典例题同时配备一、两道相关习题。经典例题以教师讲解为主，再通过相关习题训练，观察学生掌握情况。最后是课后的相关作业。

教师在每个章节都修改完善了以前的学案，并印给学生。课堂上确实也提高效率，尤其是经典例题和习题上。其次是课堂教学，对于难理解的概念教师通常通过举生活中常见的示例，或者通过选择题的模式让学生回答和讨论，自己再总结归纳，尽可能起到让学生印象深刻的作用。课堂中对知识的应用比较多的采取讲练结合，即经典例题精讲，相关习题学生练习，练习中发现问题及时解决的方法。经典例题可以先让学生思考着做做看，看一下大部分学生会在哪个环节出现问题，然后对该环节进行强化，解决学生的难点。相关练习也一定是相类似的题目，适当变化一下，看看大部分学生是否会做，会了就可以讲下去了。如果大部分学生还有问题就有必要把难点再剖析一下，再举一道题目给学生练习，直到大部分学生能完成为止。从知识点讲解到例题讲解到学生练习，整个环节环环相扣，处理好了，学生对这个知识点的掌握就到位了。课堂结束时的小结也是很重要的，除了回顾课堂的基本知识、内容、方法和技巧外还要构建知识框架，形成一定知识体系。

又例如高三数学组，通过多年实践，教师深刻体会到一下几点。

第一，增强课程的"规划力"，提高备课的有效性。新学期开学前教师就草拟了一份"课程进度表"，内容包括：每周的上课内容、作业布置、测验安排、基本知识点梳理、目标达成度要求等。教师们在这样一份"规划"的指导下，集体备课变得更加有效。同时，"每周课程安排"提前一周张贴在教室，让学生们也能做到心中有数,为预习工作的开展,提供了良好的条件。这样的做法,不仅使教师能够准确掌握教学的方向和进度,学生也能够根据教学的要求,对自己的知识进行定位与深化,也加强了老师的"信度"。给高三的课程做好规划,很好地促进了学生学习的主动性,紧密了师生关系,促进了教学目标的达成。

第二,增强教学的"吸引力",提高课堂的有效性。高三教学基本以复习课为主,如果每节课就是单纯的讲题目,那么学生会因为枯燥而失去学习兴趣。所以教师把高三数学课分成:基础课、专题课、试卷分析课、查缺补漏课。每个星期的9个课时中,四种"课型"穿插设置,在变化但富有有主题的教学中,让学生有所收获,并达到了很好的学习效果。

高三教学与高一、高二教学的重要区别就是,每节课既要讲好本节课的知识点,又让学生知道知识的前后联系,形成过程与用途。采用"体系化"教学方式,可以帮助学生梳理基本知识点,也可以增加课堂的容量。专题课降低学生学习的门槛,不要求学生"举一反三",而是利用基础+变式+检测,"举三反一",取得良好的课堂效果。

在专题课的学习中,学生们不断发现原来难题目是由基础题演变过来的,对基础题也重视起来,再次巩固了"双基"。试卷分析课要注重知识点的梳理。千万不能从按题号这么讲下来,应该先把题目按知识点分类,让学生在做错的知识点上化圈,学生就知道自己是什么知识点掌握的不好了,也会看出自己基础要落实,还是能力需提高。那么学生们听的时候就比较有重点,教师环顾教室一圈,就知道哪些内容还需要加强了,讲解起来也比较有针对性,也增强了试卷反馈的效果。查缺补漏课主要是解决学生们知识点的漏洞,是高三非常重要的课型。因为"讲过了"不等于"讲好了",别忘了我们面对的大部分学生特点:跟而不学,听而不想,做而不懂,错而不知。所以要做好反复的准备。把重点知识阶段性的整理,有利于教学效果的提高。

在教学过程开展的过程中,学生们不断被这种高效与大容量的课所吸引,并且体会到原来高三也能学到很多新的知识,上课也很有趣。教学有了"感染力",学生也就有了"理解力"。

高三教学的主导思想是:不主张利用高考试题研究高考,从高考命题看教改方向,用大量的精力去根据上一年的高考试题来预测今年的高考,并采用猜题、押题的方法指导高三的复习备考。这种做法有两个显而易见的弊端，一是研究结果不具有前瞻性，始终会滞后一步，给我们的教学带来被动；二是会过于看重高考的选拔性功能，而导致我们变"育苗式"的教学为"选果式"的教学，从根本上动摇我们的素质教育基础。我们不是不研究高考，而是不主张采用单纯"通过试题来研究高考"的方法。高考中经常会出现一些平时学习、训练不曾出现的新面孔试题，学生不能采用"把问题放到严密的数学体系中，将思维重点放到如何剖去具体问题的外部伪装，将其中的数学本质挖掘出来，找到解决问题的关键"的作法。而想的更多是如何套上以往见过的哪一类题型，想来想去想不出，以致想到时间耗尽为止。因此在复习中花大力气来抓数学思想方法的训练，让学生在学习数学的过程中能迸发出更多的数学灵感。让教学手段更"智慧"，让教学方法更"高效"，让学生学习更"有效"。

2. 加强校本课程建设增强教学效率

我校的校本教材的开发，在一定程度上，增强了课堂效率，符合实际的课堂练习，也对训练学生的思维起到了非常大的作用。

学校依据本校的人才培养目标，选择、改编、新编教学材料或设计学习活动，有利于充分挖掘学生的个性潜能优势，促进学生的个性全面和谐发展，使每位学生的个性得到充分的发展，潜能得到充分的挖掘，从而促进学生全面、主动、健康、和谐地发展，真正体现我校"一切为了学生，为了一切学生，为了学生的一切"的办学理念。同时，也有利于促进教师综合素质的发展。

我校鼓励教师积极参与校本教材的开发，要求教师根据具体的学生情况创造性地组织教材内容，改革教学方式和学生的学习方式。教师要成为研究者，成为反思者。要适应这一新形势的要求，教师不但要具备比较深厚的基础知识和学科专业知识，而且还要具备较高的教育科研素养。一方面提高运用教育理论研究实际问题的能力，另一方面增强从教育教学实践中提取理论的能力，从而提升自身的研究水平。同时，校本教材开发有利于促使学校办学特色的形成。校本教材作为学校教学内容和教学方法改革的载体，在深化教学改革，全面推进素质教育、培养创新人才中有着举足轻重的地位。

第五章
成才教育的育德实践

"把立德树人作为教育的根本任务,培养德智体美全面发展的社会主义建设者和接班人",是党的十八大报告中对教育事业改革与发展做出的明确要求,凸显了"教育的根本任务就是培养人,教育的根本目的就是育德"的新时期课程改革的教育主题。"立德树人"首次被确立为我国教育的根本任务。

六十中学"一切为了学生成才"的成才教育理念,与立德树人的教育目标指向完全一致。我们认为,立德树人,就是学校为学生的未来发展奠基,在传授知识、培养能力的同时,还要教育学生树立正确的世界观、人生观、价值观、荣辱观。而这些都构成人才的基石,成就人才的必备的基础、条件和前提。因此,学校始终把"立德树人"放在首位,全方位实施德育系统工程,通过学科德育、分年级实施德育、德育活动组织等多种途径,提高德育实效性,促进学生整体素质全面发展。

第一节 成才教育的学科德育

赫尔巴特指出:"教学如果没有进行道德教育,只是一种没有目的的手段,道德教育如果没有教学,就是一种失去了手段的目的。"在学科教学中加强对学生进行德育教育,是学校德育教育的重要途径。因为在学校的教育教学活动中,各学科教材都蕴含着丰富的育人价值。因此,六十中学成才教育理念下的学科德育,旨在通过开展广泛且深入的学科育人价值研究,在学科教学中进行德育浸润,寓德育于各学科教学之中,推动学校教育回归育人的教育本质,使六十中学教育培养的学生,能够健康成长成才。

一、对学科德育的理解与认识

2011 年教育部颁布了中学学科课程标准,并于 2012 年秋季开始执行。这次修订全面吸收了 10 年课程改革的基本经验,并提出了四方面的主要变化,其中第一个变化就是"落实德育为先,突出德育的时代特征"。因此,德育越来越成为每个学科、每位教师义不容辞的任务。成才教育的学科德育,是课程德育的主要部分,既是实现六十中学全员育人的必要途径,也是提高六十中学学科教学质量的关键。

(一) 学科德育概念意义的界定

依照对学科德育的经验理解,学科德育是指在进行学科教学的同时,将在各学科教学内容中蕴含的德育因素,通过各种手段、方法,自然而然地体现在课堂教学的各个环节,并作为学科教学的一个有机组成给予实现。为更好地把握其概念意义,还需要我们将其在与课程德育的比照中来加以深化和理解。

1. 学科德育与课程德育的范畴

课程德育是指教育行政部门根据社会需要和学生实际,通过各类课程有目标、有计划、系统地对学生进行思想、政治、道德以及法制教育,包括地方和校本课程和学科德育。课程德育在教学目标上,不是简单地传授某一方面的知识或知识体系,它的目标在于价值观念的建立、态度的改变以及正确的道德信念和行为方式的形成;在教学内容上,是依据社会需要和学生思想实际,内容要求贴近学生、贴近生活、贴近实际,而不是依据学科知识体系本身的逻辑顺序;在教学方法上,充分尊重学生的主体地位。在这个意义上,学科德育也可以看做是课程德育的组成部分。

叶澜教授在《"新基础教育"发展性研究报告集》一书中,对学科育人的价值,从内涵和外延两方面作了这样的描述:"任何一门学科的教学,都要认真分析本学科对于学生而言独特的发展价值,它除了指该学科领域所涉及的知识对学生的发展价值外,还应该包括服务于学生丰富对所处的变化着的世界的认识;为他们在这个世界中形成、实现自己的意愿,提供不同的路径和独特的视角;学习该学科发现问题的方法和思维的策略,特有的运算符号和逻辑;提供一种唯有在这个学科的学习中才可能获得的经历和体验;提升独特的学科美的发现、欣赏和表现能力。"这儿所说的学科育人价值,实际上就是学科德育,学科教学中的德育。

各个学科中都具有涉及不同的价值观。自然科学课程向学生传达着"求真"

"求实"的价值观,艺术课程向学生传达着"求美"的价值观,历史课程、政治课程则向学生传达着关于世界历史、人生意义等方面的价值观。不仅如此,在科学课程、艺术课程、历史课程、政治课程中,除了"求真""求实"和"求美"的价值观之外,同时还有着"求善"的价值观。各个学科中的这些价值因素往往都是隐性的,但是它们所发挥出来的德育影响力却无疑是巨大的。因此,学科德育是有其积极而重要的育德立人的教育价值和意义的。

2. 学科德育的基本特性

学科德育的基本理念,是要求各学科的任课教师都参与到德育工作中,要求各个学科任课教师,都要自觉地成为德育工作者,从而对学生形成全方位的德育影响。而不是把德育工作视为德育课、班主任、思想政治课教师以及德育教师的专属任务。学科德育强调各个学科任课教师要结合教学内容进行道德教育,进而实现各科教学与品德教育相融合。它同样强调各科教师都负有德育的责任,德育不应局限于专门的德育课程,而应扩大到各个学科。从当前德育改革的趋势来看,学科德育有助于打破德育课程的专门化、知识化和灌输化,从而使德育成为各个任课教师在教学生活中的共同使命。学科德育的基本特性体现在以下三个方面:

第一,学科德育是一种浸润式德育。学科德育把价值观的教育渗透在各个学科的课堂教学和课外活动中,从而对学生起到潜移默化的道德影响,其效果就像融化在汤里的盐一样,看不到盐,但却品尝到盐的美味。学科德育把道德教育渗透在知识教学当中,通过知识教学来帮助学生去发现真理,提高学生的智慧和理性能力,从而促进学生的道德成长;学科德育将道德教育渗透在各科教师的言传身教当中。教师的言传身教是一种自然而然的教育,对学生的道德可以起到潜移默化的作用。各科教师的道德榜样作用往往是"润物细无声"的,而不是价值灌输,所以德育的效果非常明显;学科德育还把道德渗透在各科课外教育活动中。各科的课外教育活动是比较丰富的,都渗透着一定的道德价值观,对学生的道德发展可以形成正面影响。

第二,学科德育是一种隐性德育。学科德育具有隐蔽性。专门的德育课程和德育教学是一种显性德育,它在德育目标、德育内容、德育方法等方面都趋于显性。而学科德育的隐蔽性体现在德育目标的非预期性方面。学科德育不设定一个显性的德育目标,它所产生的德育影响往往是不可预期的,是一种隐性的德育影响。在德育内容的隐蔽性方面,学科德育中的价值内容往往隐藏在各个学科的知识内容当中,比如自然学科的真理观,政治学科的世界观、人生观,语文学科的榜样人物和道德故事等。这些价值内容的传授和学习一般都是隐蔽性的。在德育方式的非系统性方面,系统的德育教学是专门德育所经常采用的,但是学科德育并不以系统的方式展开德育教学,而主要是在各个学科的知识教学中融合价值教育,通过学科知识的教学来传递价值观。

第三,学科德育是一种间接性德育。各个学科知识的学习不仅可以提升学生的知识水平和智力水平,同时还能够促使学生形成正确的世界观、人生观和价值观,这才是完整的育人过程;同时,各学科本身也包含着诸多的道德元素,比如语文课程中的英雄故事、道德故事,历史课中的伟人的道德品格等。这些道德元素往往能够在各科教学中以间接的方式传达给学生,从而促进学生的品德发展。

(二) 学科德育的时代要求

自2001年起,我国开始了新一轮基础教育的课程改革。在10多年的教育教学探索过程中,学校的德育模式不断发展,从单一、片面、同一到多元、全面、丰富,与学科教学相结合,增强德育模式的适应性、科学性和可操作性。在这10多年探索实施素质教育的过程中,在学科中渗透德育是对学生进行品德教育,使学生得到全面发展的一个重要途径,也是新课程背景下,解决学校教学中德育首位与德育无位的重要举措,充分体现了对学科德育的时代性要求。

1. 学科德育是国家教育发展战略的重要构成

国家教育部于2001年于6月8日颁布的《基础教育课程改革纲要(试行)》中指出:"新课程的培养目标应体现时代要求。要使学生具有爱国主义思想、集体主义精神,热爱社会主义,继承和发扬中华民族的优秀传统和革命传统;具有社会主义法制意识,遵守国家法律和社会公德;逐步形成正确的世界观;具有社会责任感,努力为人民服务;具有初步的创新精神、实践能力、科学和人文素养以及环境意识;具有终身学习的基础知识、基本技能和方法;具有健壮的体魄和良好的心理素质,养成良好的心理素质,养成健康的审美情趣和生活方式,成为有理想、有道德、有文化、有纪律的一代新人。"这一培养目标明确阐述了基础教育学科课程培养目标的基本要素,即知识与能力、过程与方法、情感态度与价值观。

学校课程是这三者的结合的具体化、学科化的表现形式。

2010年《国家中长期教育改革和发展规划纲要》第二章"战略主题"中指出"坚持德育为先。立德树人,把社会主义核心价值体系融入国民教育。把德育渗透于教育教学的各个环节,贯彻于学校教育、家庭教育和社会教育的各个方面。"纲要中进一步加强了"德育为先"的理念,尤其指明了各学科要落实学科德育的指导思想,并强调结合学科内容,进行有机渗透。

只有在遵循教育教学规律,保证教学大纲和教育目的得以实施的基础上,加强和改进学科德育,寓德育于学科教学中,寓"传道"于"授业"之中,学校德育才切实可行,才行之有效,达到"春雨润无声",潜移默化的成效。

2. 加强学科德育是上海基础教育改革的重要举措

2011年发布的《上海市中长期教育改革和发展规划纲要(2010—2020年)》中指出:"未来10年,上海教育改革和发展的重点任务是:紧紧围绕'为了每一个学生的终身发展'这一核心理念,坚持育人为本、德育为先……立德树人是教育的根本任务。要坚持德育为先,把德育贯穿于育人的各个环节……使学生具有符合中国特色社会主义建设要求的理想信念、公民素质和健全人格。"

上海市"二期"课改中三维教学目标设置,其本意就是倡导"以学生发展为本"的理念,这无疑是要求教师在课堂教学中肩负着多重任务:一是"授业",即传授知识;二是"传道",即进行道德教育;三是"解惑",即解除学生困惑,让他们拥有健康的心态。上海新课程改革以来,课堂中"三维目标"是课改的一大亮点,也是新课程推进素质教育的具体体现,它使素质教育落实在课堂教学中有了重要坚实的基础。如果说,"知识与技能"维度的目标立足于让学生学会基础知识基本技能,"过程与方法"维度的目标立足于让学生会学,经历学习的过程,体验学习的方法,那么"情感态度与价值观"维度的目标立足于让学生乐学,在学科教学中进行德育的渗透,使学生在获得知识、获得能力的过程中,同时获得良好的学习情感体验,从而促进学生的思维发展和成长。

目前,学科德育已成为广大教师共同关心的课题。学校在强调"二期"课改理念的基础上,把贯彻"两纲"精神纳入学校教育。课堂教学是学校教育的主阵地、主渠道,只有充分研究课堂教学的基础上,才能有效地落实学科德育。

(三) 学科渗透德育的现实挑战

学科渗透德育,是当前世界范围内教育界达成的普遍共识。联合国教科文组织出版的教育丛书《从现在到 2000 年教育内容发展的全球展望》中指出:"另一种作法似乎被大多数国家所采用。它把道德教育的责任交给了所有教师,因为各学科都可以在这方面起到作用。""无论哪一学科的教师都有责任承担思想教育的任务。"这恰恰说明,教学分工只是为了教师能把主要精力放在教学上,但这并不等于说教师的任务只是"教学",教师有责任和义务在教学中和教学活动以外做好学生的思想教育工作。但现实中,学科渗透德育,无论是其普遍化的程度还是实效性,都还面临着诸多问题和挑战。

1. 科任教师的学科育德意识淡薄

在现条件下,我国学校德育教育的传统分工,是由管德育校长(主任)——班主任——思想政治任课教师组成专门团队。学生出了问题,很少会去找科任教师,一般会先找班主任、再找分管的相关领导来解决;学校有什么集体教育活动也都是班主任专门负责。久而久之,学科任课教师很自然地就会淡忘自身作为一名教师应有的德育主体意识,缺乏主动自觉的意识。换言之,科任教师在潜意识里不当自己是德育主体。这样的分工,使得科任教师的德育力量被忽视了,以致有些科任教师在教学中只注重传授知识技能,把对学生的思想教育当作了份外事。我们科任教师的学科德育意识有待加强。

2. 对教学活动中的德育渗透流于表面

在全面推进素质教育的今天,人文素养、科学素养的培养在理论和政策上已经得到普遍重视,但是由于受传统的应试教育根深蒂固的影响,使得现实当中"培养学生的公民素质","促进学生健康全面发展","学习对终身有用的知识"等具有突出德育内涵的教育教学要求,往往只停留在口号上。而对学生人文素养和科学素养的素质教育的培养目标,也不是做得不够到位,就是不能给予足够的重视。

依照新课改的理念,提出应还学生以课堂教学主体的地位。虽然许多教师在设计教学的过程中,会增加一些学生自主活动的设计,这是一个很好的改变。但往往有一些教师仅仅只是注重了课堂的形式多样、课堂气氛的热热闹闹,但很多时候这样的活动其实远离了教与学的本质,成为表演和做秀,反而让学生缺少了真正投入和思考体验,这就不是德育所追求的感悟和体验。造成这种"走过场"的学科渗透德育的教学设计的原因,在于教师教学设计的观念,还只是单纯凭经验进行教学设计,而不是为科学教育理论与经验相结合进行教学设计。

教师要在关注课堂活动的外显状态的同时,要有意识去挖掘这些活动中蕴含的德育因素内在的意义。同时要调动学生参与活动的积极性,通过教学活动中的思维成分训练与培养。而教师的教学活动组织能力有待提升。

二、学科德育的实践与思考

任课教师的育德能力、学科德育的课程建设以及教学的课堂行为,是落实成才教育的学科育德工作重要环节。通过全面提高学校教师整体的学科育德能力,扎实推进和落实《两纲》教育;通过建设好成才教育的学科德育课程内容,充分发挥学科育德课堂主渠道、主阵地作用;通过把握好实施学科德育教学过程各个环节,提高成才教育的学科育人实效。如何在新课程的实践中有效实施成才教育的学科育德?我们从以下几方面入手。

(一) 提升任课教师学科德育的自觉性

在以德育为核心的新课程改革条件下,任课教师被赋予了担负对学生进行学科德育工作的责任。而学科教学的课堂,则成为提升学生的道德修养和健全人格,以及学生素质养成和全面发展的前沿,也是学校实施德育最基本、最重要的阵地。我们从以下几方面,推进并强化了学科德育工作。

1. 准确解读"三维目标",增强教师的育德意识

知识与技能、过程与方法、情感态度与价值观是新课程为描述学生学习行为变化及其结果所提出的三个功能性基本要求,简称"三维目标"。把"三维目标"作为新课程教学的完整性结构目标,是新课程改革的一个创新和亮点,是新课程推进素质教育的根本体现,它使学科德育在课堂教学中的落实有了重要的抓手和操作基础。教学中,关注情感、态度、价值观就是"以人为本"思想在教学中的体现。

"三维目标"具有内在的统一性,就是关注学生的发展,关注每一位学生的情绪、生活和情感体验,关注每一位学生的道德生活和人格养成。教师要努力使课堂教学的过程成为学生高尚的道德生活和丰富的人生体验;使学生在学科知识增长的同时,也是使学生人格健全发展的过程。我们认为,要扎实地落实新课程

的"三维目标",教师的育德意识至关重要。

新课程提倡"三维目标"的落实,是教育的规律,也是教育的本质。教师的育德作用离不开课堂,育德的主要落脚点要在课堂教学上体现。教学"三维目标"与课堂育德是相融合的,"三维目标"在要求上具有明确的德育性,其目标宗旨是立德树人,其目标价值是以学生为本;其目标对象是学生主体;其目标方法是以德为先的。"三维目标"是个育德统一体,其知识技能、过程方法、态度情感价值观与教师育德的核心价值观对应。我们要增强育德意识,依据不同的学科的教学目标,准确解读学科中的"三维目标",把握"三维目标"的操作点,才能把育德行为落实到教学过程中去。

教师从"学生发展为本"的理念出发,分析教材,在学科教学中融入民族精神和生命教育,丰富其目标的内涵。特别是在品德与社会、思想品德与思想政治、语文等课程中重点强化民族精神教育要求,挖掘教材内涵价值,形成符合学校实际的富有个性特点的民族精神教育序列。生命教育注重发挥自然、生命科学、社会、科学、思想品德、体育与健身等显性学科的优势,通过积极引导和启发,把教育目的落到实处。对显性的教育内容,要追求它的深刻含义,对隐性的教育内容,更要挖掘知识背后的价值。课外活动也是弘扬和培育民族精神和生命教育的有效抓手和载体。为此,我们开展生动活泼、丰富多彩,既有时代特征又有生活气息的综合实践课堂的教育。

2. 深入开掘教材中的德育资源,提高教师的育德能力

在课前,教师把育德与课堂教学"三维目标"的设计结合起来,把育德意识融进课堂教学设计中去;在课堂上,教师结合课程内容,搞好课堂教学活动的情境和氛围,把育德行为落实到课堂教学过程中去,达到"润物细无声"的效果。让学生在获得知识、获得能力的过程中,同时获得向善向上的情感体验,从而促进学生的思维发展和精神成长的课堂教学,就是教师的育德行为在课堂教学中与新课程"三维目标"的有效结合。我们一方面要求教师在学科育德中要做到两个难点:在教研中明确教学的难点和育德的难点,在教案中体现教学的难点和育德的难点,在教学中落实教学的难点和育德的难点;另一方面,要求教师在学科育德中做到两个体现:体现德育目标,体现德育目标落实策略。

我们紧紧抓住新课改的契机,探索课堂的有效教学,要求教师牢固树立现代

课程理念,树立正确的学生观、教学观,建构并完善促进学生全面发展的有效教学模式,注重对学生能力的培养,注重非智力因素的培养与开发,将传道、授业、解惑有机结合,将知识与技能、过程与方法、情感态度与价值观有机结合。由此可见,在新课程教学实施过程,要实现教学的有效性,教师必须具备较强的育德能力。教师的育德能力是课堂推进素质教育的基础,也是新课程能否有效实施的关键所在。我们的具体做法是:

第一,强化课堂教学的有效性,通过课堂教学的育德实践,使学生获得发展。发展就其内涵而言,指的是知识、技能、过程、方法与情感、态度、价值观的协调发展。教学的有效性关注学生的发展,关注学生的当下发展和终身发展。

第二,新课程各学科的教材内容都有很好的德育素材,根据学科教学内容,努力开发其中的德育因素。根据不同学科的教学特点与学生身心发展规律,采取适当的渗透方式与手段,使学科中的德育因素内化为学生的德性素养。比如,语文科类课程组蕴涵着丰富的历史与人文、思想与政治等教育内容;数理类课程组蕴涵着辩证唯物主义世界观、方法论、科学精神、科学方法、科学态度的教育内容;艺体类课程组蕴涵着热爱生活的高尚情操和积极的审美意识。德育资源的挖掘是强化教师育德意识的过程,使教师在教育契机的运用中做到传道、授业、解惑的有机统一。

我们组织教师努力挖掘学科教学中蕴涵的德育因素,为此,我们编制了各学科德育指南,确立了各年级育德的教学目标,还利用我校红色教育资源开发了相关德育校本课程。

3. 培养教师高尚的师德素养,以教师的人格魅力影响学生

于漪老师就此论题说道:当前,对民族精神教育、生命教育的理解与认知程度反映了教师育德个人修养的内功深浅。教师要对"两纲"内容熟悉,要有感情,要与教材特点融合在一起,教学时才会收到春风化雨的良效。备课、上课要找准实施"两纲"的切入点,精心设计,详略取舍,既有感情的激荡,又有理性的思辨,课堂上才能做到教书育人。

教师的政治理论水平,对德育的独特理解与认知能让教师对学生思想道德发展趋向有敏锐感知,并及时做出正确的价值判断及进行正确的育德方式、方法的思考。从这个意义上说,教师育德的个人修养是动态、发展的概念,教师需要根据学生发展需要与时代发展需求不断"修炼内功",提高政治理论水平,深化在不同德育环境中对学生德育要求的理解与认知。我们在实施学科德育和"两纲"教育中,十分重视校园文化环境建设,营造出浓厚的"两纲"教育氛围。开展"温馨教室"活动,营造诚信、友爱、积极、健康、充满活力的班集体环境。在"两纲"教育中,教师在设计课程体系和实施的教学目标和过程中,强调在学生无意识过程中逐渐养成良好的习惯,强调用教师的情感染学生的情,用教师的会教给学生的会,用教师的行动带动学生的行动,最终达到以"两纲"教育促进学校教师专业化发展,提升教师育德能力的目的。

如何在提高教师教学能力的同时不断提高育德能力,如何达到相关学科的知识整合与运用,如何在传授知识、技能的同时培养学生的情感态度和价值观,是摆在每个教师面前新的课题。《国家中长期教育改革和发展规划纲要》中强调,"严格教师资质、提升教师素质、努力造就一支师德高尚、业务精湛、结构合理、充满活力的高素质专业化教师队伍。""教师要关爱学生,严谨笃学,淡泊名利,自尊自律,以人格魅力和学识魅力教育感染学生,做学生健康成长的指导人和引路人。"这是国家从提升教师专业化水平的角度对教师提出的教书育人的具体要求,体现了师德建设对教师专业化的发展和对教师育德能力的提高的重要性。我们的具体做法是:

学校教育中最能影响学生品德铸就的是教师,教师在课堂教学中和课堂外与学生的交往过程中彰显出的人格魅力是影响学生的最大因素。同时,师德也是教师发展的根本,高尚的师德是促进教师专业发展的主要动因。我们积极培养教师以丰富的学识、高尚的师德,成为学生的道德榜样。我们要求教师要不断加强自身的师德修养,在学校的日常行为必须符合教师职业道德规范的要求;做到在知识上指导学生,在品行上以身示范;对学生循循善诱,因材施教,诲人不倦;要成为学生的良师益友,为人师表,以身作则,让学生在课程学习中因教师的人格魅力而受到良好的熏陶和感染。因此,在学校德育中我们特别强调教师的道德表率作用。例如,我们在开展德育主题活动教育时,我们就突出教师的带头作用,通过教师的行为影响学生的行为,从而带动学生养成良好的行为习惯。

(二) 加强学科德育的科学化、规范化

各门学科的德育内容有共性的一面,也有其个性的一面。与不同的学科在

落实学科基础知识和基本能力培养的内容不尽相同一样,不同学科在进行学科德育的时候也是各有侧重的,有时是相互交叉,有时又相互重叠。这些不同的侧面构成了学科德育的有机整体。要让教师有针对性地进行学科德育,就应该让每位任课教师充分了解德育在横向上有哪些方面的内容,纵向上如何分层递进,让教师根据所任教学科的特点,发挥学科优势,根据学生不同的知识结构提出相应的要求。我们对学科德育,进行了科学化、规范化的统整。主要做了一下几方面工作。

1. 研制学科德育指南,使学科德育有章可循

为使学科德育科学规范、有章可循,我们根据各学科教材,组织有关的德育专家、学科教学专家、优秀学科教师,研制各学科德育指导纲要,引导教师增强教书育人的意识,将各学科育人目标落实在知识传授中,形成课堂教学主渠道育人的良好氛围。

学科德育指南的编写,实际上是教师深入研读,继而开发利用,甚至是二次开发教材的一个过程;是教师整合教学资源,合理、系统地融合知识点、德育点的过程;是教师合理制订教学目标、科学组织教学的基础。学科教材本身就是科学性和思想性的统一。也就是说,学科教材对学生学习并掌握必要的生存技能,树立积极的价值观、人生观,促进学生个性健康发展具有教育性。实施学科德育,实际上就是把德育融于学科教学之中,即根据学科内容,深入挖掘教材中的德育元素,把知识传授与思想道德、审美情趣等有机结合。教师们要研究的是,如何充分利用教材,制订适切的教学目标,适时、适度地对学生进行教育。

在新课程的改革背景下,教育更加强调关注学生的成长,作为教育者应自觉主动地挖掘课程中的德育资源,进而在课堂中组织和引导,帮助学生自己认识、感受、体验,通过学生自己的心理内部矛盾活动去感受、理解、领悟道德。新课程提出的课程资源广义上是包括课程的要素来源和课程的实施条件,这就需要对课程中的德育资源进行有效的补充,并根据学生不同的个性特点以及差异,选择适合学生的内容。

首先,我们必须解决传统教育远离学生的实际生活、实效性差、针对性弱的问题。所以,当课程中德育渗透内容的载体出现了与学生生活脱节的情况,选择与补充课程中的德育资源时,一定要遵循生活的逻辑,也就是这些补充内容要能

体现生活的特性,用尽量真实的生活资源来设计课程结构,真正让课程与学生现实生活相联系。

其次,教学内容,也是在课堂教学中影响学生兴趣的重要因素。心理学家布卢姆也指出:"学习的最好刺激是对所学的材料的兴趣,而不是等级和竞争等外来的刺激"。因此要使学生对一种学科中的德育渗透内容感兴趣,就必须从学生感兴趣的内容出发,使这个学科渗透德育内容值得学习。只有这样,教学过程才能成为学生愉悦情绪的体验,实现德育目标的过程才能成为学生积极情感的体验。

最后,我们在对课程德育资源的补充与调整时,尊重学生身心发展特点。比如,高中学生会对社会的热点问题,抽象的、评论性的内容更感兴趣。因此,选择的德育资源都要充分考虑到这一点,不能违背教育教学的规律。

高中地理教材蕴含德育内容指南研究(部分)

宇宙与地球 专题1.地球在宇宙中的位置		
德育目标	学习内容要点(根据德育目标提炼)	课本中呈现的学习方式和渠道与德育目标(选择对应的①②③④数码)
① 政治认同	1. 感悟宇宙的运动和无限 2. 树立正确的宇宙观	1. 观看太阳系示意图,分析太阳对地球的影响认识造就优越的地理环境的天文原因①② 2. 收集并展示地球的宇宙环境和地外生命探索的相关资料,认识到宇宙是物质的、运动的② 3.【天象观察】观察天空中的一些主要天体④ 4. 探索:地外是否有生命?
② 国家意识	1. 人类认识宇宙的过程 2. 盖天说、浑天说 3. 中国的浑天仪	
③ 文化自信	1. 我国的古代哲人对宇宙的定义	
④ 公民人格	1. 珍惜爱护自己的家园 2. 地球上存在生命的条件	
宇宙与地球 专题2.地球的伙伴——月球		
德育目标	学习内容要点(根据德育目标提炼)	课本中呈现的学习方式和渠道与德育目标 (选择对应的①②③④数码)

（续表）

	宇宙与地球　专题2.地球的伙伴——月球	
① 政治认同	1. 我国古代据月相变化的周期性规律制定了阴历 2. 我国探月工程——"嫦娥工程"	
② 国家意识	1. 我国古代据月相变化的周期性规律制定了阴历 2. 美国宇航员在月球上留下了人类的第一个足印 3. 我国探月工程——"嫦娥工程"	1. P17【思考与实践】据图中月相判断其中哪一幅是上半月，哪一幅是下半月？④ 2. P17【思考与实践】人们常说"月到中秋分外圆"，据月相的成因加以分析①②③ 3. P17【思考与实践】每次新月和满月时为什么并不都会发生日食和月食？但日食和月食一定是发生在新月和满月时？④ 4. P17【思考与实践】朔望月与恒星月的周期为什么不同？④ 5. P20【思考与实践】你知道上海的苏州河是如何利用潮汐进行换水的吗？④
③ 文化自信	1. 我国古代据月相变化的周期性规律制定了阴历 2. 我国探月工程——"嫦娥工程" 3. 中国古代把月食称为"天狗食月" 4. 中国古代文学艺术作品中对月相的描述 5. 中国古代人们发现"涛之起也，随月盛衰"，揭示了潮涨潮落与月球的密切关系 6. 关于大潮、小潮的成因，中国古代民谚有"初一月半看大潮，初八、廿三，到处见海滩"之说	
④ 公民人格	1. 据月球表面独特的景观推测月球环境 2. "地球上的人永远只能看到相同的半个月球"的软件演示 3. 月相成因的分析 4. 我国探月工程——"嫦娥工程"	

	宇宙与地球　专题3.人类对太空的探索	
德育目标	学习内容要点（根据德育目标提炼）	课本中呈现的学习方式和渠道与德育目标 （选择对应的①②③④数码）

(续表)

		宇宙与地球 专题3.人类对太空的探索
① 政治认同	1. 我国太空探索的历程 2. 我国"神舟"系列飞船研究的进展	1. P23 搜集我国"神舟"系列飞船研究的最近进展,谈谈认识与体会①② 2. P24 人类还可以在哪些领域对太空进行开发利用?② 3.【研究与探讨】根据上面的提示,请你利用互联网收集更多有关月球的资料,就月球开发利用的某一方面,谈谈你的设想④
② 国家意识	1. 人类对太空探索历程 2. 美国阿波罗探月 3. 我国探月工程——"嫦娥工程" 4."先驱号"、"旅行者号"等航天器 5. 太空资源的开发与利用	
③ 文化自信	1. 我国的太空探索历程 2. 我国探月工程——"嫦娥工程"	
④ 公民人格	1. 美国挑战者号航天飞机的爆炸事件 2. 我国的"神舟"系列飞船研究的进展 3. 太空探索的意义 4. 我国探月工程——"嫦娥工程"	

2. 挖掘学校资源,开发校本德育特色课程

学校德育特色就是学校特色创建过程中形成的一种能够反映学校德育工作的特殊的风格,具有独特性、优质性、稳定性的德育理念和模式体系。学校德育的地方特色就是学校立足于当地的政治、经济、文化建设的需要,挖掘地方特色的德育资源,建设具有地域独特性的、富有风土民情的校本德育教育。学校德育课程的有效开发和运用对进一步深化学生德育实践和养成教育,全面提升人文素养,进一步加快地方教育的改革和发展起到积极的推动作用。学校德育课程的地方特色化可以充分体现学校教育环境的独特性,有利于调动学校教师、学生的积极性,使学校德育更有地方特色,教师的教学更有特点,学生的发展更有特长。

作为上海市首批民族精神教育试点校,自2006年以来,我校一直致力于深化民族精神教育的内涵、拓宽民族精神教育的渠道,努力使民族精神成为引领学生生活学习的重要信念。中华民族源远流长,民族精神丰富深邃,如何让历史文

化与时代精神有机结合,让我校学生从民族精神中汲取有益自身成长发展的精神力量,是我们德育工作者思考最多的问题。德育工作既不能教条也不能脱离我校学生实际,所以我校一直致力于从学校本身出发、从学生周边出发,寻找德育教育资源,寻找身边的感动。

近几年来,我校不断探索、积极实践,深度挖掘自身校史资源,特别是校舍身处上海大学遗址青云广场旧址的红色历史,编写了的德育校本教材《红色堡垒》,让民族精神凝聚在学校光辉的历史发展上,让民族精神集中体现在曾经生活学习斗争在这片土地上的革命先辈上。这里曾经是革命的圣地、红色的堡垒,革命先辈奋勇诚实的精神品质,反帝反封建的民族、民主精神,是对我们中华民族精神的深刻内涵的高度概括,这笔宝贵的精神财富,是对学生进行民族精神教育的最好教材。通过"红色堡垒"民族精神教育,为学生更好更深的诠释了民族精神内涵,并以此为中心开展的一系列活动,是使学生践行民族精神的最好途径。

(三) 通过课堂教学抓学科德育的落实

学科德育是学科教学的重要组成部分,在学科教学中落实学科目标的同时,应有机地融入学科德育,把学科教学目标、内容与德育目标、内容加以整合,使其水乳交融,实现德育的无痕化,以达到教书与育人和谐统一,教学与德育互动促进的效果,并通过课堂教学予以实现。我们围绕"知识与技能、过程与方法、情感态度价值观"等三维目标,以及学科德育在课堂教学中的落实,做了一下几方面的实践探索。

1. 有效组织课程教学,实施学科德育

实现德育与课堂教学有效融合,可以从以下几个方面入手(以高中地理学科为例):

(1) 教学设计时明确三维目标,是德育与课堂教学融合的前提。地理新课程标准提出了三维目标:知识与技能、过程与方法以及情感、态度和价值观。为了达到德育和课堂教学的有效融合,在教学设计时就要考虑如何在知识传授、能力培养的过程中把情感、态度、价值观有效地渗透进去,避免三维目标相互割裂,使学科德育真正做到"随风潜入夜,润物细无声"。

(2) 挖掘课内外德育素材,是实现德育与课堂教学融合的保证。地理教材德育资源比较丰富,主要包括科学的人口观、资源观、环境观、宇宙观和可持续发展观教育;高尚的公民人格教育;爱国主义教育;国家意识和全球意识教育;合作探究、空间思维、创新意识等科学素养。为了较好地落实学科德育,教师可以充分利用教材中的德育资源,当然也可以根据教学内容和时机引用课外德育素材,做到在地理教学过程中把学科专业知识和德育内容有机结合在一起,在智育的同时也实现德育。

(3) 采用合理的教学手段,是实现德育和课堂教学融合的途径。在课堂教学过程中,教师可以采取灵活多样的教学手段潜移默化地对学生进行德育,比如组织学生自主阅读、讨论交流、合作探究、借助多媒体技术、设计地理实验等。通过不同的教学手段,使学科知识和德育有机地结合在一起,提高德育效果。

(4) 把握教学内容中的德育点,是实现德育和课堂教学融合的最佳时机。在课堂教学中不能因为德育而置学科知识于不顾,牵强附会、强行融合,也不能只顾及教学进度,对学科知识中蕴含的德育元素视而不见,这样都会破坏课堂教学的整体效果,这就要求在地理教学中根据学科内容中存在的德育点,做到准确把握德育时机,实施学科德育,做到既到位又不越位,提高学科德育效果。

2. 形式多元化,渗透学科德育

学科德育渗透在实践中,德育渗透强调在教学过程中确保学科功能的同时,强化学科的德育功能,使学科中的德育功能得以充分的实施,进而促进学生素质的全面提高。所以各个学科在教学中的德育渗透形式应该是根据学科特点,进行适合学科特点的多元化形式的渗透。

不同学科的教学课堂会带有明显的不同学科特点,不同学科德育渗透有着各自的独有优势。政治理论课和思想品德课是学校德育的专设学科,它们的教育作用是直接的,教学的教育作用应该在德育理论的学习和对道德行为的实践,如何结合上下功夫。人文学科部分内容也是具有"人文性"的内容,对学生的德育方式可分为直接式和渗透式。自然科学教学的特点是,学科知识技能本身更多的是"工具性",但当代自然观、环境观、发展观以及科学道德观在自然科学教学活动中都有不同程度的体现,指导人们按照自然规律与社会发展规律认识自然和改造自然,对塑造高尚人格具有一定的作用。形式的多元化表现下:

(1) 显性结合。学科德育内容通过学科内容的知识点直接反映出来。学校德育课程是学科德育内容中最系统、最具条理性的部分,其他如历史、地理、语文、音乐等都具有学科德育的显性内容。如果将这些内容视为纯粹的知识传授，那就削弱了育人的功能。

（2）隐性挖掘。学科德育内容蕴含于学科教材内容、科学观念中，它需要教师通过有效的手段揭示出来。比如生物学中的遗传与变异、同化与异化，数学中的直线与曲线的关系，物理学中的能量守恒等都蕴含了辩证唯物主义对立统一的观点，教师可以通过教学活动帮助学生领会。此外，对学生科学精神、可持续发展观的培养都可与具体的教学活动相结合。

（3）融入拓展。教师有意识地把德育观点融入到从表面上看不具备德育要求的教学内容中。拓展型、研究型课程是学校的特色课程，教师有较大的课程开发空间，同时也赋予了学科德育建设更大的利用空间。课程是教师开发的，课程是学生选修的，教师与学生投入课程的积极性是最有保障的，课程学习的有效性也是最容易显现的。

第二节　成才教育的分年级实施德育

现在的高中学校，因受升学压力的影响，一些学校的德育处于"说起来重要，做起来次要，忙起来不要"的"无位"局面。德育低效成为困扰学校德育的老大难问题，"德育首位"、"德育为先"往往成了空话。产生这些问题的原因很多，其中，"大一统"、不分年级、不区分学生身心特点的德育目标、内容的学校德育实施方式是重要因素。正因为如此，《中学德育大纲》不仅提出了中学德育的任务而且规定了初、高中各个学龄段的德育目标和内容，而且，《大纲》还指出："各地教育行政部门和学校应结合当地和学校实际，制定出分阶段、分年级实施细则和具体实施计划"。成才教育理念下的分年级实施德育正符合国家教委的学校德育精神，也切合六十中学的办学实际。

一、分年级实施德育的概述

六十中学成才教育理念下的分年级实施德育，其目的是根据高一、高二、高三学生生理发育、心理发展及思想品德发展的不同，按照不同年级制定不同的德育目标和内容，实行不同的教育重点和教育途径，从而改变实施多年的大一统、不分年级、不区分学生身心特点的学校德育实施方式，使学校德育更适合学生发展逻辑、更贴近学生发展水平、针对性更强、实效性更大,进而提高六十中学德育工作的整体水平。

（一）分年级实施德育的依据

学生在高中的三年,正处于青年初期阶段与过程。在此期间,生理和心理发展,开始了一个趋于成熟的阶梯式发展过程。他们的自主发展的趋向和特性表现尤为突出,并表现为高中学生身心发展的一般共性。自主,是个体对自己活动支配和控制的基于自觉的一种意识和能力。

1. 学生身心发展的共同性

自主发展是指作为一种个体意识,在确立主体地位和发挥主体作用的前提下,对自我意识的积极调控和主体人格的有效建构。它以形成积极向上的自我概念和自强不息的自主意识为目标,以激发人的内在动机为出发点,在自主学习活动中发挥个性潜能,逐步提高发展能力,形成健全心智,为身心的和谐发展打下终身学习的能力基础。其表现特性如下：

（1）学习活动的自觉性。高中阶段是人的智力逐渐定型的关键时期,学生的注意力具有主动性,意义记忆运用越来越强,能更多地用理解识记的方法记忆教材,注重知识的内在联系。学生思维的独立性已经比较成熟,且乐于通过独立思考去完成学习任务、解决问题、形成自己的看法,不愿盲从他人。学生能够主动完成繁重、困难的学习任务,处理好学习与娱乐的关系,自觉安排复习时间,学习的独立性和自觉性发展较快。

在学习活动上,高中学生还表现出选择性强的特点。那些他们认为与自己升学和就业关系密切的学科和内容,往往能够认真对待;而一些被他们认为与自己未来关系不大的学科和内容,通常可能忽视或不愿学习。

（2）社会责任感和世界观开始形成。由于身心发展已接近成人,高中学生表现出更广泛、更强烈的社会积极性和责任感,同时,也是世界观形成的重要时期。高中学生已经掌握了比较全面系统的科学知识,积累了一定的社会生活经验,使得他们对许多问题进行一些理性思考,但这类思考往往带有片面性和肤浅性。

（3）自我意识进一步发展。自我意识的进一步发展是高中学生个性趋向成熟稳定的一个重要表现。他们对自己、对他人做出比较深刻的评价,开始学会从各种角度比较全面地评价他人和自己。高中学生的独立意识比初中学生更强烈也更成熟,他们的生活自理能力不断提高,能够合理安排自己的生活秩序,具备了初步的独立生活能力,但他们同样缺乏独立生活的经济基础。

2. 学生身心发展的差异性

虽然自主发展表现为高中生身心发展的共性的一面,但同时在不同年级直接,也存在着一定的差异性。通过深入的分析研究,我们发现并概括了不同年级段学生的差异及其特点:

(1)高一年级学生特点。经过初中毕业,择扰录取升入高中后,多数学生精神振奋,对高中学习生活充满期待,自我意识和求知欲明显增强。成人感体现突出,开始探索人生的价值和意义,但他们心理发展尚不稳定,思想不成熟,思想方法上存在片面性,并带有一定的盲目性。

生理发育的主要特点:高一男女生的身高突增期已过,体重、胸围等继续迅速发展,女生正朝着宽厚、丰满体态方向发展,男生正朝着宽厚、强壮体态方向发展,学生的大脑神经机能正处于迅速发展时期,学生的性器官和副性征仍快速发展。

心理发展的主要特点:自主、自立、自强、自信心理品质迅速发展并且由盲目阶段向自觉阶段发展,自我扩张心理现象突出,自我意识迅速发展,性心理意识逐步体现了理想和理智占主导地位的特点。

思想品德的主要特点:对未来充满憧憬,理想正处于变幻不定时期,社会意识迅速增强,思考内容日益趋向社会性内容,既可能是表现出处处严格要求自己,积极向上迅速进步,又可能是对自己放松要求,退步下滑。正处于人生观、世界观形成的雏形期。

(2)高二年级学生特点。高中二年级学生知识面逐渐扩大,独立思考和分析问题、解决问题的能力逐渐增强,对社会、现实、人生等问题思考的深度和广度有所提高,自我意识及自尊性,对同学之间的友情和美的追求趋于强烈,但在思考问题中仍存在绝对化、片面性等弱点。

学生生理发育的主要特点:高二男女的身高发育进一步减缓,体重、胸围等继续快速发展,体形向成年男女体型方向发展,性器官与副性征发育初步趋于成熟,学生的高级神经功能基本趋于成熟。

心理发展的主要特点：高二的学生开始进入思维发展的初步成熟期，智力基本上趋向定型；记忆力的发展达到高峰；意志自觉性增强，但易出现独断性，争强好胜，常坚持错误意见；性格日趋稳定，对社会、现实、人生等问题的思考深度和广度增加；渴望参与各类活动，希望过集体生活；基本适应高中生活，渴求友谊，群体意识强烈，异性关系趋向理智懂事和能够理智控制情感的特点。

思想品德的主要特点：思想品德逐步走向相对成熟与稳定，理想逐步趋向相对稳定，社会意识迅速发展逐步趋向相对稳定与成熟，思想品德与行为表现容易出现两极分化的特点。思想上带有片面性和不稳定性，易受社会各种思潮的影响，部分学生由于学业受挫，会产生消极情绪。

（3）高三年级学生特点。随着年龄的增长和知识水平的提高，他们逐步地善于思考，对人生、社会、现实等问题都有一定的见解，抽象思维能力提高，面临毕业，学业负担较重，学习较紧张，同时对升学就业问题考虑较多。

生理发育的主要特点：高三学生处于青少年向青年过渡的完成阶段，是生长发育的重要时期，脑和神经系统基本成熟。男生正处于性萌动阶段，女生则处于性成熟阶段。学生自我意识，控制能力逐步增强。

心理发展的主要特点：心理的发展相对落后于生理的发展，在理智、情感道德和社交方面正走向成熟的阶段。心理发展呈现不平衡性、波动性，表现在知、情、意、行方面，热情，但容易冲动；思维敏捷，但是容易偏激；常常出现的苦闷、困惑焦虑；表现出强烈的自主性。

思想品德的主要特点：高中两年的教育，使学生在感性基础上，形成了热爱祖国、热爱学习、尊敬师长、遵守纪律的基本行为规范，但是随着社会、家庭等多方面的影响其道德规范还会出现反复。高三阶段是对他们的思想道德继续巩固的重要阶段，是学生科学认识社会，科学认识人生，确立人生目标的重要时期。

（二）分年级实施德育的意义

分年级实施德育，可以使高中学校德育根据其总的目标，并结合不同年级学生和教育教学内容、目标层次上的差别，对学校德育进行更为合理的统筹和安排，以提高学校德育的整体性、有序性、合理性、有效性。其中，明确并制定德育的阶段目标，注重德育内容的层次性和阶段性，结合学生不同年龄段特点，针对各个层次学校不同的办学目标、不同的文化背景、不同的办学条件，制定学校的德育目标、内容、途径、方法以及管理和评价的具体内容。是分年级实施德育的改革重点和工作重点。

1. 增强学校德育的实效性

具有层次特色化的校本德育课程，往往容易形成主题式的校本德育特色课。特别是，更能够适应不同年龄阶段学生的身心特点、知识水平和品德形成发展规律，避免出现学校德育的倒挂、脱节、简单重复和脱离实际等问题，更贴近实际、贴近生活、贴近学生，从而增强德育的实效性。

首先，学校分年级实施德育具有促进学生个性特征的发展功能。高中阶段教育是学生个性形成、自主发展的关键时期。个性是个体的意识倾向性和各种稳定而独特的心理特性的总合。特长则是个性特征的突出反映。学校分年级实施德育不仅能重视学生发展的共性特征，更应能充分重视每个学生的个别差异，选择最有效的教育途径，使具有各种个性差异的学生都能各得其所地获得最大限度的发展。学校分年级实施德育的营造，是打造优质高效德育品质的过程，同时也是提高德育实效、促进学校德育和教育教学工作内涵发展的过程，实质上是提升育人品质的过程。

其次，高中分年级实施德育具有增强德育在高中办学中的本位功能。"德育首位"、"德育为先"是德育在学校教育中的本身地位。然而，因受升学教育的影响，特别是高中学校，学校德育一直处于"说起来重要，做起来次要，忙起来不要"的"无位"局面，"德育首位"、"德育为先"成了空话。德育"无位"（首位不到位导）,导致了德育"无力"（软弱无力）、"无效"（缺乏效果）、"无用"（毫无作用）、"无为"（无所作为）和"无奈"（无可奈何）的"六无"状态。学校分年级实施德育，实质是学校德育的树德育人的效益、效能、效果不断提升的过程，这一过程有力和有效地强化了德育的本体功能，是拓展德育发展、创新德育理念的有效办法。

2. 促进学生个体身心的健康发展

现实中，许多高中，无视学生的实际，完全以统一标准来要求他们。比如，有的学校，一味强调学生要时时、处处、步步、人人都"听大人的话"，领导、教师、家长的耳朵里容不得任何不同的声音，学生稍有不同的意见，即视为触犯"师道尊严"而大加挞伐；有的学校，在学生的仪表要求上，要求学生必须剪"寸头"，女生留"运动发",任何在校的时间里只许穿着校服,否则,就是违反校纪校规。诸如此类,不尽枚举。

这种在德育中忽视个体差异,一味要求整齐划一的德育要求,把本来生机勃勃、万紫千红的校园,当成了军营;把本来生龙活虎、各具特色的青少年,变成了军人;只求目标一致和管理方便,失之于人性化、科学化。须知,德育面临的对象,是一个个鲜活个体,不是一排排整齐的机器。这样培养出来的人,必然缺乏主动性和创造性,只会是一个个只会对上级和现实服从安排的执行命令者,只会是缺乏个性的机器人,谈不上会生活、能创造、懂审美,更不会是社会主义事业的建设者或接班人。

现代医学、心理学研究发现,青少年在生理、心理和思想发展上具有阶段性、连续性和有序性的特点,虽然同为高中生,但不同年龄的学生,在心理、生理、思想品德特点等方面存在较大差异。将整个高中阶段划分成三个年级实施,可以使教育教学更具针对性,更有层次。分年级实施德育可以根据不同年级学生的年龄特征和思想实际,及时地进行针对性强、感染性大的政治思想品德教育,这就要求我们依据学生身心发展规律和特点开展教育活动,才能有效促进学生身心健康的发展。

我们的学校德育要遵循青少年发展的身心规律。无论是身体的生长发育还是思想行为方面,不同学龄阶段的中学生以及同一学龄段不同年级的中学生都存在着差异。分年级实施德育就是根据高中学生各个阶段和各个年级学生身心发展的特点,分层次地对他们进行思想品德教育。从高一至高三明确各年级学生的德育目标、内容和实施细则,以便由浅入深、由低到高、由感性到理性、由具体到抽象、循序渐进、逐步提高,做好中学各年龄段和各年级学生的思想品德教育。我们教师不仅要认识到学生的差异,而且要尊重学生的差异,使每个学生在原有基础上都得到完全、自由的发展。

二、分年级实施德育的实践研究

和学生在智能发展存在差异性一样,学生德育发展水平也不可能完全一致,根据这一实际情况,在成才教育理念架构下,六十中学制定了德育工作的分层目标,既考虑到学生的身心发展特点,各年级的德育目标各有侧重;又考虑到学生的基本要求,对基本道德要求三年一贯进行强化。

（一）分年级实施德育的目标和要求

分年级实施德育从学生的实际出发,尊重科学、尊重规律,确立学校德育的分层目标。将高中三年的三大活动——高一的学军、高二的学农到高三成人典礼,作为对不同年龄阶段学生开展班级德育工作的重要的契机。高一年级着重激发学生成才欲望,进行行为规范的养成教育,让学生学会做人。高二年级,着重巩固学生的成才意识,加强爱国主义和中华民族传统美德教育。针对高二年级学生成人感进一步增强的特点,强化他们对祖国对社会的责任感,增强他们的主体意识,鼓励他们克服困难为祖国努力学习。高三年级着重培养学生自觉的成才动机,基本确定未来成才的方向,加强前途理想教育,为实现共产主义而奋斗。各年级实施成才教育的德育重点和内容:

1. 高一年级德育重点和内容

高一年级重在激发学生的成才愿望,通过行为规范养成教育,让学生学会做人。

（1）教育重点:①进行科学的人生观、价值观教育。②学习和熟悉学校的校训、校风、校规、校纪等。③扎扎实实打好高中阶段德、智、体基础,立志成才。④做好初、高中的衔接工作。

（2）教育内容、途径提示:①入学教育——通过家访等手段,班主任及时全面了解学生的个性特长、兴趣爱好、学习成绩、健康状况、思想德育和家庭成员等情况,建立学生档案;学习《中学生日常行为规范》及学校相关校纪校规等;结合班集体组建,进行集体荣誉感、团队协助精神的教育。②科学人生观教育——组织问卷、座谈、谈心等方式,调查了解学生对人生价值的认识;开展走近事业有成的校友活动,了解他们立志、工作、做人的经历;通过自我发展规划的制定,进一步明确自己短期和长期的学习目标。③党团知识教育——积极开展双学小组活动,让更多的学生了解党、走近党,指导学生书写入党申请;建立各班团支部和学校团委,组织一支有威信、有活动能力的干部队伍。④意志品格教育——重视非智力因素的培养,结合学生中刻苦学习典型事例把意志品格教育渗透到学风中去;组织调查访问和报告,宣传在逆境中顽强奋斗、克服困难自我成才的先进人物、动人事迹;组织"谈意志、毅力""谈诚实正直""谈人生竞争和社会进步"为主题的班会。

2. 高二年级德育重点和内容

高二年级重在巩固学生的成才意识,对学生进行中华民族传统美德和合格公民教育。

(1) 教育重点:①进行立志成才教育。②教育学生逐步学会用辩证的观点和方法观察、处理问题。③教育学生把学习、生活、工作与祖国的改革开放事业联系起来,选择成才之路。

(2) 教育内容、途径提示:①成才教育——参观一些重点大学,了解高校的培养目标及毕业趋向,激发奋斗意识;参观一些著名公司或科研单位(基地),增强学生学习的兴趣。②党团知识教育——加强党课学习,做好重点入党积极分子的遴选工作;进行共产主义理论和党章学习教育,对递交入党申请的学生,积极配备党员教师作为联系人,及时谈心,予以必要的指导、引领;选送重点培养对象进入上一级党校学习。③心理保健指导——组织校心理辅导员,指导学生学会调节,提高心理保健能力;宣传重视培养良好的心理品质以适应社会生活、工作的需要。④意志品格教育——组织主题班会和黑板报宣传,介绍中外仁人志士、英雄人物坚持真理不畏强暴的高风亮节,深化学生做人做学问的基本道德修养;在教育中,通过作业练习、考试、实验学习活动,培养独立思考、严谨、严肃的科学态度和勇于探索的品质。

3. 高三年级德育重点和内容

高三年级重在培养学生自觉的成才动机,对学生进行前途、理想和信念教育,确立为国家、民族的复兴而奋斗的责任意识。

(1) 教育重点:理想前途教育。引导学生把个人的志愿与社会需要结合起来,设计人生之路。

(2) 教育内容、途径提示:①理想前途教育——组织"我的第一志愿"、"奋战百日"等主题班会活动,做好最后冲刺阶段的工作;邀请在大学深造和社会工作的毕业校友座谈,畅谈大学生活,引发学生的向往;交流应试心态,指导学生正确心态迎接高考;做好志愿填报的指导,提高学生选择人生道路和成才方向的能力,以积极心态走向大学生活。②毕业教育——主题讨论"给母校留下什么";回顾高中三年的学习生活,与教师交换学习心得、建议、意见(作文、书信、座谈形式);毕业典礼教育。

（二）分年级实施德育的策略研究

1. 学校分年级德育目标管理

德育目标是中学德育大纲的核心部分，德育内容的确定，德育途径、方法的选择，学生品德的评定以及德育工作的领导和管理，都要致力于德育目标的实现。我们依据学生年龄特征，根据不同年级学生的实际情况，研究各个年级德育目标、内容和内容的深度，以及相应的德育管理、评价体系。主要采用确定并实施分年级具体目标的方法，来促进和保证德育总目标的实现。

国家提出了总体德育目标要求，学校在此基础上根据自身的情况和特点进一步加以细化，提出了本校的德育目标。国家对不同阶段的学校德育目标的要求各有不同。德育目标管理，就是要将德育目标既作为德育活动的起点，又作为德育活动的终点，以德育目标为依据，有序、有效地展开学校德育工作；就是以德育目标为导向，进行目标分解和分工，落实目标责任。

高中学校分年级德育目标的设计的原则可以是这样的：校本德育的目标必须具体化，要"近、小、实、亲"而不要"高、大、空、远"。由总体目标、年级目标和阶段目标组成；构建校本德育目标应遵循的原则："总体目标，一以贯之；学段目标，各有侧重；年级目标，具体明确；情意兼顾，知行统一"。

在制定校本德育目标的时候，学校德育目标的确定既要考虑到国家与社会的需求，也要照顾到学生个人的发展，而学校德育的困境就在于两者的"结合点"很难确定。对前者的过度关注，会有利于国家政治意识与集体利益的达成，但在学校德育的实施过程中容易受到学生或明或暗的抵制，这反而降低了学校德育的有效性；对后者的过度关注，虽然能激发学生的积极性，但在德育结果上会导致个人主义与利己主义的盛行，反而会伤害学生的长远利益。现在学校德育的困境，就在于面对一个市场化的社会，如何在德育中实现国家的政治意识与集体利益，如何在德育过程中既让学生意识到个人发展的重要性，更感知到国家政治意识与集体利益对个人长远发展的支持性力量。

2. 学校分年级德育内容管理

高中德育内容要具体化，根据学生的年龄特点和思想品德的发展规律，以道德、心理、法律、思想、政治等相关内容为横坐标，以低年级、中年级和高年级为纵坐标，理顺德育内容自身的逻辑关系，由浅入深、由低到高、由感性到理性、由具体到抽象，进行合理部署和安排，做到"德育内容，循序渐进；内容规范，形成序列；要素完整，层次清楚；注意衔接，螺旋上升"。

德育的未来发展方向，是走上越来越专业的课程化进程，还是走上越来越泛化的学科德育的道路？这是我们德育内容管理应该认真思考的问题。为了让学生掌握我们认为必须掌握的德育知识，就为他们设置了专门的德育课程，希望通过集中学习与课程化学习来提高学习效率，确保学生学习任务的完成。但德育课程化也存在不可避免的困难：一是学生把德育规范当知识来学习，这就削弱了德育规范对学生生活与价值观的渗透与实际影响；二是当我们把德育规范浓缩在一两本教材之中，并由专职教师来教授时，反而限制了德育的实施范围，也把更多的学科教师排斥在德育队伍之外。从学校德育这么多年的发展趋势来看，德育课程化的弊端正在逐步显现，德育生活化与德育在其他学科教学中的渗透，应该是当前德育走出困境的值得选择的道路。

我们在进行学科育德的同时，要重视德育生活化。生活化是中国新一轮德育改革的热点，它既反映了对杜威、陶行知等人的教育思想的回归，也表达了对现行德育使"学校教育世界"与"学生生活世界"相隔离的不满。理论界重新强调我国古代德育重视践行的思想，相信道德智慧来源于生活，要求德育工作改变远离学生生活实际、过分理想化和封闭于学校之中的现象，切实从学生的生活出发，基于生活中的现实，面对生活中的需要，解决生活中的问题与困惑，鼓励学生在生活中学习生活，过有道德的社会生活。当然，德育回归生活，不是简单地把德育等同于感性的个体生活，而是在生活世界中，并且通过生活形式的展开，来引导个体生活，引导个体对可能生活的美好追求，从而使得德育的过程成为作为生活主体德性的自主生成、自我建构的过程。

第三节　成才教育的德育活动组织

六十中学成才教育的德育活动课程是以促进学生在现实中实践自己的道德生活为目的的，德育活动课程是学生德育生活化的具体体现。通过对学校德育活动的系统设计，这与常规、自上而下的、"指派性"的德育活动截然不同。它来自学生的自主构建，学生与教师平等互动、共同发展。成才教育的德育活动课程的实施体现了"道德在践履"这一亘古而又常青的话题,让每一位六十中学的学生都感受到与指派性的德育活动有截然不同的心理效应,让每一位六十中学的学生都具有健全人格、良好素质和终身学习能力,并为六十中学学生的成才教育做好准备。

一、德育活动课程的内涵和意义

2004年,国务院颁发《关于进一步加强和改进未成年人思想道德建设的若干意见》及《关于进一步加强和改进中学生思想政治教育的意见》,提出:加快改革德育的方式,德育要针对不同年龄阶段的学生特征和青少年的成长规律,多采用参与式、启发式、讨论式和研究性学习等手段,突出对话、互动、活动、实践、体验等形式,积极开展内容鲜活、形式新颖、吸引力强的主题教育活动,精心安排和设计活动内容,要依托班级等组织形式,突出学生的主体性以及教师的主导性,促进全体学生全面、主动发展,增强德育工作的针对性和实效性。这个文件凸显了德育活动课程在学校新课改的地位和作用,也为成才教育的德育活动课程的顺利实施提供了政策依据和理论指导。

(一) 德育活动课程在德育实施中的作用

如何选择适应时代的要求、适合学生的德育方式,适应全体学生主动、全面发展,为学生未来储备各种能力,为社会储备合格的劳动后备人才,是当前学校德育工作者迫切需要解决的问题,也是我们今后不断研究的课题。

活动是道德的生命,没有了活动,便没有了德育。必须构建有利于学生获取直接经验的德育活动课程,使德育的课程结构趋于合理,更好地发挥课程的功能,促进德育课程整体优化程度的提高。所以说,构建德育活动课程,是德育课程改革的必然结果。

1. 德育活动课程是学校德育课程改革的要求

长期以来,学校德育主要通过德育课堂教学和德育课外活动的方式实施,虽然取得了一定的德育效果,但是那种轰轰烈烈的德育课外活动,往往是一部分人的德育或某一时间段的德育,缺乏系统性和全面性,课堂教学中的说教德育也与时代要求相脱节,德育思想不能有效地内化为学生自身的修养和素质。学校德育教育基本上是一种"上施下效"的"灌输"过程,教育者是主体,学生是消极、被动接受的客体。这种"灌输德育"忽视了学生在德育过程中的自我道德建构和自我道德发展,扼杀了学生独立思考的能力,抑制了学生的创造力,削弱了学生的主体地位。

实践证明,"灌输德育"模式已难以适应社会的发展与学生个性发展的需要。本文正是试图在学校德育课外活动和德育课堂教学的基础上,探索以学生为主体,教师为主导,全面提高学生综合素质和社会生存能力,促进学生健康成长的德育主题活动课的设计与实施。其目的在于促进学校德育课程的改革与建设步伐,加强和改进学校德育工作,促进学校学生思想道德素质的提高,增强德育工作的针对性和实效性。

德育活动课从学生兴趣的需要出发,在活动中为学生提供道德实践的机会,使他们在实践中借助于自己的主观能动性和智慧,努力探索,在活动中不断强化道德认识,培养道德情感,促进自身品德的发展。这充分体现了对学生主体的尊重,体现了德育工作的人本化特征。20世纪60年代,科尔伯格利用道德两难问题为学生提供积极参与和决策的情境,引导学生进行道德问题的讨论,从而使每一个学生都作为道德教育过程中的主体并最大程度地发挥其主体作用,提高了道德的层次。其基本价值就是向我们论证了主体的参与和自主活动是道德发展的前提。没有学生的主体参与就不可能有真正道德的发展。

2. 德育活动课程的实施有利于学生主体作用的发挥

德育活动课程对改变中国传统的"灌输式"德育或"只知不行"的德育,提高学校德育工作的实效性,无疑具有积极意义。它主要体现在:

第一,德育活动课程增强学生道德学习的动力。随着儿童年龄的增长,特别是到了中学阶段,学生对空洞的口头说教会产生逆反心理,然而,德育活动课程通过有趣的活动和游戏,对学生进行以"渗透"为特点的道德教育,寓道德教育于活动之中。学生通过各类活动不断地将道德原则内化为自己的道德原则,进而转化为行为习惯。这种方式把抽象的理论寓于具体解决问题的过程中,极大地减少了教育对象的逆反心理,而且对他们的道德认识和行为产生一种无形的,但有足够深度的影响。道德教育的效果往往因此而大大改善。

第二,德育活动课程增进学生的自我教育。在道德教育中安排适当的活动,可以使学生在道德实践中获得自我反思、评价和学习的机会。因此,活动对于自我教育的意义十分重大。学生的自我教育是从认识他人,是从自己和同伴的比较中开始的,是从别人的评价和自己的评价的对比中开始的。学生道德的正常发展无疑取决于他在道德生活领域自我认识、自我评价的准确性和深刻性达到的程度。而要实现在道德上对自我的正确认识和评价,同样也需要学生从事对象性活动,需要在道德的实践和活动中使自己的言行对象化,并通过言行产生的效果来了解自己。因此,离开了主体的实践、活动和交往,要达到道德教育的目的几乎是不可能的。另外,学生自我教育能力的提高,学生能在正确认识自己的基础上评价自己、分析自己、确定自己努力的方向,积极体验和掌握正确的道德行为标准,自觉地指导自己的行动。

第三,德育活动课程为学生的品德外化提供了实际锻炼的机会,同时,加深了学生对一定道德知识的理解掌握、运用和深化。学生德育实践能力得到培养和提高。学生德育实践能力提高的过程也是学生社会化的过程。通过活动,学生不断将社会提出的道德规范内化为他们自己的行为,转化为自己的内在的道德需要。在活动中,他们逐步学会区分美丑、善恶,形成自己的价值观。在与同学之间的交往活动中,形成自己的基本人际态度。社会实践活动则为学生提供了更多的适应、学习和认识社会的机会,进而促进学生的社会化。一句话,通过学生的主动参与,德育活动课程培养适应社会需要的新人的任务得到实现。

(二) 高中学校德育活动课程的内涵

19世纪末20世纪初,杜威、克伯屈等教育家提出活动课程思想,并进行相应的教育实验。他们吸收了卢梭的自然教育思想、裴斯泰洛齐的教育适应自然的原则,以及福禄倍尔的儿童自主发展等思想,并且以实用主义教育哲学作为理论基础,针对传统学科教育弊端,提出教育内容要与儿童的社会生活经验和活动密切相连,要依据儿童的经验、兴趣决定课程的内容和结构,强调适应儿童的本性,通过儿童的主动作业获得经验,培养兴趣,锻炼能力。杜威提出的"学校即社会、教育即生长、教育即生活""做中学""儿童中心"等口号也具有代表性。

1. 活动课程与德育活动课程

《中国大百科全书·教育》对活动课程的界定:活动课程,又称经验课程、学生中心课程。以学生从事某种活动的动机为中心组织的课程。同学科课程相对。其基本出发点是学生的兴趣和动机,以动机为教学组织的中心。我们认识的活动课程,就是在教师指导下,以学生的兴趣、需要为出发点,通过有目的、有计划、有组织的活动,以获取直接经验和综合性信息为主要内容,以学生主体的学习活动及体验学习为主要方式,以促进学生的知、情、意、行的统一协调发展为主要目标的一种课程形态。

朱小蔓教授认为,德育活动课程是指从学生的需要和兴趣出发,以学校或学生自我组织的有计划的实践活动为中心,旨在进一步提高学生的道德认识和思维能力,丰富道德体验,锻炼意志,践履道德,促进道德行为习惯养成而设计的课程。很显然,德育活动课程除了具有活动课程的一般特点以外,同学科德育课程相比,有自身的内在特征,如实践性、学生主体性、经验的活动性等。因此,德育活动课程是指以实践活动为主要载体,以提高学生的道德认识,丰富道德情感体验,形成道德判断能力和道德选择能力,培养坚强的道德意志,促进道德行为习惯养成为宗旨而设计的德育课程。它是德育的主导课程,主要功能就在于可弥补"知而不行"之弊端,它着眼于学生的自主、自理、和谐的发展,以培养学生的道德能力和行为习惯为主要任务,生产劳动和社会实践是德育活动课程的重要形式。学生的德育活动课的内容是极为广泛、极为丰富的。就其内容的性质划分,可概括为四个方面:

第一,学习性的德育实践活动。学习活动是学生生活实践的主要内容。德育必须用现实社会来教育学生,让学生在参与真实的社会生活的过程中认识社会、了解社会、走入社会。在学习性活动中,学生能够学会处理个人与他人、个人与集体、个人与社会的关系,还可以培养坚强的意志、科学的世界观和人生观,树立正确的唯物辩证观和科学精神。在完成学习任务的同时,还有利于培养学生的责任感、创造精神、刻苦认真、耐心细致等优良品德。

第二,人际交往性的德育实践活动。随着学生年龄的增长、知识经验的丰富和自我意识的觉醒,学生的人际交往也越来越具有复杂和深刻的特点。学生通过人际交往性的实践活动,亲身体验人际交往的道德行为规范。在交往中,他们学会关心、学会宽容、学会理解、学会对自己负责和对他人负责,学会与人相处等做人的准则。更重要的是通过交往,学生学会评价他人,能够用别人的长处和优点来对照检查自己,从而克服自己的短处和缺点,对自己有更客观、全面的认识从而形成了正确的自我评价能力。对青少年来说,良好的交往是他们健康成长的重要途径。

第三,社会公益性的德育实践活动。社会公益性活动是一种直接服务于社会的活动,也是处理自我与社会关系的一种手段。如手拉手互助活动、为希望工程募捐活动、青少年志愿者活动。这类活动教育学生懂得从小要为社会、为国家承担一份责任,应尽一份义务。在助人中体验服务的快乐,在奉献中培养无私的精神。学生从中不仅获得了人生意义的感悟,从身边做起,从小事做起;从我做起则更有利于引导学生说、学、做合一,知行统一,对以往说与做两张皮的现象,具有特殊的批判和修正作用。

第四,自立自理性的德育实践活动。针对当前相当一部分青少年学生自立自理能力较差,缺乏心理承受能力和艰苦磨炼,加强学生的自我服务性教育,如料理自己的生活,保持环境卫生的劳动是非常必要的。在学校包括值日,保持教室、校园的整洁,布置教室,改善学校环境和教学生活条件,绿化、美化校园等,这类的自我服务性、自立自理性劳动,不单单是为自己服务,包括为自己所在的集体服务,为国家服务。这类劳动,能使学生深刻体会自己是家庭中的一员,有责任关心家里的一切事情,学会当家作主,自己的事情自己做,自己的问题自己来解决。从而锻炼自己独立生活的能力,并养成艰苦奋斗、勤俭节约、孝敬父母、关爱他人的好品德。总之,自立自理性的德育实践活动,旨在引导学生学会生活、自理自律;学会服务、乐于助人;学会创造、追求真知,全面提高青少年一代的素质。这也是学生加强品德修养、立志成才的必由之路。

2. 德育活动课程实施的理论基础

德育活动课程的实施不是传统道德教育模式在时间方面的简单修补,而是新的道德教育模式建立的契机和起点。这不仅是因为传统的以学科课程为中心的德育不能体现德育的本质,还在于德育活动课程的实施有着深刻的心理学依据、哲学依据以及学生自身思想品德的形成规律等理论基础。

皮亚杰的发生认识论原理是德育活动课程的心理学依据。他认为,在道德领域中,活动特别是协作,能够促进道德的发展,主要在于通过协作发展了儿童相互了解、相互评价的能力,在互惠的基础上发展了相互尊敬、公正感,培养起了批判态度、客观性和推理思考的行为形式,从而使其能够逐渐摆脱成人和外在的强制,真正执行通过协作得来的规则。即人的素质的形成是一个内化和外化的过程,这种内化、外化的过程本身就是一个活动的过程。德育就是一个将外在的政治、思想、法制、道德的规范和意识内化为个体的品德的过程。

学生自身思想品德的形成规律。知、情、意、行的形成规律即是思想道德品质形成的基本规律。在这一过程中，行又是思想道德品质的最主要特点和最重要环节。因此，通过德育活动课程的实施，有利于让学生形成相应的道德情感，培养学生坚强的道德意志，创造条件让学生在德育实践活动中产生相应的道德行为。

实用主义教育理论认为，活动课程强调密切联系社会生活，引导学生获取一定的直接经验；重视学生的需要和兴趣；发挥学生学习的主动性和自主性；注重学生智能的发展。由此可见，实用主义教育理论的活动课程观，解决了按学生认识形成规律和活动课程设置规律设计德育活动课程的问题。

二、德育活动课程的成才教育渗透

成才教育清楚认识德育在学生成才中所处的重要地位和作用。在长期的成才教育实践中，形成了有学校特色和行之有效的成才教育的德育活动组织的工作模式。六十中学通过成才教育的德育活动课程，实现理论与实践的结合、教育与自我教育的结合，从学生实际出发，尊重科学，尊重规律，提高六十中学的德育实效性。

（一）成才教育条件下的学校德育

成才教育的着眼点是学生的"发展"，也赋予成才教育条件下学校德育的一个重要内涵。无论是为学生打好"必要基础"，还是为学生在不同方向上成才做好必要的"准备"，无不反应了以学生发展为中心的教育理念。以学生的发展为本就是追求全体学生生动活泼、积极主动地全面发展，并为将来每一个学生的终身可持续发展打下扎实的基础。

1. 高中学生的"终身发展"与"成才教育"

高中学生是一个人人生观、世界观形成的重要阶段，也是学生个性发展最关键、最活跃的时期，他们更加关注人生，关注社会，关注国家命运，思考自己的权利、义务和责任；因此，就要求高中学校德育从实际出发，探索多样化德育载体，形成独特的教育理念和人文环境，形成教育方式独特、学科德育渗透明显、活动富有创意育德育人模式。加强对学生的理想、心理、学业等方面的指导。培养具有国际视野、知晓国际规则并能参与国际交流的国际化人才。

其终身发展的含义,主要体现在高中学生的培养目标,强调培养学生的价值认同和基本素养、能力,可概括为:初步形成正确的世界观、人生观、价值观;具有民主与法制意识,遵守国家法律和社会公德,对自己的行为负责,并具有社会责任感;具有终身学习的愿望和能力,具有初步的科学与人文素养、环境意识、创新精神与实践能力;具有强健的体魄,初步具有独立生活的能力、职业意识、创业精神和人生规划能力;正确认识自己,学会交流与合作,具有团队精神,初步具有面向世界的开放意识。

成才教育是以高中学生人人都有成才潜能和意识作为立足点,学校努力提供适合不同天资学生需要的丰富多样的教育,使每一个学生的潜能得到发挥,激发学生成才的动机,使学生形成自觉的成才意识,为全体学生将来成才打好共同的必需基础。并在此基础上,进一步培养学生的各方面特长,培养学生的创新精神和实践能力,从而为学生在不同方向上成为各类人才做好必要准备的高中教育。高中学生成才教育的德育,要关注学生本身的发展特点,增强成人、成材、责任意识。高中学生成才教育德育的意义,本质上体现了"一切为了每一个学生的发展"核心理念,其意义就在于重新审视了正确的学生观。

成才教育的目标取向,首先是指向学生个体的成才和素质的全面发展;其次又指向人的素质结构的完善和整体素质的提高,并给予特别突出的强调。再次,从其内源性的价值追求方面看,成才教育则将如何实现教育的可持续发展和全面进步,作为其理论探究和教改实践的基本目的。

成才教育在终身学习的教育思想指导下,从学校的现实出发,提出既要重视基础,又要发展学生的特长,培养学生的基础性学力和发展性学力,使学生能更好地适应社会的发展需要。

2. 着眼于学生成才教育的高中学校德育

着眼于学生成才教育的学校德育,根本上讲既是教人做人,又是教人做事的活动,教育的根本指向是人的发展和完善,教育也要使人获得改造、适应外部世界的品性和素质,使人具有一定的谋生能力。成才教育把六十中学高中生学会做人、学会求知、学会生活、学会劳动、学会健身、学会审美落在实处,把提高每一个学生的思想道德素质、科学文化素质、身体心理素质和劳动技能素质的教育全过程,有机地寓于德育、智育、体育、美育和劳育之中,为学生"人人成才"打好全面的、坚实的基础。

高中生即将步入社会,他们将成为未来社会的中坚力量,必须面对各种挑战,独立作出判断和选择,要不断地对自己的学习、发展、前途、人生作出规划。既要为高一级学校输送人才,又要为每一个学生的成才教育打好基础,使学生具有继续学习的能力、规划人生的意识、创业的基本能力、面对未来生活的能力。高中是基础教育的一个重要阶段,是学生处在人生十字路口非常关键的一个阶段,在培养公民基本素质并形成健全人格方面有独特的价值。高中生即将步入社会,他们将成为未来社会的中坚力量。因此,学校德育在学生成才教育的过程中,就显得格外重要,其核心是培养以下"四种精神":爱国、伦理、创新、自律。

爱国精神。爱国主义是德育永恒的主题。具有强烈的民族自尊心、自信心和深厚的爱国情感;了解国史、熟知国情,自觉继承中华民族优秀文化传统和革命传统;热爱社会主义祖国,把个体的人生理想与民族的共同理想联结起来,在为中华民族伟大复兴奋斗中实现自身价值。

伦理精神。正确处理自己、他人、集体、国家之间的利益关系,崇尚集体主义和为人民服务,提升精神境界;学会关心、学会合作、学会人际交往和国际交往;热爱大自然,珍爱生命,能对人、社会、自然的和谐统一和可持续发展尽责。

创新精神。使之具有开放的视野、改革的观念和创新的追求;发展自信开朗、竞争进取、不拘一格、标新立异、富于想象、乐于创造的创新人格;增强适应变化、承受挫折、坚韧不拔的心理素质。

自律精神。培养他们自强不息的精神和自我教育、自我发展的能力;面对纷繁复杂的思想文化影响,能够自主判断、自主选择;对自己的思想、情绪和行为实行自反自省、自我调控、自我修养;能把自身德性发展、人格完善的需要和愿望脚踏实地、持之以恒地付诸实践。

(二) 成才教育德育活动课程的实践

德育活动的形式多样性、内容的丰富性、目的针对性、教育有效性等,都可以通过活动的有效设计达到。为规范德育活动的组织和实施,提高德育活动的效益,成才教育根据其固有的"大德育"的本质内涵,积极尝试将德育活动课程化的改革实践,并将其转为学校德育的工作常规,取得了积极成果。

1. 成才教育德育活动课程的设计

成才教育德育活动课程设计,是学校推进素质教育,全面落实教育方针的一项重要举措。德育活动设计的种类可分为:学科德育活动设计、特色活动设计、主题德育活动设计、校园文化活动设计、社团德育活动设计、社会实践活动设计、主题班会设计、仪式庆典活动设计类等。例如,校园文化活动类:班主任节、读书节、科技节、健身节、艺术节等;社会实践活动系列设计类:高一暑期军训、高一东方绿舟军事拓展、高二沙家浜、学农学工综合实践、绍兴鲁迅故乡行、高三大学校园体验等;仪式庆典活动设计类:新生入学仪式、18岁成人仪式、开学典礼仪式、升旗仪式等。通过活动设计,使学校教育更具有效性、针对性、强化自信、自治、自主、自律、自强精神教育内涵,确立并完善学生培养体系,让每一个学生都能焕发出青春的活力,成就每一个学生生命的精彩。

成才教育的德育活动强调养成性教育和体验性教育相结合的特点。我们将德育活动的风格定位于"回归生活"、"注重体验"。学校为学生提供了多样化的实践活动平台,发挥学生的主体作用,尊重学生的兴趣爱好,发挥学生的特长,使学生去体验,去感受,将德育工作内化、渗透。学校每学期有固定的四大"节日"——科技节、读书节、艺术节、体育节。不同的节日有不同的定位,多角度推动学生热爱科学、尊重知识、提高审美、健全体魄。

科技节旨在通过学校开展综合实践活动,给学生提供一种自主的、开放的、研究性学习的机会,使学生了解生活、了解社会,受到科学态度、科学观念的熏陶,培养他们创新精神和实践能力,养成良好的个性,形成正确的世界观。每年的科技节会有不同的主题,如"节能环保,让生活更和谐美好""世博·体验·创新""科技·环保·健康"等,通过开设科普知识讲座,提升学生的科学素养。通过设立各类科技小项目锻炼学生的实践科研能力。同时还有各类科学素养大赛,让每个同学展现自己的特长。我校科技节荣获2011年闸北区学生科技节"优秀组织奖"。

读书节的设立旨在让书香满溢校园,让书香净化心灵,让书香启迪真知,培育高品位的校园文化,提高师生人文素养,实现"文化育人"的目标。读书节的主题繁多,如"今天,你读书吗?""阅读改变人生""以书会友"等。在2012年读书节上学校安排了各类优质讲座,如"从'碎片'到'华章'——文章写作的学习建议""培养对阅读的热爱——美国加州'影子教师'观察与收获"。举办"好书共享"读书沙龙,各班以班会形式,邀请喜欢阅读名著、阅读课外书的教师和学生,朗诵经典。校图书馆进行了过期期刊1折优惠展销。班级展开"好书共享"、班级网页设计制作比赛等,受到师生的广泛欢迎。

艺术节是最受学生热捧的"节日"。活动繁多,如进行"班班有歌声"大合唱比赛、"校园歌手大赛""校园器乐比赛""校园书画作品大赛""经典电影影评征文比赛""海报设计大赛""黑板报评比"以及"六十校园摄影比赛"等丰富多彩的校园文化艺术活动。学校广播台、电视台以及艺术课,向学生推荐优秀经典音乐作品,邀请了华山美院的教师来校作艺术欣赏报告等,使我们的校园洋溢着浓厚的艺术氛围。学生们积极参与各种艺术活动,展现了各自的艺术才华,每年都会涌现出许多艺术新星,校园呈现出浓厚的艺术氛围。

秉承"我运动、我健康、我快乐、我成长"的宗旨,学校每年都会举办体育节。学校提供了一方舞台,学生在舞台上充分展示了自我的活力与体育才华;学校营造了节日的气氛,学生在体育节中真正享受到了体育的精彩、运动的乐趣。比赛设有个人赛事、团体赛事,分学生组和教职工组。不但使学生的体育特长得到充分展现,还将体育精神体现的淋漓尽致,培养学生既要有"全力以赴、争取最好"的豪气,也要有"胜不骄、败不馁"的胸怀。

社团一直是校园中不可或缺的一部分。如果说德育课程让学生学会审视自我、塑造更完整的人格,逐步培养进取的"志",那么精彩纷呈的社团活动无疑是学生展示才能和创意、追逐自己的"趣"的舞台。学校目前有11个社团:广播电视台、云邮社、向日葵社、文学社、桥牌社、篮球社、足球社、女篮社、AIESEC英语环保社、龙王棋社、动漫社。学校的文学社、桥牌社被评为区级明星社团。校文学社主办的校刊《凌云》,为六十中学的学生增加了一个新的写作交流平台。而以团支部为单位建立的社会实践小组,如宝山街道敬老院服务队(向日葵小队)、社区护绿服务队、新客站志愿者服务队等受到广泛好评。

2. 成才教育德育活动课程的实施策略

德育活动课程的实施要充分发挥学生主体作用。"学校搭台,学生唱戏"是发挥学生主体作用的最好注脚。德育活动课程的提出就是为了突出道德教育的主体特征。所谓主体性就是指在德育活动课程实施过程中要充分考虑学生道德学习的兴趣和需要,注意发挥学生在活动过程中的主体作用。因为活动课程对学生道德发展效果的大小,取决于学生主体性发挥的程度,取决于其对待活动的积极性和态度。如果学生对某项活动持一种漠不关心的消极态度,这项活动就不会对他具有正面的教育作用。激发学生的主体积极性应是活动课程的有机组成部分。

学生的主体性或主体地位应体现在两个方面:一是给学生选择的权利。活动的内容由学生自己选择;活动方式和具体要求由学生自己安排;活动的材料也由学生自己去搜集整理。二是学生的参与程度。一项德育活动是否成功,关键看学生参与的人数,如果一次活动只有少数几个人参加,多数学生只是听客、看客,这样的活动是无法达到人人接受教育的理想效果的。当然,道德教育在考虑和尊重学生兴趣的同时,也应当对其兴趣进行适当的价值引导。在我国的德育实践中,许多活动都是"有组织"的,即意味着是教师安排、策划和指挥的,但学生对活动的参与不是自愿的,而是被动的甚至是被迫的结果。因此,即使表面上十分热闹的活动,也是"召之即来、来之即做、做之即散"的,形式主义和强制的成分很多,这与活动课程的精神实质是背道而驰的。真正的活动课程应当是一种发自主体内部的、自内而外的主动积极的参与活动,是一种真正的自我教育活动。

德育活动课程的实施要充分体现实践性。"道德本质上是实践的",这是人类思想史上一个绵亘古今的主题。实践是德育活动的根本特征。目前学校教育存在的许多问题,一个原因就是学校与社会的"隔离"所造成的。学校道德教育从根本上说是社会性的,它必须与整个社会生活和社会实践相联系。德育育人的实践过程是内含于生活之中的过程,不可能脱离生活,凌驾于生活之上。德育活动课程应把学生引向社会,引入生活,走进大自然,去和周围的世界积极对话,广泛交流和沟通。这种以社会为大课堂的教育方式,突出了教育的开放性和学生的主体性,有利于焕发学生积极主动参与的热情,必能大大提高德育实效。

德育活动课程的实施要充分满足学生的兴趣需求。"兴趣是最好的老师"。兴趣是推动学生获取知识不断探求真理的重要动因。学习兴趣的培养不仅能转化为学习动力,而且也能促进智能发展,从而达到提高学习质量和形成个性品质的目的。同样道理,德育活动课程富有趣味性才能对学生产生吸引力,才能调动起学生的潜在需求的积极性。德育活动的趣味性具体表现在两个方面:一是形式上要新颖、活泼、有艺术性、不拘一格,让学生喜闻乐见,如小品、相声、兴趣小组、演讲比赛、业余技能展示等;二是活动内容上要富有生机活力,让学生喜欢。只要我们不断变换教育内容和形式,使德育活动丰富多彩,学生就会乐于参与。

主要参考文献

[1] 香山健一.为了自由的教育改革——从划一主义到多样化的选择[M].北京:高等教育出版社,1990.16,100.

[2] 马克思恩格斯全集(第42卷)[A].北京:人民出版社,1979.123.

[3] 赵卫.对马克思关于"人的全面发展"含义的重新理解[J].哲学研究,1990,(4).

[4] 托夫勒.创造一个新的文明[M].上海:三联书店,1996.93—94.

[5] 卢梭.爱弥儿[M].北京:人民教育出版社,1985.90.

[6] 第斯多惠.德国教师培养指南[M].北京:人民教育出版社,1990.82,83,142.

[7] 杜威.学校与社会·明日之学校[M].北京:人民教育出版社,1994.297.

[8] 韦禾.儿童的权利——一个世界性的新课题[J].教育研究,1996,8.

[9] 裴娣娜等.发展性教学论[M].沈阳:辽宁人民出版社,1998.24—25.

[10] 冯建华.小比大好,还是大比小好——班级规模与教学效果的实验研究[J].教育研究与实验,1995,(4).

[11] 陈林根.新课程背景下对德育活动课的认识与实践探索.[J].中国农村教育.2006(1).

[12] 檀传宝.高低与远近——对于"德育回归生活"的思考[J].人民教育.2005(11).

[13] 王英.以德育活动为载体,深化青少年思想道德建设.[J].成都大学学报.2007(4).

[14] 王雅芬.浅谈国外学校德育渗透的途径及其启示[J].吉林省教育学院学报.2007(03).

[15] 张相学."课程管理"概念的多维分析与建构.[J].江西教育科研.2007(5).

[16] 仇志伟.提高学科德育渗透实效性探究[J].辽宁教育学院学报.2001(8).

[17] 叶飞.学科德育的实践意蕴及其实现途径[J].课程.教材.教法.2009(8).

[18] 王红军.凸显教学本质功能增强学科德育渗透[J].新课程学习(基础教育).2010(08).

[19] 沈正东.中学活动性德育课程的实施现状及策略分析.[J].中国科学教育.2008(9).

[20] 王海玲.立德树人观下的学科渗透德育研究[J].新乡学院学报(社会科学版).2011(01).

[21] 叶飞,楚燕.学科德育的实践困境及其解决[J].教学与管理.2009(34).

[22] 欧美国家的学科德育透视[J].思想理论教育.2007(Z2).

[23] 王宏英.学科德育的生活策略[J].天津市教科院学报.2008(05).

[24] 何晓文编.高中学校德育管理问题研究.[M].华东师范大学出版社.2013.

[25] 朱小蔓著.关注心灵成长的教育:道德与情感教育的哲思[M]北京:北京师范大学出版社,2012.

[26] (美)卡伦·博林,德博拉·法默,凯文·瑞安著王婷译.在学校中培养品德:品德教育实践导引[M]北京:教育科学出版社,2012.

[27] 何晓文编.卓越教育的理念与实践研究.[M].华东师范大学出版社.2014.

[28] 杜时忠,卢旭.多元化背景下的德育课程建设[M].江苏.江苏教育出版社.2009.

[29] 施良方.课程理论.教育科学出版社,1996

[30] 徐玉珍.论国家课程的校本化实施.教育研究,2008

后 记

《成才教育再实践》一书，是继《成才教育的理论与实践》（延边大学出版社，2002年3月）之后，全体六十人历经10多年努力与实践的又一智慧结晶。

教育要获得内涵发展，就需要不断创造、发现与挖掘学校的办学经验，让学校彰显特色，提升品质。上海市第六十中学正是本着"继承历史、与时俱进"的原则，一直坚持着"成才教育"的办学理念，以"改革"作为学校生命线，从最早的初高中脱钩，到上海市"一期"、"二期"课改，到后来争创上海市实验性示范性高中，六十中学不断丰富着成才教育的思想内涵，使之充实和完善。如今，成才教育已成为我校教职员工和学生的共识，已成为学校办学的特色和标志。

在本专著出版之际，由衷感谢上海市第六十中学的前几任校长：何曾豪、谷光辉、李国庆、王诚，正是由于他们对成才教育的一贯坚持，才使得成才教育思想得以延续。

感谢闸北区教育学院王钢、陈越、杜兴义、张伟德、刘慧等专家，正是他们一次又一次地对我们的课题研究和成果总结进行了全程指导与关注，使得我们得到了启示与激励。

感谢六十中学全体教师的积极参与，感谢课题组成员的深入细致的研究，感谢参与本书撰写的贡晓峦、王慧、邓婉婷、李瑾等教师的辛勤付出。

提出一种思想、构建一种理论是可贵的，但更可贵的是把这种思想长期坚持，不断总结与完善，并接受实践的检验。《成才教育再实践》一书，是几代六十人探索、实践的智慧结晶，我们也期待它成为我们跨入新征程的新起点！

王晓虹
2014年11月

图书在版编目(CIP)数据

成才教育再实践/王晓虹主编.—上海：上海教育出版社，
2014.12
ISBN 978-7-5444-5934-1

Ⅰ.①成… Ⅱ.①王… Ⅲ.①中学教育—研究—上海市
Ⅳ.①G63

中国版本图书馆CIP数据核字(2014)第303801号

责任编辑 胡永昌
封面设计 周　亚

成才教育再实践
王晓虹　主编
_____

出　　版　上海世纪出版股份有限公司
　　　　　　上 海 教 育 出 版 社
发　　行　中国图书进出口上海公司

版　　次　2014年12月第1版

书　　号　ISBN 978-7-5444-5934-1/G·4819

www.ingramcontent.com/pod-product-compliance
Lightning Source LLC
Chambersburg PA
CBHW080245170426
43192CB00014BA/2568